KB067293

한완상 시대 증언집

예수, 숯불에 생선을 굽다

한완상 시대 증언집
예수, 숯불에 생선을 굽다

2021년 7월 7일 처음 찍음

지은이 | 한완상
펴낸이 | 김영호
펴낸곳 | 도서출판 동연
편 집 | 김구 박연숙 정인영 김율 디자인 | 황경실
등 록 | 제1-1383호(1992. 6. 12.)
주 소 | 서울시 마포구 월드컵로 163-3
전 화 | (02)335-2630 전 송 | (02)335-2640
이메일 | h-4321@daum.net
블로그 | https://blog.naver.com/dong-yeon-press

ISBN 978-89-6447-669-7 04040
ISBN 978-89-6447-667-3(세트)

한 완 상   시 대   증 언 집

예수, 숯불에
생선을 굽다

동연

책을 펴내며

저는 오늘까지 길다면 긴 삶을 살아오면서 적지 않은 실존적 위기와 역사적 어려움을 겪었습니다. 그런 위기 상황에서 이렇게 자문하기도 했지요. "만일 예수님이 지금 살고 계신다면 이 위기 국면에서 어떤 선택을 하셨을까?" 이를테면 제가 1980년 여름 김대중 내란음모 조작 사건에 연루되어 군사 법정에 섰을 때입니다. 그때 재판장은 저에게 석방된다면 또다시 반정부적인 운동에 뛰어들겠느냐고 물었습니다. 참으로 대답하기 쉽지 않았습니다. 그 순간 예수님이라면 어떻게 대응하실까를 생각하면서 마음을 추슬러 용기를 내어 "지금과 같은 상황이 계속된다면, 나라의 민주화와 민족의 평화를 위해서 같은 행동을 할 수밖에 없을 것"이라고 대답했습니다.

그러니까 이런 위기 상황에서 용기 있게 올바른 선택을 하려면, 예수의 선택과 그 마음의 향방을 알아야 할 것입니다. 그렇다면 실제로 팔레스타인의 그 암흑의 현실에서 사셨던 역사의 예수를 먼저 알아야 합니다. 특히 그가 당시 세계 패권국인 팍스 로마나Pax Romana 체제에서 선택했던 결정을 제대로 이해해야 하고, 나아가 너무나도 억울하게 로마 형법에 의해 십자가에 처형됐을 당시 그의 어록에 나타난 선택의 깊은 뜻을 알아야 합니다. 그가 당했던 억울한 고난과 고통 현실을 알아야 그의 선택의 실존적 의미뿐만 아니라 구조적·역사적 의미도 알 수 있을 것 아니겠습니까! 특히 그의 살신성인적 죽음의 선택을 통해 보여준 놀라운 결단, 곧 자기를 폭력으로 잔인하게 능멸하고, 못 박고 수모를 주면서 고통스럽게 죽이는 현장에서 그들을 위해 기도하신 역사의 예수를 항상 맘속에 모시면서 대화할 수 있어야 합니다. 폭력적 죽임 앞에서 선제적 사랑 실천을 선택했던 그 용기와 겸손을 본받으려면, 예수 고난의 폭넓고 뜻깊은 의미를 항상 기억하고 존중해야 합니다. 특히 부활하신 예수, 곧 그리스도의 더 감동적 모습, 역사 속에서 보여주셨던 예수 모습보다 더 따뜻하게 제자들을 보듬어 주시고 경청하시며, 손수 먹을 것을 요리해서 먹이시며 하신 당부의 말씀을 알고 있어야 합니다.

그런데 저는 뱃속 신자였지만, 어릴 때부터 제가 다닌 교회에서 만난 예수는 이러한 역사의 예수도 아니었고, 폭력적 고난 현장에서 살신성인의 비움을 실천하셨던 예수 모습도 아니었습니다. 교회에서 만난 예수는 한편으로는 무서운 심판주 같은 분이었고, 또 교조주의적 신조를 강요하였던 분이었습니다. 세상에서 짓밟힌 당한 사람들의 아픔이나 꼴찌들, '지극히 작은 사람'으로 짜부러진 사람들을 교리적 관점에서 멀찍이 관망하는 분이었습니다. 거룩하고 경건한 시각에서 볼 때 밑바닥 인생, 즉 사회적 을乙과 병丙과 정丁들로부터 먼 거리를 두고 보시는 예수의 모습이었습니다. 교회에서 만나는 예수는 항상 그런 분이었습니다. 한마디로 한국교회에서는 역사의 예수도 안 계시고, 부활의 그리스도도 만날 수 없었습니다. 창백한 교회의 예수 그리스도를 두려운 눈으로 바라보기만 했습니다.

하지만 그런 기독교 분위기 속에서도 저에게 바른 예수 신앙을 가르쳐 주신 부모님이 계셨습니다. 제가 배운 예수는 세상에서 아프게 짓밟혔던 사람의 아픔을 온몸으로 자기의 아픔으로 받아들이시는 분이었습니다. 부모님의 말씀과 삶 속에 투영된 예수의 모습은 때때로 감동적이었습니다. 이와 관련해서 두 가지 에피소드를 소개하고 싶습니다. 첫 번째 삽화 같은 얘기부터 해보죠.

1962년 가을, 제가 미국에 유학 갔을 때 애틀랜타에 있는 에모리 대학Emory University에서 받은 가슴 시린 아버님 편지 얘기입니다. 그때 저는 천신만고 끝에 스승 이상백 선생님이 마련해 주신 여비로 겨우 미국 서부에 있는 샌프란시스코까지만 비행기로 갈 수 있었습니다. 샌프란시스코에서 동부 애틀랜타까지는 그레이하운드 버스로 가게 되었지요. 사흘을 꼬박 버스 안에서 자고 휴게소에서 끼니를 때우며 에모리대학에 도착했지요. 기진맥진 상태였습니다. 학교에 도착하여 기숙사에서 짐을 풀었는데 깊숙한 곳에서 비닐봉투가 나왔습니다. 서울에서 출발할 때는 보지 못한 것이어서 무엇인지 알 수가 없었습니다. 뜯어보니 헝겊이 나왔고, 그곳에 흙 한 줌이 있었습니다. 종이쪽지와 함께요. 그 쪽지에는 다음과 같은 아버님의 메시지가 적혀 있었습니다.

> 완상아, 고향 생각나면, 이 흙냄새를 맡아보아라. 이 흙은 우리 집 마당 흙이다. 조상들의 뼈와 피가 묻혀 있는 조국 강산의 흙이다. 조상들의 넋이 이 속에 스며있다. 부모, 형제, 자매의 사랑이 흙 속에 녹아 있다. 어떤 어려움이 있을지라도 이 흙 속에 담긴 사랑의 힘으로 잘 이겨내고 값진 배움의 삶을 살아라.

아버님의 글씨였고 부모님의 마음이 제 온 존재에 와닿았습니다. 유교적 절제가 몸에 늘 배어있어서 평소 당신의 깊은 정을 자식들에게 잘 드러내지 않으셨던 부친이셨기에 이 쪽지를 읽은 저는 조용히 눈물을 흘렸습니다. 또 다른 아버님의 쪽지 이야기를 마저 하겠습니다.

1980년, 쿠데타(1979년 12월 12일)로 정권을 잡은 전두환 신군부가 김대중 선생을 위시한 민주인사들을 5월 17일 밤 자정을 통해 일망타진한 사건이 있었습니다. 〈김대중 내란음모 조작 사건〉이었습니다. 이때 DJ(김대중)를 위시하여 이십여 명이 한밤중에 중앙정보부 요원들에 의해 긴급체포되었습니다.

남산 지하 2층에 갇혀 거의 2개월간 모진 조사를 받았고, 지옥 심문이 거의 끝나갈 즈음, 그러니까 7월 초경 내란음모 조작 사건 조사 마무리 단계에서, 저의 형을 마지막에 심문하기로 했습니다. 형의 집 주소를 알려달라고 했습니다. 그때 저는 형을 심문하러 가는 몇 사람의 조사관에게 간절히 부탁했습니다. 당시 형은 아내의 죽음으로 마음에 상처받은 아버지를 모시고 있었습니다. 그런데 아버지는 아내를 보낸 지 얼마 되지 않았는데 아들인 저마저 신군부에 의해 체포되어 한 달이 훨씬 넘었는데도 행방조차 알 수 없었기에 우리가 이미 총살되었다고 생각하고 계실 듯했습니다. 그래서 아직 제가 살아 있고, 살아 있되 건강하다는 사실을 아버지에게 알리는 쪽지를 전달하고 싶었습니다. 그런데 그들은 한마디로 거절했지요. 우리가 위중한 국가 사범이기 때문이라는 이유였습니다. 할 수 없이 아들인 제가 잘 있다고 말이나마 아버지에게 전해달라고 했습니다. 그들은 오전에 떠나서 오후 4시경에 돌아왔는데 오자마자 쪽지 하나를 저에게 던져주었습니다. 직감으로 아버님의 쪽지인 줄 알았습니다. 급히 펴보니, 다음과 같은 성경 구절이 적혀 있었습니다.

사랑하는 자여 네 영혼이 잘 됨같이 네가 범사에 잘 되고 강건해지기를 내가 간구하노라. 형제들이 와서 네게 있는 진리를 증언하되 네가 진리 안에서 행한다 하여 내가 심히 기뻐하노라. 내가 내 자녀들이 진리 안에서 행한다 함을 듣는 것보다 더 기쁜 일이 없도다(요한3서 2-4절).

이 성서 메시지는 이천 년 전에 요한 사도의 편지 내용인데, 저는 이 쪽지 메시지를 읽고 친필로 쓰신 아버지의 서신을 받은 것 같았습니다. 즉, 아버지의 격려를 직접 받았다는 기쁨을 느꼈지요. 그런데 이 메시지를 여러 번 자세히 읽고 그 뜻을 성찰해 보면서 놀라운 진리두 가지를 확인하는 기쁨과 아픔이 있었습니다. 첫째로, 기쁨은 이 메시지가 초대교회가 심각한 박해와 탄압 속에서도 진리이신 예수그리스도 안에서는 기뻐할 수 있다는 응원 메시지였다는 것입니다. 온갖 폭력적 권력으로 고통과 고난을 당하더라도 부활하신 그리스도 예수의 진리 안에서 기뻐하라는 위로와 격려의 말씀이었다는 깨달음이었습니다. 그런데 4절에 "내 자녀들이 진리 안에서 행한다 함을 듣는 것보다 더 기쁜 일이 없다"라는 메시지는 성경에서 저의 부친의 격려와 위로를 통해 부활의 주님께서 친히 저를 위로해주신다는 것을 알게 되었습니다.

둘째로, 슬픔을 느낀 것은 한국교회가 요한3서의 2절만을 신줏단지처럼 높이 평가하며, 이른바 3박자 구원의 값싼 축복으로 사용하고 있다는 답답하고 슬픈 현실이었습니다. 3박자는 첫째 개인 영혼이 축복받고, 둘째 범사에 감사하는 복을 받고, 셋째 몸이 건강하라는 축복을 바라는 것, 이 세 가지는 지금도 기독교인들이 특권적 축복이라고 강조하고 있습니다. 특히 초超거대 교회인 메가처치mega church에서 이 3박자 구원과 축복을 기독교 복음의 본질로 강조하는 현실이 저의 가슴을 찍는 듯 아프게 했습니다. 여기 요한3서의 필자는 분명하게 진리 안에서 실천하는 것보다 더 큰 기쁨이 없다고 명시했음에도 불구하고, 진리 되시는 예수께서 "진리가 너희를 자유케 하리라"(요 8:32) 선포하셨는데도, 우리를 온갖 부자유의 사슬에서 자유롭게 해주는 이러한 해방의 능력인 진리의 동력은 무시하고 3박자 축복만을 강조하는 이 메시지가 과연 예수의 복음 선교인가를 묻지 않을 수 없었습니다. 이 진리의 역동적 힘을 완전히 무시하고, 개인 영혼의 구원, 만사형통의 축복 그리고 몸의 건강만을 값싸게 바라는 한국교회의 일그러진 예수 복음의 인식, 곧 예수 복음의 왜곡이 가슴 아팠습니다. 보수적 신앙의 원로장로님인 제 아버지께서는 예수 진리의 이 같은 복음의 본질을 제대로 이해하셨기에 신군부의 폭력으로 부당하게 갇혀 있는 아들에게 복음의 이름으로 격려해주신 것을 저는 지금도 감사드리고 싶습니다. 왜 아버님의 신앙 같은 진정한 보수신앙은 오늘의 한국교회에서 만날 수 없는 걸까요! 자유케 하는 진리 되신 예수의 모습은 이제 사라지고 말았습니까!

그래서 저는 우리의 신앙과 신학에 관련된 책, 『예수 없는 예수교회』(2008)와 『바보 예수』(2012)를 출간했습니다. 그 후 이번에 도서출판 동연에서 세 번째와 네 번째 책을 내놓게 되었습니다. 이 책을 세상에 내놓으면서 오늘의 세계 교회, 특히 한국교회는 기독교(주로 개신교) 안에서 하나님에 대한 신학적 인식이나 신앙적 이해를 제대로 하고 있는지, 한국 크리스천들이 과연 하나님의 본질을 꿰뚫어 보는 신앙과 신학 속에서 알차게 예수 그리스도 따르미로 살고 있는지에 대해 안타깝게 묻고 싶었습니다.

　기독교의 하나님은 스스로 인간이 되신 존재이십니다. 인간 중에서도 가장 억울한 고통과 고난을 강요받고 있는 인간 존재들의 고통 현장에 친히 찾아오시는 하나님입니다. 이것이 이른바 성육신成肉身 신학과 신앙이지요. 이 점이 희랍의 신들과 본질적으로 다릅니다. 올리브산 높은 곳에서 자기들끼리 사랑도 하고 질투도 하고 다투기도 하면서 올리브산 밑에 사는 실제 인간들의 아픔, 특히 그 부당한 아픔과 한 맺힌 서러움에 대해서는 철저하게 무관심으로 대하는 고대 희랍 신과 예수께서 아바Abba라고 불렀던 하나님은 본질적으로 다릅니다. 이렇게 플라톤적 영혼 불멸성을 지니는 영적 신들과는 본질적으로 다른데도 불구하고, 오늘 한국 그리스도인의 천박한 신앙은 개인 영혼의 불멸만을 맹신하는 듯합니다. 또 한국의 수준 높은 지식인 신자 중에는 신플라톤적 신개념을 선호하여 2천 년 전 초대교회를 위협했던 영지주의적 신앙과 신학 특히 가현설적 예수의 신성만 믿기, 다시 말하자면 가현설Docetism에 심취하는 경향이 있는 것 같습니다. 이 같은 신학과 신앙을 갖게 되면, 구체적 역사 현실 속에서 거칠게 작동하는 폭력적 악의 제도와 구조 그리고 이데올로기적 횡포에 대해 적극적으로 실천적 저항을 하기 어렵게 됩니다. 이러한 유혹을 잘 이겨낸 20세기 독일 신학자 중에 대표적으로 반히틀러운동에 참여했던 본회퍼 목사가 있습니다. 그리고 1950년경 제2기 역사 예수 탐구에 앞장섰던 케제만Käsemann을 비롯한 신학자들과 그들의 스승인 불트만Bultmann은 탁월한 세계적 성서신학자의 명성을 갖고 있었음에도, 그 당시 세기적 악마요 폭력 독재자였던 히틀러의 폭력적 정부에 대해 복음적 저항과 거부를 하지 못했습니다. 그래서 이런 가현설적 예수 이해를 신학적으로나 신앙적으로 극복해 내기 위해 세계적 복음주의 신학계에서 영향력을 키워가는 목회자적 성서신학자 톰 라이트N. T. Wright가 예수 부활을 몸의 부활이라고 강조했습니다. 놀랍게도 복음주의 신학과는 거리를 두고 있는 진보적 신학자인 크로산Crossan도 예수의 몸의 부활에 대해선 톰 라이트와 대체로 의견을 같이하는 것 같습니다.

이런 시점에서 저는 하나님의 본질이 성육신에 있다면, 그것은 결단코 추상적 교리에 갇혀 있는 죽은 담론일 수는 없다고 생각합니다. 역사 현장에서 정의롭게 기존의 불의한 구조를 변혁시키는 자유의 힘으로 움직이며 샬롬을 만들기 위해 살신성인의 실천으로 모험에 뛰어드는 존재로 살아가려면 가현설적 예수 인식을 넘어서서 만물을 새롭게 변혁시키려는 부활의 몸을 지닌 그리스도의 실천에 이르러야 합니다. 부활하신 예수는 영혼만이 유령처럼 떠돌아다니며, 추상적 메시지나 담론을 퍼트리는 존재가 결코 아니십니다. 부활한 몸은 죽지 않으면서도 개인과 구조, 사람과 역사를 하나님의 뜻에 따라 용기 있게 변혁시키는 동력임을 잊지 말아야 합니다. 그래서 우리는 백 년 전, 가해자적 민족주의를 앞세운 일본제국주의 폭력에 대해 비폭력으로 용기 있게 맞서며 애민·애국·애족을 하나님 사랑(愛神) 안에서 실천했던 믿음의 선배들을 본받아야 합니다. 이를테면 유관순 누나, 승동교회 조사였던 몽양 여운형, 새문안교회 장로였던 우사 김규식, 도산 안창호, 백범 김구 등 믿음의 선배들을 진정한 예수따르미로 새롭게 평가해야 합니다.

흥미로운 가정을 해보겠습니다. 만일 지금 몽양 여운형이 승동교회에 나타나시고, 우사 김규식 박사가 새문안교회에 오신다면, 이 두 교회의 실세들이 반가워할까요? 또한 현순 목사와 손정도 목사께서 정동교회에 오신다면, 온 교인들이 옛날 담임목사님이 오셨다고 기립박수로 환영할까요? 만일 교인들이 평생 공공적 가치와 혁신적 사고를 하고 감동적 실천을 복음의 관점에서 수용하여 살아오신 어른이신데, 그들을 뜨겁게 환영해주지 않는다면, 특별히 태극기 성조기를 흔들며 교회 문 앞에서 박대한다면, 한국교회는 소망 없는 교회가 될 것입니다.

그래서 이 시점, 인류생존이 위협받는 위기 상황에서 우리는 성육신 신학과 신앙(incarnation), 예수 비움의 신학과 신앙(kenosis) 그리고 예수 그리스도의 몸의 부활 신앙을 성령의 힘으로 회복시켜야 합니다. 썩어가는 세상에 소금이 되는 삶을, 어두워가는 세상에서 빛이 되는 삶을 몸으로 살면서 복음을 실천하는 그리스도인이 되어야 할 것입니다. 그래서 이 책을 세상과 교회에 내어놓습니다. 도서출판 동연의 편집부 자매, 형제들의 노고에 감사드리고, 특별히 이 시대를 하나님의 성육신 신학과 신앙의 눈으로 해석하고, 예수 비움의 신앙으로 살려는 김영호 대표에게 감사의 마음을 전합니다.

2021년 5월
한민韓民 한완상

차례

책을 펴내며 / 5

1부 ㅣ 다시, 역사적 예수를 바라보다   17

예수 없는 기독교 — 동정녀와 빌라도 사이의 공백   19
하나님 자궁의 힘   32
아바Abba 체험 — 브로커broker 없는 사랑 나라lovedom   43
첫째의 꼴찌하기 — 예수의 원초적 열정   59

2부 ㅣ 오직 선제적 사랑으로 원수를 이겨야   71

원수 사랑, 하나님 나라 열쇠   73
새 길은 관용의 길   92
복음의 감동, 어디서 오나   102
샬롬으로 만물을 새롭게   114
    — 세계적 위기 상황에서 종교개혁 500년을 맞으며

3부 ︱ 몸의 부활은 실체적 변혁의 동력   135

부활, 그 평화와 사랑의 동력   137
부활 예수, 숯불에 생선을 굽다   151
부활 예수의 그 인간적 모습   163
    — 교회 안에 부활의 예수가 없다
사랑 안에서 삶과 죽음은 하나입니다   181

4부 ︱ 예수따르미, 더 예수답게   195

온전한 사람 되기 — 예수따르미 공동체   197
철든 교회 — 증언과 공감의 공동체   206
가장 좋은 길 — 사랑이 없으면 아무것도 아닙니다   217
처음처럼, 더 예수답게   230

권하는 글 _ 김기석 정경일 한인철 홍인식 김형국 김회권 / 263

1부

다시, 역사적 예수를 바라보다

예수 없는 기독교 — 동정녀와 빌라도 사이의 공백

하나님 자궁의 힘

아바Abba 체험 — 브로커broker 없는 사랑 나라lovedom

첫째의 꼴찌하기 — 예수의 원초적 열정

예수 없는 기독교
― 동정녀와 빌라도 사이의 공백

마태복음 6:25-32, 누가복음 7:18-22

그러므로 내가 너희에게 말한다. 목숨을 부지하려고 무엇을 먹을까 또는 무엇을 마실까 걱정하지 말고, 몸을 보호하려고 무엇을 입을까 걱정하지 말아라. 목숨이 음식보다 소중하지 않으냐? 몸이 옷보다 소중하지 않으냐? 공중의 새를 보아라. 씨를 뿌리지도 않고, 거두지도 않고, 곳간에 모아들이지도 않으나, 너희의 하늘 아버지께서 그것들을 먹이신다. 너희는 새보다 귀하지 않으냐? 너희 가운데서 누가, 걱정한다고 해서, 제 수명을 한 순간인들 늘일 수 있느냐? 어찌하여 너희는 옷 걱정을 하느냐? 들의 백합꽃이 어떻게 자라는가 살펴보아라. 수고도 하지 않고, 길쌈도 하지 않는다. 그러나 내가 너희에게 말한다. 온갖 영화를 누린 솔로몬도 이 꽃 하나만큼 차려 입지 못하였다. 믿음이 적은 사람들아, 오늘 있다가 내일 아궁이에 들어갈 들풀도, 하나님께서 이와 같이 입히시거든, 하물며 너희들을 입히시지 않겠느냐? 그러므로 무엇을 먹을까, 무엇을 마실까, 무엇을 입을까, 하고 걱정하지 말아라. 이 모든 것은 이방 사람들이 구하는 것이요, 너희의 하늘 아버지께서는 이 모든 것이 너희에게 필요하다는 것을 아신다(마태복음 6:25-32).

> 요한의 제자들이 이 모든 일을 요한에게 알렸다. 요한은 자기 제자
> 가운데서 두 사람을 불러, 주께로 보내서 "오실 그분이 선생님이십니
> 까? 그렇지 않으면, 우리가 다른 분을 기다려야 합니까?" 하고 물어
> 보게 하였다. 그 사람들이 예수께 와서, 말하였다. "세례자 요한이 우
> 리를 선생님께로 보내어 '오신다는 분이 선생님이십니까? 그렇지 않
> 으면, 우리가 다른 분을 기다려야 합니까?' 하고 물어 보라고 하였습니
> 다." 그 때에 예수께서는 질병과 고통과 악령으로 시달리는 사람을
> 많이 고쳐 주시고, 또 눈먼 많은 사람을 볼 수 있게 해주셨다. 예수께서
> 그들에게 말씀하셨다. "가서, 너희가 보고 들은 것을 요한에게 알려
> 라. 눈먼 사람이 보고, 다리 저는 사람이 걷고, 나병 환자가 깨끗해지
> 고, 귀먹은 사람이 듣고, 죽은 사람이 살아나고, 가난한 사람이 복음
> 을 듣는다(누가복음 7:18-22).

21세기를 지내며 지난 2천 년 가까운 장구한 세월 동안 실물 예수 없이도 기독교가 존속해 온 사실에 대해 그리고 역사적 예수(곧 실물 예수) 없이 이미 두 세기를 보내고 있는 한국기독교(신·구교 모두)의 현주소에 대해 철저한 성찰과 반성을 해야 할 것입니다.

먼저 동정녀 마리아에서 빌라도로 직행하는 기독교 신앙고백의 문제부터 성찰해 보겠습니다. 가장 보편적인 교회 신앙고백이면서 지난 천 년 이상 교회 교리문답의 골간으로 존중되어 온 사도신조에는 실물 예수의 모습을 도무지 찾아볼 수 없습니다. 그래서 너무나 허전하게 느껴집니다. 그럼에도 기원 5세기 이후 오늘까지 이 신앙고백이 거의 모든 기독교 종파들에 의해 아무 문제 없는 것처럼 암송

되고 있다는 사실이 정말 놀랍습니다. 역사의 예수가 없는데도 대부분의 기독교 신자들이 도무지 허전함을 느끼지 못하고 있다는 사실, 그들의 불감증이 바로 문제의 핵심이 아니겠습니까!

　복음서에 나오는 예수님의 말씀과 행적을 모두 역사적 사실fact이라고 말하지 않더라도(근본주의자들이 그렇게 말함), 또는 그것이 예수 부활을 체험했던 초대교회 공동체의 신앙적 고백의 표현이라 하더라도(실존주의자들이 그렇게 주장함), 그 신앙고백의 내용은 실물 예수의 말씀과 행적과 삶의 주요 부분을 기초로 했을 것입니다. 그런데도 사도신경은 그러한 실물이 아예 처음부터 존재하지 않았던 것처럼 수용되고 존중되었지요. 세계 거의 모든 기독교 교회가 사도신조를 정통적 신앙고백으로 받아들이고 있는 오늘의 현실을 보면서 예수의 현실성reality이 실종된 사도신조의 내용을 확인하는 저의 마음은 여간 불편한 게 아니었습니다. 이 불편을 솔직하게 고백하지 않을 수 없습니다. 저를 더욱 불편하게 하고 놀라게 하는 것은 예수의 실종을 조금도 허전해하거나 불편해하거나 놀라워하지 않는 우리 기독교인들의 상투적 평안함, 관례적인 기독교 인식이라 하겠습니다.

　실물 예수는 선포자요 증거자요 실천가였습니다. 하나님 나라를 선포하고 그것을 이룩하기 위해 구체적인 사역을 실천하신 분입니다. 그런데 이 선포자 예수가 선포된 그리스도로 변하게 되면서 역사의 예수는 지난 이천 년 동안 박제화된 것 같습니다. 찬란한 교리의 옷을 입고 있는 그리스도는 역사 속의 감동적인 선포와 역동적인 실천과는 무관한 신앙숭배의 대상으로 전락한 듯합니다. 예수가 선포자요 실천자라면 그리스도는 더더욱 선포자가 되어야 하고 더 뜨거운 실천의 주체가 되어야 합니다.

물론 그리스도는 실물 예수 이상이기도 합니다만, 그렇다고 해서 역사의 예수 이하로 떨어져서는 안 됩니다. 세계적인 천주교 신학자요 성서 역사학자인 크로싼Crossan은 이것을 이렇게 표현했습니다.

Christ is more than Jesus, but not less than Jesus.

이 말은 참으로 실물 예수와 부활의 그리스도 간의 관계를 적절하게 표현했습니다. 그리스도는 역사적 예수보다 더 위대한 존재일 수는 있으나 그렇다고 역사의 예수 모습을 훼손하거나 축소해서도 안 된다는 뜻입니다.

예수는 축소되고, 그리스도는 확장되면서 그리스도는 하나님과 죄인 사이를 이어주는 중개인broker의 역할을 담당하였습니다. 그런데 역사의 예수는 당시 유대 종교적인 브로커의 역할을 인정하지 않았습니다. 누구나 아빠Abba 하나님을 직접 체험할 수 있음을 선포하시고, 무상의 치유행위와 평등한 밥상공동체를 펼쳐 보임으로써 하나님 나라를 직통으로 체험하게 했습니다. 하나님과 인간 사이에 종교적 전문 중개인, 교리적 전업 중개인, 신학적 전문 브로커를 인정하시지 않았습니다. 이런 뜻에서 실물 예수는 하나님을 항상 직접 체험했던 참으로 영성이 충만한 평신도라 하겠습니다.

그러니까 예수가 제도 교회 틀 속에서 교리적 숭배의 대상인 그리스도로 변질되면서 역설적으로 예수는 인간과 하나님 사이를 중개하는 독점적 브로커로 전락하게 된 셈이지요. 이렇게 하여 교리의 그리스도는 역사의 예수를 위축 또는 사상시키고 말았습니다.

사도신조에는 예수의 부재를 이렇게 표현하고 있습니다.

…동정녀 마리아에게 나시고, 본디오 빌라도에게 고난을 받으사….

이 고백문에는 적어도 사四복음서가 증거하고 있는 중요한 실제 예수 사건들이 모두 빠져있습니다. 물론 이 사건들의 역사성에 대해 왈가왈부할 수 있겠으나 다음 몇 가지 사실에 대해서는 신학자들 간에 얼마간의 공감이 있는 듯합니다.

예수님은 로마의 식민지였던 팔레스타인에서 태어나 짧은 삶을 사셨습니다. 그가 서른 살쯤 되었을 때 광야에 나아가 깊은 명상을 하셨고 그 명상 중에 시험을 겪으셨으나, 이것을 이기고 성령 충만하여 갈릴리로 귀환하셨습니다. 그 후 세례요한의 문하생이 되셨지요. 요한이 처형되자 예수께서는 독자적 활동 곧 예수 운동을 펼치셨습니다. 그의 독자성은 아마도 복수의 신이 역사에 개입하여 심판한다는 세례요한식의 선교신앙을 뛰어넘어 사랑의 대안 공동체 곧 하나님 나라의 건설에서 찾을 수 있겠습니다.

역사의 예수님은 나사렛 회당에서 당신의 선교 비전을 선포하셨고 그 선포를 곧 실천하셨습니다. 그는 방랑자 카리스마로 어디서나 중병에 시달리는 병자를 무료로 치료해 주셨습니다. 당시의 병은 단순한 육체적 질병이 아니었습니다. 종교 질서가 규정한 죄의 발현으로 인식되었기에 환자들은 병으로 인한 육체적 고통에 더하여 정신적, 종교적, 사회적 고통까지 겪어야 했습니다. 예수님은 이 같은 질병 인식체계 곧 사회체제를 거부하시고 병자를 생물학적 균뿐만 아니라 사회적으로 규정했던 질병 체제 자체로부터 해방시켰습니다. 여기에 더하여 환자에게 새로운 자긍심과 희망과 정체성을 불어넣어 주셨습니다. 환자에게 "당신의 믿음이 당신을 낫게 하였소"라고 선포하심으로 새로운 자긍심과 자신감을 불어넣어 주시어 새로운 존재로 자랑스럽게 우뚝 서게 하셨습니다. 그랬기에 실물 예수는 불온한 반체제 인사로 인식되기도 했습니다.

예수께서 마귀를 쫓아내신 것도 피해자인 환자를 그의 원래 인격으로 회복시켜 주신 치유행위였습니다. 귀신 들린 자는 자기의 인격적 주체성을 상실한 존재입니다. 거라사 지역의 귀신 들린 자는 로마 군단의 마귀 떼에 의해 자기 인격이 폭력으로 정복당했던 것이지요. 주인 아닌 존재가 자기를 주관한 것이지요. 예수의 마귀 쫓음은 인간의 인격을 그 주인에게 되돌려 주는 인간 회복과 인간 해방 실천 그 자체였습니다. 이것이 실물 예수의 구체적 행적이었습니다.

그는 또한 밥상공동체를 펼치셨습니다. 밥상공동체는 하나님을 중심에 모신 평등공동체였습니다. 계급의 장벽, 성의 장벽, 종교의 장벽, 지역의 장벽이 무너지는 새로운 대안 공동체의 구체적 모습이기도 했습니다.

이러한 역동적 선교활동을 통해 사회·경제·정치적으로 억울하게 차별받고 억압받았던 사람들과 격의 없이 사귀시고 담소하셨으며 꼴찌와 찌그러진 인생들에 희망과 희열을 선사하셨습니다. 하나님 나라는 다른 것이 아니라 바로 이들이 주인이 되는, 자유롭게 살려는 사람들의 평등공동체입니다.

이 같은 실물 예수의 감동적인 실천 모습은 사도신조의 그 어느 곳에서도 나타나지 않습니다. 예수의 존재는 태어나자 곧 빌라도에 의해 고난받고 처형받는 존재로 소개되고 있습니다. 흥미롭게도 살아 있는 실존 인물 예수에 대한 언급은 없지만, 다행스럽게도 성서에는 그의 죽음과 그 후의 모습에 대해서는 비교적 자세히 언급되고 있습니다.

> 장사한 지 사흘만에 죽은 자 가운데서 살아나시며 하늘에 오르사, 전
> 능하신 하나님 우편에 앉아 계시다가, 저리로서 산 자와 죽은 자를 심
> 판하러 오시리라 …

갈릴리 지역에서 역동적으로 활동하신 예수의 살아있는 모습은
전혀 보이지 않고 장사한 것, 사흘 지난 것, 죽은 자 가운데서 살아나
신 것, 하늘에 오르신 것, 하나님 우편에 앉아 계신 것, 거기서 산 자
뿐 아니라 죽은 자들까지 심판하기 위해 오시는 것 등은 비교적 장황
하게 서술되고 있습니다. 역사의 예수는 없고, 상대적으로 교리의
그리스도에 대한 신학적 표현은 긴 편입니다.

동정녀 마리아와 빌라도 사이의 엄청나게 허전한 빈 공간을 이렇
게 채운다면 어떻겠습니까.

> …동정녀 마리아에게 나시고 흑암의 세계에서 빛을 던지사 병마를 쫓
> 아내시고, 부당한 차별의 장벽을 허무시며, 꼴찌와 지극히 작은 자들
> 도 주인이 되는 사랑의 공동체를 세우시다가 유대와 로마 권력에 고난
> 당하시고, 십자가 처형되셨으나 사흘 만에 부활하셨습니다….

우리는 새로운 세기를 살고 있습니다. 새로운 세기에서는 염려스
럽게도 '스스로 돈독한' 기독교인으로 자처하는 근본주의자들이 세
계를 지배하려 하고 있습니다. 그러기에 평화의 소리는 들리지 않고
전쟁의 소리와 전쟁이 일어날 것 같은 염려의 소리는 더욱 크게 들립

니다. 이러한 위기의 시점에서 우리 예수따르미들은 실물 예수를 삶의 중심에 다시 정중히 모셔야 합니다. 평화와 사랑과 정의의 주님을 우리의 삶 한가운데, 우리 신학의 중심에, 우리 신앙고백의 핵심에 정중히 모셔야 할 것입니다. 그래서 실물 예수를 모심에 있어 몇 가지 절박하고 올곧은 깨달음을 촉구하고 싶습니다.

첫째, 실물 예수는 영적인 존재로서 역사적인 사건들의 중심부에 실천 주체로 우뚝 서 있었음을 깨달아야 합니다. 그는 광야의 시험을 성령의 힘에 이끌리어 체험하셨고, 시험을 그 영의 힘으로 이기시고 성령 충만하여 귀향하셨습니다. 세례요한으로부터 세례를 받았을 때도 성령의 힘이 작동했습니다. 그가 독자적 선교활동을 하기 위해 고향 회당에서 메시지를 선포할 때도 성령의 역사를 강조했습니다. 세례요한의 제자들이 예수의 정체를 확인하기 위해 방문했을 때도 그는 성령의 능력으로 그의 비전이 구체적으로 실천되고 있음을 상기시켰습니다. 온갖 중병환자가 치유되고 지체 장애인들이 온전케 되며 가난한 자들에게 기쁜 소식이 전달된다는 사실을 세례요한에게 알리라고 했습니다. 이 같은 놀라운 사건은 거룩한 영의 능력으로 예수가 일으킨 사건이요 그것은 곧 하나님 나라의 구현이기도 했습니다. 또한 역사의 예수는 역동적인 영의 눈으로 세상과 자연을 보셨습니다.

주변의 밑바닥 인생이 먹을 것과 입을 것이 없어 염려할 때, 저 공중에 나는 새를 가리키시며 그들을 위로하셨고, 들판에 흐드러지게 피어있는 백합화를 지목하시고 격려했습니다. 인간의 생명은 새와 꽃의 생명보다 더 소중하다고 말씀하셨지요. 바로 그 역사의 예수는 사랑에 찬 영의 눈으로 인간과 자연과 사물을 성찰하셨습니다.

그런데 이 같은 실물 예수는 영적 존재로서 시공을 초월하여 오늘 우리와도 함께 하신다는 사실을 우리는 한시도 잊지 않고 그것을 증언해야 합니다. 예수가 그리스도로 고백하는 것도 바로 이 같은 예수의 현존 체험, 그 영적 체험과 연결되는 것이지요. 그런데 부활의 그리스도 체험은 신비한 체험으로 끝나버리는 것이 아니라 실물 예수의 비전과 프로그램으로 연결되는 것입니다. 우리가 21세기에서 마땅히 해내야 할 과제, 이를테면 평화를 만들어가는 일을 위해서도 우리는 그리스도의 영을 체험해야 합니다. 그러기에 예수의 영성은 역사적 사실이면서 동시에 지금도 우리에게 능력 주시는 실존적 힘의 원천이라 하겠습니다.

둘째, 우리는 오늘 우리가 당면한 심각한 문제들을 올곧게 해결하기 위해 예수와 영적으로 끊임없이 역지사지易地思之해야 합니다. 전쟁 문제, 부패 문제, 질병의 문제, 사회적 차별 문제, 죽음의 문제 등을 풀기 위해 고뇌하는 오늘의 예수따르미들은 예수님과 항상 직접 소통해야 할 것입니다. 만일 예수님이라면 이 문제를 어떻게 보고, 접근하고 해결해 나가실까. 이러한 질문은 역사적 예수의 행적, 그분의 말씀과 삶을 구체적으로 알아야만 적절하고 올바르게 대답할 수 있습니다. 동정녀 마리아에서 빌라도로 바로 뛰어 넘어가게 되면 도무지 이러한 질문이 나올 수 없고, 나온다 해도 적절한 해답을 얻을 수 없습니다. 우선 예수님의 경구나 비유의 말씀이 그분의 하나님 나라 건설 프로그램과 어떻게 연결되는지를 알아야 오늘 여기서 우리가 당면한 문제를 은혜롭게 푸는 데 필요한 실마리를 얻게 될 것입니다. 예수따르미들이 역사적 예수에 관한 이해를 더 높여야 할 까닭이 바로 여기에 있습니다. 예수의 입장을 알아야만 오늘 우리의 문제를 조명해 볼 수 있는 것 아니겠습니까. 하기야 2000년 미국 대선 때 고어Gore나 부시Bush 모두 예수님과 역지사지한다고 강조했습니다만, 부시가 당선된 뒤 그가 이라크 선제공격 정책을 21세기 십자군 전쟁으로 규정하며 전쟁을 일으키는 데 재빠르게 활용했던 것을 보면 그의 예수와의 소통은 예수 뜻을 처음부터 제대로 이해하지 못한 탓인 것 같습니다. 따지고 보면 신보수주의자들은 역사적 예수의 참모습을 모르기에 그렇게 무모한 전쟁을 일으키는 것이 아니겠습니까.

예수의 영은 오히려 당신의 이름으로 펼쳐지는 십자군 전쟁으로 인해 억울하게 죽어가거나 고통당하는 많은 사람의 처참한 모습을 보시고 얼마나 괴로워하시겠습니까. 바로 그러하기에 우리는 실물 예수의 말씀과 행적을 올곧게 이해해야 합니다. 예수님은 경직된 교리를 적용하여 이단을 만들어내어 핍박하는 일이나 마녀를 만들어내어 화형 시키는 일을 하시지 않았고 하지도 않을 것입니다. 자기와 생각이 다른 집단이나 문화를 악의 축으로 단죄하고 선제공격으로 박멸하려는 일을 저지르지 않았고 하지도 않을 것입니다. 예수는 결단코 선제공격으로 원수를 무찌르지 않습니다. 오히려 선제적 사랑 실천으로 원수와 평화를 만들어냅니다. 그래서 원수를 폭력적 원수 갚기에서 해방시킬 것입니다. 타민족이나 타종교를 차별하거나 궤멸하지 않았고 하지도 않을 것입니다. 지난 천오백 년간 제도 기독교가 예수를 교리로 박제화하면서 저질렀던 온갖 부끄러운 짓들도 따지고 보면 역사 예수가 없는 신조에 매달렸던 사실과 무관하지 않은 것 같습니다.

실물 예수는 암탉의 날개 아래 모든 인간을 모으려 했습니다. 그것이 아바 하나님의 마음이지요. 모든 인간은 같은 자녀로 보호받고 사랑받는 존재임을 깨우쳐 주시면서 당신 자신이 그들을 암탉이 병아리를 품듯 품어보려고 애썼습니다. 그리고 하나님이 우리를 사랑하시듯 우리에게 서로 사랑하라고 권고하셨습니다. 우리가 서로 사랑할 때, 비로소 하나님을 직접 체험할 수 있음을 깨우쳐 주셨습니다. 사랑은 자기를 비워 남에게 아름다운 것으로 채워주는 행위인데 바로 그 행위 속에 하나님이 살아 움직이십니다.

바로 그 실천 속에 우리는 갈릴리의 예수와 부활의 그리스도를 함께 영적으로, 곱빼기로 체험하는 것이지요. 이 같은 영적 체험이야말로 오늘 우리 상황에서 아직도 미완未完으로 남아있는 하나님 나라 사업을 추진하고 완성해나가는 데 있어 긴요한 힘의 원천이 됩니다. 그 체험에서 얻는 힘이 바로 그 작업을 추진하는 동력이 되기 때문이지요. 아직도 우리 주변에는 억울한 꼴찌들이 많고, 지극히 작은 자로 축소된 인간들이 허다합니다. 병들어도 경제적 능력이 없어 죽어가는 인간들이 여기저기 있습니다. 위선과 부조리, 강압과 착취의 지배구조로 인해 억울하게 차별당하고 수탈당하고 억압당하는 오늘의 '죄인'들이 허다합니다. 그만큼 예수 운동 곧 하나님 나라의 선교가 필요합니다. 이 같은 예수 운동은 아직도 미완의 과업으로 남아있습니다. 예수따르미 공동체가 존재하고 활성화되어야 할 까닭이 바로 여기에 있습니다. 예수따르미의 삶은 실물 예수의 삶을 지향하는 것이기에 우리는 목표로 그 예수를 항상 바라보게 됩니다. 그리고 그를 따르려고 합니다. 그러나 그를 따르는 일이 결코 쉬운 일이 아닙니다. 고난의 골고다 언덕을 지나가야 하는 괴롭고 외로운 일이기도 합니다. 그러기에 우리는 부활의 그리스도 능력을 오늘 우리 삶의 자리에서 더욱 체험하려고 노력해야 합니다. 실망과 좌절에 사로잡혀 황혼을 바라보며 힘없이 엠마오로 내려가던 제자들에게 다가오시어 떡을 떼시면서 힘과 용기와 희망을 불어넣어 주셨듯이, 우리가 어려운 조건에서도 불우한 이웃과 함께 소중한 것을 떼어 서로 나누는 순간 순간, 실물 예수는 영적으로 함께하십니다.

실물 예수를 박제화해버린 제도 기독교는 지난 천 년 동안 온갖 부끄러운 반反예수적 행적을 저질러 왔음을 다시 한번 기억합시다. 특히 하나님과 예수님의 이름을 망령되게 내세우면서 저질러지는 종교적, 신학적, 교리적 악행은 중단되어야 합니다. 교회갱신, 교회 거듭나기가 절박하게 필요한 까닭이 바로 여기에 있습니다. 바로 이 같은 변혁은 영적 실물 예수의 복원으로부터 시작되어야 합니다. 지난날 역사의 예수를 오늘 우리 삶의 자리에서 뜨겁게 영적으로 만나는 공동체적 삶에서 시작되어야 합니다.

그래서 그 역사의 예수가 부활의 그리스도로 이어지면서 더욱 힘 있고 더욱 감동적으로 우리를 죄악으로부터 해방하여 새롭고 온전한 존재로 세워주실 것을 믿고 고백하는 것입니다. 그뿐입니까. 예수가 그리스도임을 고백함으로써 오늘의 상황에서 우리 예수따르미들은 창조의 보전과 완성을 위해, 인간의 생명과 존엄을 지키기 위해 그리고 하나님의 평화와 정의 실현을 위해 더욱 헌신하기로 결단하게 됩니다. 한 걸음 더 나아가 사랑으로 서로 비우면서 서로 좋은 것으로 채워주는 뜨거운 체험을 통해 하나님 나라의 건설을 위해 헌신할 수 있을 것입니다. 이것이 바로 우리 공동체의 신앙고백이요 이 고백이야말로 실물 예수를 중심에 모시고 부활의 그리스도의 영과 능력을 뜨겁게 함께 체험하려는 예수따르미의 고백이 아니겠습니까! 우리는 바로 이런 뜻을 가슴 깊이 품고 어두운 역사 한 가운데서 빛이 되시며 혼돈 속에서 헤매는 백성들에게 진리의 새 길을 제시하신 예수 그리스도의 삶을 본받기 위하여 그의 십자가의 고통과 함께 부활의 영광을 뜨겁게 기억해야 합니다. 또한, 마침내 이 땅 위에 하나님의 다스림이 이루어질 그 날을 향하여 오늘도 외롭지만 힘차게, 괴롭지만 기쁘게 예수 그리스도의 몸 된 공동체를 가꾸어 나가기로 결단해야 합니다.

우리 다 함께 이렇게 기도합시다.

주님, 당신의 역동적이고 감동적인 모습을 기억합니다.

삭막하고 살벌했던 팔레스타인의 들과 산, 길과 언덕, 해변에서 너무나 인간적이고 인격적인 당신의 그 모습을 보여주셨습니다.

병마를 쫓아주시고, 꼴찌에게 희망을, 지극히 작은 자에게 해방의 기쁨을 무상으로 선사해 주셨습니다.

그런 당신을 우리 삶의 중심에 모시고,

당신의 영을 뜨겁게 체험하며 살게 하소서.

주님, 우리 주변에 많은 어려운 문제들이 있습니다.

인간의 존엄과 생명을 위협하는 세력과 싸움에 있어서

저희는 연약하여 넘어지고 패배하기 쉽습니다.

그러니 부활의 그리스도 영으로 저희를 붙들어주시어

당신의 사랑이 지배하는 당신의 나라를 세우게 하소서.

예수 그리스도 이름으로 기도드립니다.

아멘.

하나님 자궁의 힘

누가복음 6:36

> 너희의 아버지께서 자비로우신 것 같이, 너희도 자비로운 사람이 되어라(누가복음 6:36).

나이가 들수록 모르는 영역이 자꾸 더 넓어지는 것 같습니다. 그런데도 꼭 더 잘 알고 싶은 문제는 예나 지금이나 역사의 예수와 신앙의 그리스도에 관련된 문제입니다. 특별히 예수님의 원래적 소명 의식과 그의 열정적 아젠다agenda가 무엇인지 알고 싶습니다. 예수님께서 1세기 팔레스타인 상황에서 초지일관했던 비전과 꿈이 오늘 우리에게 어떤 의미를 던져주느냐 하는 문제입니다. 그것은 아마도 하나님 나라와 그 나라의 선포가 오늘 여기 우리 상황에서 갖는 의미의 문제일 것입니다.

"회개하라, 하나님 나라가 가까웠다"라는 예수 선포와 예수 실천에 대한 해석학적 의미를 명확하게 이해하기 위해 먼저 그 당시의 역사적, 문화적 배경을 잠시 살펴볼 필요가 있습니다. 무엇보다 유일신에 대한 신앙과 선민의식은 예수 당시에도 사람들의 삶 속에 확고하게 뿌리 내리고 있었습니다. 이것은 배타적 민족주의 정서를 부추겼습니다. 또한 야훼 하나님은 이스라엘 민족을 통해 당신께서 친히 역사에 개입하신다고 확신했습니다. 그러기에 이스라엘이 하나님과 약속한 계율을 어길 경우, 하나님은 혹독한 징벌을 가하신다는 믿음도 널리 퍼져있었습니다. 이집트에서 노예로, 바빌론에서 포로의 삶을 살게 된 것도 역사를 주관하시는 야훼의 심판이라 믿었습니다. 바빌론 포로 생활에서 풀려나 고향 땅으로 귀환했습니다. 이것은 제2의 출애굽 사건이기도 하지만, 귀환 후에도 이스라엘 민족은 주변 강국들의 지배에서 벗어나지 못했습니다. 그래서 예수님 당시에도 야훼께서 친히 왕으로 오시어 외세를 몰아내고, 모든 악의 세력을 패배시켜야 한다는 열망이 민족과 개개인의 가슴 깊은 곳에 한恨으로 자리 잡고 있었습니다. 이것은 한마디로 종말론적 열망이었습니다. 부패하고 수탈하는 내세內勢와 혹독하고 강압적인 외세外勢로부터 동시에 시달렸던 이스라엘 백성들은 이런 종말론적 신앙과 갈망으로 안으로는 일부 보수적인 사제집단司祭集團을 비판했으며, 밖으로는 로마 지배를 거부했습니다. 이른바 제2 성전시기(바빌론에서의 귀환 시기부터 주후 132년까지 약 5백 년 기간)에 이런 종말론에 근거한 크고 작은 무력 항쟁들이 일어났습니다. 그러나 강력한 로마의 폭력 진압으로 이스라엘의 반로마 무력 항쟁은 처참하게 실패했지요. 이를테면 예수님께서 10세쯤 되셨을 때 갈릴리의 유다는 로마에 대해 무력 항쟁을 시도했으나, 처참하게 진압되었습니다. 예수님은 당시 그 같은 사건 배후에 있는 이스라엘 백성들의 종말론적 열망과 좌절을 깊이 이해하셨습니다. 예수 부활 사건 이후 30여 년이 지나 일어난 반로마 무력 항쟁으로 예루살렘은 초토화되기도 했지요. 주후 132년에는 벤 코시바Simon ben-Kosiba라는 랍비가 메시아처럼 나타나 로마 지배에 대해 무력 저항했으나 그 역시 비참하게 패배당했습니다. 갈릴리의 유다나 벤 코시바 모두 야훼의 지배를, 곧 당시 유대인들이 바랐던 하나님 나라의 도래를 실현하기 위해 민중을 동원했습니다. 그러나 로마의 무력 앞에 무참하게 무릎을 꿇고 말았지요. 예수님은 이러한 비극적 종말을 당시의 종말론적 열망 속에서 꿰뚫어 보셨습니다.

그렇다면 예수께서 하나님 나라가 임했다고 선언했을 때, 과연 그의 뜻과 꿈은 당시의 메시아사상과 어떻게 다르며, 그 다른 점은 21세기를 사는 우리에게 어떤 의미를 던져줄까요. 먼저 이런 질문을 던져 봅시다. 예수님의 하나님은 과연 당시 팽배했던 유대 종말론의 하나님과 같은 분이었을까요?

선민사상에 근거한 배타적 민족주의를 부추기며 억압적 외세를 무력으로 몰아내라고 부추기는 신일까요? 아닙니다. 예수님의 하나님은 당시의 정치적 메시아사상이 내세웠던 신, 곧 왕으로 군림하시는 신과는 달랐습니다. 엉뚱하게도 그리고 놀랍게도 예수의 하나님은 어린 아기에게 어버이와 같이 다가오는 인자한 하나님이었습니다. 아기가 불안과 공포에 떨 때 반드시 엄마와 아빠를 찾듯, 예수님은 하나님을 아빠로 부르셨고 아빠처럼 모셨습니다. 겟세마네 동산에서 체포되기 직전 피와 땀을 흘리며 기도드릴 때, 예수님은 야훼를 아빠Abba라고 불렀습니다. 이 아람어의 토속적 표현 속에는 사랑과 신뢰가 가득 담겨 있습니다. 예수님에게 하나님 나라는 바로 이 아빠의 사랑이 지배하는 새로운 질서입니다. 이것은 당시 배타적 민족의식으로 무장된 무력 항쟁이나 유혈혁명으로 실현될 수 있는 질서와는 전혀 다른 것입니다. 율법주의자들과 제사장들의 지배 질서도, 헤롯왕의 질서도 아니었습니다. 더구나 로마 황제를 숭배했던 지배 질서는 더더욱 아니었습니다. 이런 질서는 폭력과 위선, 탐욕과 독선주의에 입각한 지배 질서였습니다. 예수님의 하나님과 하나님 나라는 전혀 다른 새로운 질서, 곧 아빠의 사랑이 지배하고 정의와 평화가 그 열매로 나타나는 새 하늘과 새 땅이었습니다.

그것은 예수님의 아빠, 그의 신이 지극히 모성적母性的 존재라는 역설 같은 진실입니다. 본문(눅 6:36)은 하나님을 자비로 표현했습니다. 함께 아파하시는compassionate 자비의 하나님이시지요. 여기 자비는 예수 당시 아람어Aramaic나 히브리어로 자궁을 뜻합니다. 자비compassion의 복수명사가 엄마의 자궁을 뜻합니다. 그러니 "하나님은 사랑이시다"라는 고백은 "하나님은 곧 자궁이시다"라는 고백이기도 합니다. 남성 아버지와 여성 엄마의 자궁은 전혀 함께 갈 수 없는 속성 같고, 이 같은 표현은 모순처럼 들리지만, 그 속에 깊은 진리가 담겨 있습니다.

여기서 우리는 자궁이 갖는 사회 심리적, 정치적 함의에 주목할 필요가 있습니다. 자궁은 가장 안전한 곳, 가장 평안한 곳, 가장 평화스러운 곳과 상태를 뜻합니다. 특히 아기에게는 그러합니다. 모든 고통과 스트레스로부터 보호받는 안전지대입니다. 모든 유토피아가 갖는 아름다운 평안을 두루 갖추고 있는 이상 지대이기도 합니다. 그래서 인간의 깊숙한 곳에는 자궁 회귀 욕구가 잠겨있는 것 같습니다. 이런 뜻에서 프로이트Freud의 자궁 선망 콤플렉스womb-envy complex는 정말 날카롭고 탁월한 통찰력입니다. 그것을 살부殺父 욕구와 연관된 오이디푸스 콤플렉스와 견주어 보면 자궁이 갖는 장점을 더 잘 이해할 수 있습니다. 그래서 아기가 자궁에서 벗어날 때 안전지대를 떠나는 불안으로, 또 그 괴로움으로 울음을 터뜨리는지 모르겠습니다. 그러나 아기에게는 제2의 자궁이 밖에서 기다리고 있습니다. 그 것은 바로 엄마의 가슴이지요. 따뜻하게 품고 보듬어 주는 엄마의 가슴이 제2의 자궁 역할을 하지요. 여기서 우리는 아기와 엄마 자궁(엄마 가슴) 간의 관계가 사랑과 신뢰의 관계임을 대번에 깨닫게 됩니다. 그리고 그곳에 평화의 원래 모습이 있음을 알 수 있습니다. 또한 예수님의 아빠와 우리 인간 사이에도 그러한 관계가 이뤄질 수 있음을 새롭게 깨달아야 합니다. 아빠 하나님은 본질적으로 사랑이지요. 그것은 자궁이기 때문입니다. 예수님께서 "하나님이 사랑이듯 너희도 서로 사랑하여라"라고 명하신 것은 하나님이 자궁이듯 너희들도 자궁스러워야wombish 한다는 명령이기도 합니다.

유니온신학교 필리스 트리블Phyllis Trible 교수는 하나님의 자비로움이 바로 자궁스러움이라고 지적하면서 그것은 인간에게 자양분을 공급하고 생명을 주며 아기를 보듬고 보호해주는 아빠Abba의 능력이라고 했습니다. 그 힘에서 비로소 하나님 나라는 자라나게 되는 것이지요.

그러하면 남성에게는 어떤 역할도 없는 것일까요? 여기서 우리는 모성적인 것과 여성적인 것이 같은 것이 아님을 알아야 합니다. 남자도 여자 못지않게 모성적일 수 있습니다. 마치 탕자 비유에 나오는 아버지처럼 말입니다. 탕자 아들이 멀리 도시로 떠났으나, 언제나 그의 귀환을 애타게 기다리다가 탕자가 저 멀리 지평선에 그 모습을 드러낼 때 뛰어가는 아버지가 바로 모성적 아빠입니다.

하나님이 자궁과 같은 사랑의 하나님이라면 이제 예수의 하나님 나라 선포의 의미를 새롭게 살펴볼 필요가 있습니다. "회개하라. 하나님 나라가 가까웠다"라는 선포에서 우리가 특별히 주목해야 할 진리는 무엇이겠습니까.

먼저 회개할 사람은 어린 아기가 아니라는 점에 주목해야 합니다. 오히려 어린이들이 예수님께 접근하지 못하도록 그들을 막은 어른들이 회개해야 합니다. 성인成人이 된다는 것은 철이 들어 영악해진다는 뜻이기도 합니다. 사회화socialization를 통해 어린이는 무대 위에서 연기 잘하는 배우의 마스크(탈 쓰는 것은 사람이 된다는 뜻도 있다)를 쓰게 됩니다. 일정한 사회적 배역을 맡아 연기를 잘하게 되면 사회적으로 성숙한 성인으로, 때로는 성공한 존재로 갈채를 받습니다. 그러니 이 과정에서 자기의 '속사람', '참 나'를 교묘하게 잘 숨겨서 '거짓나'를 잘 드러내야 세상에서 '성공'할 수 있습니다. 이런 연기자들이 율법주의에 매몰되면 참된 인간성 곧 '참 나'는 훼손되기 쉽습니다. 그래서 이 같은 연기자들은 '참 나'로 거듭나야 합니다. 아빠 하나님과 새로운 관계, 곧 전폭적 신뢰와 사랑의 관계를 되찾아야 합니다. 예수님의 회개 촉구는 바로 이런 뜻이기도 합니다.

그러면 회개는 어떻게 해야 합니까? 이 문제에 관해 예수님의 가르침은 무엇입니까? 우리는 산상수훈이나 주기도문에서 회개가 삶의 근본적 변화와 연관되는 실천임을 잊지 말아야 합니다. 이를테면 오른뺨을 때리면 왼뺨을 돌려대라는 명령이 바로 그것입니다. 5리를 가자면 10리를 가는 것도 회개의 실천입니다. 겉옷을 달라면 속옷마저 벗어주라는 명령도 회개의 명령이지요. 확실히 새로운 삶을 살라는 것이지요. 이 모든 회개의 정점에 원수를 사랑하라는 명령이 자리잡고 있습니다. 이것이 구체적 회개의 실천사항이지요. 회개가 추상적이거나 개인의 종교적 중얼거림이 결코 아닙니다.

여기서 우리는 예수님의 회개 촉구가 보복의 논리, 힘의 논리, 격파의 논리 그리고 압승의 논리를 완전히 뒤집는 것임을 깨달아야 합니다. 비록 의義로운 전쟁just war이라 하더라도, 비록 그것이 거룩한 전쟁holy war이라 하더라도 무력으로 잔인하게 승리를 도모하는 것은 오히려 하나님 나라를 파괴하는 것입니다. 그래서 무력에 의한 모든 십자군적 모험Crusade으로는 하나님 나라를 결코 이룩할 수 없습니다. 총과 칼의 힘으로는 하나님 나라를 결단코 상속받을 수 없습니다. 오히려 예수님처럼 당장에는 처절하게 패배하고 억울한 고난을 당하더라도, 처참하게 죽임을 당하더라도 하나님의 선제적 사랑 실천과 용서의 힘으로 평화를 만드는 사람들이 바로 하나님의 자녀들이요 하나님 나라의 주인들입니다.

그렇다면 갈릴리 예수님께서 친히 선포하신 하나님 나라의 구체적 모습은 어떠한 것일까요. 그것은 한마디로 놀라운 사건이었습니다. 밑바닥 인생에 희망과 용기를 주는 기쁜 소식이기에 유대 지배 세력이나 로마 지배 세력에게는 충격적으로 불온한 소식이요 사건이었습니다. 두 가지만 얘기해봅시다. 하나는 예수님께서 중환자들을 고쳐 주신 사건입니다. 중환자들의 병을 낫게 해 주시면서 그들의 주체적 믿음이 나음의 비결임을 강조하셨지요. "네 믿음이 너를 낫게 했다"라고 환자에게 새로운 존재의 능력을 넣어주셨지요. 한 걸음 더 나아가 그들의 죄가 사함을 받았다는 충격적인 선포까지 하셨습니다. 당시 죄를 사해주는 힘은 오로지 예루살렘 성전의 사제들에게만 주어진 특권이었습니다. 동물을 희생제물로 바쳐야 속죄가 허락되었지요. 여기에 부패와 수탈이 제도화되었습니다. 이런 상황을 배경으로 하여 예수님의 선포를 다시 생각해 보십시오. 네 믿음이 너를 낫게 하고 네 죄가 사함을 받았다는 주님의 선포는 바로 사제계급과 당시 지배구조에 대한 선전포고이기도 했습니다. 혁명적 선포였습니다. 그러나 그것이 결코 물리적 힘에 의한 유혈혁명은 결코 아니었습니다. 사랑의 원자폭탄 같은 것이지요. 예루살렘의 성전세력이 독점했던 속죄행위와 그 능력을 예수님은 거리로, 계곡으로, 언덕으로, 호숫가로 해방시켰고 확장했습니다. 바로 그것이 하나님 나라의 확장이요 구체적 실천이었습니다. 환자를, 특히 중환자들을 육체적 고통과 정신적(영적) 질곡으로부터 해방시키는 사건들이 갈릴리의 골목길에서, 들판과 산 위에서 터져 나온 것이지요. 이것이 하나님 나라 도래의 사건이었지요.

또 하나는 밥상공동체 운동이지요. 죄인들, 잡인雜人들, 더럽다고 낙인찍힌 자들을 잔치에 초대하고 주인으로 환대했습니다. 한 상에 둘러앉은 사람들은 모두 아빠 하나님의 동등한 아들과 딸로 존중했습니다. 죄인도 세리도 창녀도 상놈도 이방인도 사마리아인도 아니었습니다. 아빠의 소중한 자녀들이요 아빠의 당당한 상속인들이었습니다. 이 사건은 예루살렘 성전의 공간적 계급차별 현실과 너무나 대조적이었습니다. 당시 성전의 내부 공간은 계급으로 분할되었습니다. 이방인의 뜰, 여성의 뜰, 남성 평신도들의 뜰, 사제들의 뜰로 각각 분할되었지요. 그리고 가장 깊숙한 곳, 야훼 하나님과 가장 가깝다고 믿었던 곳, 바로 그 지성소는 대제사장 한 사람만 들어갈 수 있었지요. 그러나 예수님의 하나님 나라 운동에는 모두가 한 상에 둘러앉아 아빠 하나님의 사랑을 평등하게 함께 나눌 수 있었습니다. 이같이 열린 밥상공동체를 당시 지배 세력은 못마땅하게 여길 수밖에 없었지요. 희생제를 통해 유지되었던 성전체제는 예수의 밥상공동체 운동을 불온하고 불결한 움직임으로 정죄했습니다.

예수님의 고난은 그래서 피할 수 없었던 것입니다. 그의 고난은 인간의 부당한 온갖 고통, 곧 질병으로 인한 육체적 고통, 사회적 따돌림으로부터 오는 고통, 나아가 정신적 정죄로 인한 아픔, 이 모든 고통을 원천적으로 덜어주고 해소해주시기 위한 하나님 나라 운동에서 피할 수 없었습니다. 위선과 독선의 유대 지배체제와 강압과 착취의 로마 체제와 달리, 지더라도 아빠 사랑으로 패배의 쓴잔을 마시면서 그리고 고통당하더라도 아빠의 자궁 사랑으로 꼴찌들을 보듬어주고 원수들을 용서하시면서 골고다까지 가신 분이 예수님이셨지요. 자궁의 힘은 암탉이 병아리를 품는 힘이지요. 이런 상황에서 "칼을 쓰는 자는 칼의 힘으로 망한다"라는 진리를 상기시켰지요. 그래서 예루살렘이 곧 로마의 폭력으로 멸망할 것이라고 안타까운 심정으로 경고하셨습니다. 주님께서는 예루살렘 사람들을 향해 눈물을 흘리시면서 절규하셨지요.

특히 폭력적 저항으로 이스라엘을 해방시키려 했던 율법주의자를 향해 예수께서는 이렇게 탄식하셨습니다.

> 예루살렘아, 예루살렘아, 네게 보낸 예언자들을 죽이고 돌로 치는구나. 암탉이 병아리를 날개 아래 품듯이, 내가 몇 번이나 네 자녀들을 모아 품으려 하였더냐! … 보아라, 너희 집은 버림을 받아서 황폐하게 될 것이다(마 23:37).

이렇게 보면 예수님의 십자가 고난은 아빠 하나님의 산고産苦로 보아도 좋겠습니다. 하나님의 산고이지요. 새 생명으로 우리가 거듭

날 수 있도록 우리 대신 고통당하시고(代苦) 속죄양으로 돌아가셨다고 이해할 수 있지요(代贖). 그렇다고 해서 우리가 예수의 십자가 고난을 속죄의 교리적 담론으로 정형화하여 종교적 억압의 기재가 되게 해서는 안 됩니다. 그것이 바로 자궁스러운 결단이요 실천이며 거기서 우리는 새사람으로 거듭나면서 하나님 사랑을 뜨겁게 확인하게 되지요. 하나님의 본질이 바로 그 자궁스러움의 실천에서 드러납니다. 이 깨달음에는 남성과 여성이 따로 없습니다. 여성으로 태어났기에 자궁스러움을 체질적으로 더 잘 이해할 수 있음을 감사하기 바랍니다. 비록 육체적 자궁은 없지만, 남성들에게도 축하드리고 싶습니다. 자궁스러움의 사랑을 남성들도 여성 못지않게 체험할 수 있을 뿐 아니라 실천할 수 있기 때문입니다. 육신의 아버지도 바로 아빠 Abba 하나님의 사랑을 느끼고 감사하고 실천할 수 있기 때문이지요. 그래서 아빠 자궁이라는 표현은 지극히 모순되는 듯한 표현 같지만, 자궁의 힘은 남성과 여성을 초월해서 작동하는 그 모성적 힘임을 잊지 않기를 바랍니다. 오히려 세상의 아빠들이 엄마 못지않게 자궁스러워지는 오늘의 세태를 보면서 저는 그 속에서 희망의 씨앗을 확인합니다. 그래서 엄마 같은 모든 믿음의 아빠들에게 축하드립니다. 아빠들과 엄마들 그리고 어린 자식들 모두 힘을 모아 요한계시록이 제시하는 종말론적 꿈을 우리의 현실로 바꿀 수 있도록 기도해야 합니다. 그리고 예수따르미들은 그 비전을 실천하려고 더욱 힘써야 합니다. 아빠 하나님의 지배는 저기 하늘에서만 아니라 이 땅에서도 이뤄질 수 있음을 잊지 않길 바랍니다. 그것이 주님께서 친히 가르쳐 주신 기도임을 상기하면서 요한계시록의 꿈을 우리의 현실 속에서 깊이 되새겨 봅시다.

보아라,

하나님의 집이 사람들 가운데 있다.

하나님이

그들과 함께 계실 것이요,

그들은 하나님의 백성이 될 것이다.

하나님이

친히 그들과 함께 계시고

그들의 눈에서

모든 눈물을 닦아 주실 것이니,

다시는 죽음이 없고,

슬픔도 울부짖음도 고통도

없을 것이다.

이전 것들이

다 사라져 버렸기 때문이다.

(계 21:3-4)

아바Abba 체험
— 브로커broker 없는 사랑 나라lovedom
누가복음 11:2-4

예수께서 이르시되 너희는 기도할 때에 이렇게 하라 아버지여 이름이
거룩히 여김을 받으시오며 나라가 임하시오며 우리에게 날마다 일용
할 양식을 주시옵고 우리가 우리에게 죄 지은 모든 사람을 용서하오니
우리 죄도 사하여 주시옵고 우리를 시험에 들게 하지 마시옵소서 하라.

(누가복음 11:2-4)

제가 갈릴리 예수님보다 두 배 이상 오래 살았다는 것은 항상 부끄
러운 짐입니다. 이렇게 부끄러울수록 역사의 예수를 더욱 간절히 바
라보게 되는가 봅니다. 지난날을 되돌아보고 찬찬히 살펴보면 저는
아직도 멀었다고 생각됩니다. 그만큼 더 부끄럽습니다. 그동안 신학
은 어느 정도 열리게 되었지요. 신학적 사고의 지평은 더 넓어지고
그 포용성도 더 커진 듯하지만, 신앙과 그것에 기초한 삶에서는 깊음
과 뜨거움이 아주 부족한 듯합니다. 그래서 보다 아픈 자기 성찰과
자기반성을 해야 할 것 같습니다. 그렇다면 뼈아픈 자성自省을 위한
마땅한 기준은 무엇일까요.

우리의 부끄러운 낮은 수준의 신앙을 반성할 때, 다른 종교를 보고 참고는 할 수 있겠지만, 타 종교 그것이 무슨 종교든 그것을 기준으로 삼을 수 없습니다. 인간 역사에서 명멸했던 그리고 한때는 신나게 펄럭거렸던 혁명과 변화의 깃발도 참고는 되겠지만, 우리의 기준이 될 수는 없습니다. 신비한 수도원의 조용한 삶도 매력은 있지만, 우리의 표준은 되기 힘들겠지요. 우리가 우리의 부족하고 삐뚤어진 모습을 바로 잡기 위해 마땅히 쳐다보아야 할 기준의 거울은 역시 예수님이십니다. 갈릴리의 어두운 골목거리에서, 그 낮은 언덕에서 사랑과 희망, 공의와 용서의 가치를 설파하시고 친히 앞서 실천하셨던 예수님을 다시 쳐다보아야 합니다. 그리고 그 견디기 힘들었던 골고다의 고난과 죽음을 거쳐 부활의 실체로 나타나시어 새로운 힘과 용기를 주셨던 그리스도 예수를 삶의 중심에 정중히 모셔야 합니다. 바로 그분을 반성의 기준으로 삼아 바라보고 따라야 합니다.

왜 역사의 예수님을 삶의 기준으로 쳐다봐야 합니까. 지난 한 세기의 신학 흐름을 살펴보면 역사의 예수님에 대해 무관심했던 20세기 전반부 기간에 주류 신학자들은 인류에게 엄청난 고통을 안겨다 주었던 짐승과 같은 두 괴물의 횡포에 대해 지극히 소극적으로 대응했음을 확인하게 됩니다. 20세기 전반에 가장 영향을 크게 끼쳤던 성서 신학자로서 우리는 불트만Bultmann, 슈바이처Schweitzer를 들지 않을 수 없습니다. 슈바이처의 역사 예수 탐구는 획기적 업적이었습니다만, 그 연구 결과 몸의 예수 찾기, 갈릴리의 예수 찾기는 허망한 노력으로 인식되었습니다. 슈바이처에 의하면 묵시 종말론적 사상과 신앙에 빠져있는 '역사적 예수'는 오늘 우리에게는 이상한 이방인처럼 여겨진다고 했습니다. 그런 인물에 관한 신학적 탐구보다는 그의 산상보훈의 가르침, 특히 사랑 실천이 훨씬 의미가 크다고 믿었지요. 그래서 그는 의료 선교로 삶의 방향을 확 바꿨습니다. 이것은 대단한 실존적 결단이라 하겠습니다. 그 결단을 높이 평가해야 합니다. 특히 그는 서구의 기독교가 제국주의 열풍을 타고 아프리카 등 식민지로 나아가면서 예수의 사랑 실천은 제쳐두고 자기들 나라의 제국주의적 확장에 협조하거나 방조하는 것을 보고 분개했습니다. 그가 의과대학을 지망하기 전에 한 설교를 보면 31세 때 그의 정의감은 대단했음을 확인할 수 있습니다. 그러나 그가 아프리카 선교활동을 하던 시기에 조국에는 인류역사상 가장 흉측한 짐승 권력 곧 나치가 등장했습니다.

그와 거의 같은 시기에 세계 신학계, 특히 성서 신학계의 태두로 활약했던 불트만은 복음서가 예수 부활을 체험했던 초대교회의 신앙 고백 문서임을 강조했습니다. 탄탄한 역사비평방법론에 근거한 그의 주장은 엄청난 영향력을 발휘했지요. 그는 역사의 예수 탐구란 불가할 뿐 아니라 의미도 없고 부적절한 노력이라고 폄훼했습니다. 슈바이처의 역사 예수 탐구가 주는 일종의 허무감에 더하여 불트만의 실존주의 신학은 역사 예수 탐구의 부적절함을 강조한 셈입니다. 그래서 적어도 50년간 갈릴리 예수에 관한 역사적 탐구는 가슴 아프게 중단되었지요. 바로 이 같은 중단 시기에 러시아에는 공산주의 괴물이, 독일에는 나치 괴물이 등장하여 엄청난 반인륜적 행패와 횡포를 저질렀습니다. 이런 아픈 역사적 소용돌이 속에서 불트만의 제자 중 한 명이 스승에게 일종의 성찰적 반기를 들게 되었습니다. 그 대표자가 바로 케제만Käsemann이었으며 그는 스승과 달리 땅의 예수 탐구, 역사의 예수 탐구가 절실하게 요청된다고 호소했습니다. 그때가

1953년이었지요. 왜 절실한가 하면 땅의 예수를 모르면 괴물 같은 제국의 권력이 예수 그리스도를 멋대로 왜곡하여 자기들의 짐승 같은 권력을 정당화하는 데 악용하기 때문이지요. 히틀러가 유대인 학살을 합리화하기 위해 예수를 죽인 유대인들의 잘못을 짐짓 부각시켰습니다. 그리고 반反유대적 정치이데올로기로 예수를 악용했지요. 정말 끔찍스러운 일이 아닐 수 없습니다.

이와 같은 세속권력의 예수 악용은 세상의 모든 '제국적' 권력이 즐겨 저지르게 되는 일입니다. 또 종교 권력이 이 같은 세속권력을 예수의 이름으로 축복해 주기도 했습니다. 또 지금도 그렇게 하고 있습니다. 그러기에 썩고 어두운 세속 권력 구조 안에서 교회가 참 소망과 참 진리의 빛이 되려면 원래의 나사렛 예수를 되찾고 다시 모셔야 합니다. 갈릴리 예수를 우리 삶의 중심에 새롭게, 뜨겁게 모셔야 합니다. 그렇게 해야 폭력과 독선에 기초한 제도 권력에 대해 올곧은 예수 대안을 제시할 수 있습니다. 저는 예수님이 괴수들의 이념 도구로 오용되고 악용되는 것을 방관할 수 없기에 갈릴리 예수의 체취가 물씬 풍기는 그분의 화두話頭 하나를 집중적으로 성찰하고 싶습니다. 바로 예수의 아바Abba 체험입니다. 아바 표현이기도 합니다. 그의 아바 신앙입니다.

예수님의 체취가 물씬 풍기는 표현 중에 우리는 예수님께서 친히 쓰셨던 당시 일상어 몇 가지에 주목할 필요가 있습니다. 지금은 사장된 언어지만, 예수 당시의 구어는 아람어였습니다. 그분께서 친히 쓰셨던 언어들 가운데 사四복음서에 모두 기록되어 있는 것이 바로 이 아바Abba라는 아람어입니다. 이 표현은 갈릴리 예수의 흔적을 찾기에 쉽지 않다고 하는 요한복음서에도 나옵니다. 그뿐만 아니라 사도 바울의 서신에도 나옵니다. 초대교회가 헬라 문화에 편입되면서도 유대 땅의 일상어 표현이었던 아람어가 예수의 말씀으로 기억되고 기록되어 있습니다. 성서의 말씀 중 진정 역사적 예수의 말씀이라고 판단하는 기준에는 여러 가지가 있습니다. 오래된 말씀 전승 중에서도 여러 독립된 전승들에서 그 말씀이 반복적으로 언급되면 그것은 예수께서 친히 하신 말씀으로 받아들입니다. 이것이 곧 다중 증언 multiple attestation의 기준입니다. 여하튼 성서에 예수님 말씀으로 남아있는 이런 아람어들은 하나같이 갈릴리 예수의 인간적 숨결과 인간적 향기를 물씬 발하는 표현이요 그분의 체취를 진솔하게, 진하게 풍겨 주는 토착 언어입니다.

이를테면 "달리다쿰"은 이미 자기 딸이 죽었다고 절망했던 부모 앞에서 죽었다고 생각되는 소녀의 손을 잡고 일으키면서 예수께서 친히 외친 엄숙하고 따뜻한 일상적 구어지요. 비웃던 사람들 앞에서 소녀를 일으켜 살리시기 위해 "소녀야, 내가 네게 말한다. 일어나거라"라는 사랑의 외침, 곧 예수님의 마음 깊은 곳에서부터 활화산처럼 솟구쳐 올라온 사랑의 외침이요 표현입니다(막 5:41).

"에바다"라는 외침도 예수님의 깊은 동고애同苦愛의 신음이면서 외침이었습니다. 귀먹고 말 더듬어 오랫동안 소통 장애로 고생했던 사람과 함께 아파하시면서 하늘을 우러러 외친 사랑의 절규였습니다. "열려라"라는 소통 명령이었습니다. 이것도 갈릴리 예수의 몸 냄새가 물씬 풍기는 토착적 표현입니다.

"엘리 엘리 라마 사박다니"의 외침은 어떠합니까. 우리가 이 외침이 갖는 그 깊은 절망의 심연을 느낄 수 없다면 그것은 그간 건조한 교리의 예수만 너무 익숙하게 알고 있었기 때문일 것입니다. 하나님이 자기를 버리신다는 그 처절한 외로운 아픔과 그 절망의 아픔을 십자가의 예수, 곧 역사의 예수는 피를 토해내듯 외친 말씀이지요. 인간 예수의 아픔, 그것은 인간으로 오시어 잠시 연기하는 신의 모습이 결코 아닙니다. 철저하게 인간으로 오시어 그 인간의 아픔을 각혈하듯 토해내는 절박한 피의 외침이기에 거기서 우리는 갈릴리의 예수를 뜨겁게 그러나 경건하게 만나게 됩니다.

이런 아람어 중에 가장 소중한 예수님의 언표言表가 바로 이 '아바'라고 생각합니다. 흥미롭게도 그 표현은 우리말의 아빠와 같은 표현이기도 합니다. 왜 그것이 유독 그렇게 중요한 예수 존재 증명이 되는 것일까요. 저는 예수님의 마음 구조mindset, 그의 비전, 그의 기도와 소망, 그의 운동, 그의 고난과 죽음 그리고 부활, 이 모든 예수의 실제 행적의 깊은 의미를 이해하게 하는 열쇠가 바로 이 '아바'라는 언표라고 생각하기 때문입니다.

그렇다면 예수님의 '아바' 하나님이 당시 유대인들의 신과 어떻게 다른지를 잠시 알아보는 것이 퍽 흥미롭고 도움이 됩니다. 구약의 주요 인물들의 하나님은 대체로 무서운 절대자의 신이었습니다. 모세의 하나님은 절대로 그 얼굴을 보여주지 않았습니다(출 33:21-23). 다만 그 뒷모습만 바람처럼 지나가면서 느끼게 합니다. 멀리 계시고 숨어있지만, 절대적 힘을 지니신 절대자시지요. 이사야의 하나님은 보기만 해도 보는 자가 죽게 되는 공포의 신이었습니다(사 6:5). 에스겔 선지자의 신은 엄숙하고 위엄 있게 옥좌에 높이 앉아 계신 지존의 신이지요(겔 1:26). 이러한 하나님의 모습보다는 갈릴리 예수의 아바는 우리 인간에게 훨씬 더 친근하게 다가오시는 분이며, 흙냄새를 물씬 풍기며 다가오시는 다정한 분이지요.

그런데 예수의 '아바' 하나님과 그 아바 나라의 특징을 좀 더 뚜렷하게 이해하기 위해서 예수의 당대 인물이요 구약의 마지막 예언자로 인정받는 세례요한과 예수를 비교해 볼 필요가 있습니다. 예수는 한때 세례요한의 문하생이기도 했습니다. 예수의 하나님 나라와 요한의 하나님 나라 간의 차이를 이해하는 것은 예수 운동의 독특함을 이해하는 데도 도움이 될 것입니다.

첫째, 요한의 신은 무시무시한 심판의 신입니다. 날카로운 도끼가 나무를 찍어내듯 죄인을 찍어 지옥으로 보내는 무서운 신입니다. 좋게 말해서 정의의 신이지만, 그것은 복수의 신이기도 합니다. 여기에 견주어 예수의 아바 하나님은 용서와 관용의 하나님이시고 사랑의 하나님이지요. 그러기에 예수의 아바 지배 질서는 사랑의 힘이 지배하는 새 질서, 곧 love-dom입니다. 무서운 세상 왕의 지배인 king-dom이 아니라 lovedom입니다.

둘째, 요한의 운동은 한 사람이 주도한 세례 운동이었습니다. 이 운동의 권위는 전적으로 한 사람, 요한이 독점했습니다. 아무도, 다른 어떤 제자도 세례를 베풀지 못했습니다. 그래서 그의 회개 운동은 독점식 운영 방식을 택했지요. 그리고 그것은 철저한 톱다운top-down 식이었습니다. 이에 견주어 예수의 운동은 지점식 운영입니다. 크로산에 의하면 그것은 프렌차이즈식 운영이지요. 그리고 보텀업bottom-up 식 관리였습니다. 갈릴리 예수는 그의 지도력 또는 카리스마를 제자들과 나누고 그들에게 위임하려고 했습니다. 제자들이 서툴고, 준비되지 않았는데도 말입니다.

셋째, 세례요한의 신국神國은 미래의 질서였습니다. 아직도 '여기', '지금'에서 실현되지 않았습니다. 그것은 임박한 미래에 온다고 했습니다. 그날을 맞이하기 위해 지금은 세례받고 회개하여 새사람이 되어야 한다고 강조했습니다. 그러나 예수께서는 '아바'의 새 질서가 이미 왔다고 선포했습니다. 어디에나 가장 억울하게 고통당하고 서럽게 차별당하고 억압받는 지극히 작은 사람들, 그 씨알들 속에 아주 작은 겨자씨처럼 심어져 이미 자라기 시작하며, 누룩처럼 보이지 않지만, 조용히 그들 속에 이미 자라면서 번지고 있다고 선포했습니다. 예수께서 가난한 병자들, 나을 소망을 접을 수밖에 없는 처절한 상황에서 심하게 앓고 있는 중환자들을 무상으로 치유하시면서 바로 그때, 바로 그 치유되는 현장 속에서 '아바'의 나라가 번지고 있다고 깨우쳐 주셨지요. 이런 치유사건 속에서 환자들이 절망에서 희망으로, 좌절에서 생기를 얻어 벌떡 일어서게 되면서 그들은 예수님의 '아바' 세상을 뜨겁게 직접 체험하게 되었지요. 그들이 새 사람으로 벌떡 일어서는 순간, 아바 사랑의 힘이 세상에서 힘있게 작동한 것이지요.

또한 예수께서는 열린 밥상공동체 잔치에 뿌리 뽑힌 자들, 천대받던 자들, 변두리 인간들을 객으로서 아니라 주빈으로 초대하셨는데, 바로 이 열린 잔치가 아바의 새 질서가 현실화되는 시간이요 마당이었습니다. 하나님 나라는 이미 이렇게 그 모습을 드러내고 있었지요. 물론 완벽한 모습은 미래에 나타날 것이지만, 그 미래의 기쁨이 갈릴리 예수의 열린 밥상 둘레에서 이미 흐르고 있었지요. 이른바 하늘 잔치의 일단의 모습이 그곳에서 드러난 것입니다. 그러니까 예수의 아바 나라는 '오늘', '여기'에서 일어나고 있는 현재화된 사건이기도 하지요.

예수의 이 같은 운동과 활동 소식을 감옥에 있던 세례요한이 듣고 예수의 정체에 대해, 그의 하나님 나라 운동에 대해 심각한 회의를 느꼈던 것 같습니다. 그래서 면회 온 자기 제자들을 예수께 보내어 예수가 정말 그들이 기다렸던 그 메시아인지를 알아보게 했습니다 (마 11:2-6). 그때 예수께서는 당당하게, 투명하게 그의 다름을 알려 주었습니다. 소경, 절름발이, 나병환자, 귀머거리가 온전케 되고 죽은 자가 살아나는 새 질서가 이미 펼쳐지고 있음을 그들 스승에게 알리라고 했습니다. 한 마디로 예수의 아바 나라는 미래의 숙제가 아니라 오늘 바로 여기서 작동되는 새 질서, 새 관계입니다. 이것이 세례 요한의 운동과는 다른 점이지요. 세례요한은 결코 치유와 열린 잔치의 기쁨을 씨알들과 베풀거나 나누지 않았습니다. 그의 운동은 종교적 세례 의식에 머물고 있었지요.

넷째, 정말 중요한 예수 운동의 특징은 하나님과 사람 사이에 그 어떤 매개자도 낄 수 없다는 데 있습니다. 예수에게 아바의 사랑은 직통 체험의 사랑입니다. 원래 사랑하는 사람들 사이에는 중개역이 필요 없습니다. 사랑하게 될 때까지는 간혹 중매인이나 중개자가 필요할지 몰라도 서로 사랑하게 되면 그 사랑은 직통으로 체험됩니다. 세상에서 중개역이 필요한 상황은 싸우고 다투고 죽이고 할 때입니다. 싸우는 계급들 사이에, 다투는 인종과 국가들 사이에, 아군과 적군 사이에는 중개역, 중재자가 필요합니다. 그러나 사랑의 공동체에서는 중재자가 필요 없습니다. 모자·모녀간, 부자·부녀간에 중개인이 필요 없듯이 말입니다. 만일 한 가정 안에서 법적으로나 종교적 중개인이 필요하다면 그 가정은 온전한 가정일 수 없습니다.

그런데 예수님의 아바는 무엇보다 종교적 중개인을 요구하지 않습니다. 사제나 제사장이 인간과 하나님 사이에 거간 역할을 하게 하시지 않았습니다. 그것을 어떻게 압니까. 예수께서 중환자를 치유하실 때, 치유 받은 그 환자는 너무 기쁘고 황송해서 예수님을 신의 대행자로 또는 신 자신으로 우러러보고, 우러러 모시고, 우러러 따르고 싶어 했습니다. 지극히 당연한 반응이지요. 그런데 그때 예수님은 요즘 한국교회 목회자들처럼 말씀하지 않으셨습니다. 교회 열심히 다니고 기도와 헌금 열심히 하고 목회자를 우러러 따르라고 하시지 않았습니다. 환자들의 충성과 의존심을 강조하거나 강요하시지 않으셨습니다. 오히려 환자 자신들의 믿음이 그들을 낫게 한 힘이라고 깨우쳐 주셨습니다. 이를테면 가나안 여성의 딸을 최초로 원격 치료해 주시면서 "자매여, 참으로 자매의 믿음이 크십니다"라고 칭찬과 격려를 아끼지 않으셨습니다. 이것은 밑바닥 씨알에게 이미 하나님 사랑을 직통으로 체험할 수 있는 신앙의 저력이 있음을 깨닫게 하신 것이지요. 사랑은 항상 직통 체험에서 더 큰 힘을 발휘하게 됩니다. 직접 터치, 직접 소통, 직접 나눔, 바로 그 체험을 예수의 아바는 소중하게 여기십니다.

예수 당시, 중병일수록 중죄로 인한 것이라는 소문이 깊이 그리고 널리 퍼져있었지요. 모두 그렇게 믿도록 종교지도 세력이 짐짓 가르쳤지요. 그러기에 중병의 치유는 바로 죄 사함과 같은 것으로 받아들였습니다. 예수님께서는 치유하시면서 때로 환자의 죄가 용서받았다고 선포하셨습니다. 이것은 예수님이 '병=죄'라는 당시 사회 종교적 등식을 거부하신 것과 같습니다. 종교적 병 진단, 곧 죄가 병의 원인이라는 종교적 진단, 아니 종교적 저주를 거부하시고 그 저주의 사슬에서 환자들을 해방시켜 주셨지요. 이 같은 예수의 치유행적은 바로 하나님 사랑의 작동인데, 당시 성전세력은 예수의 이 같은 하나님 사랑 실천을 역설적으로, 또 익살스럽게도 신성모독 행위로 몰아붙

였지요. 당시 신대행자神代行者 노릇했던 종교적 중개인들은 예수의 이 같은 사랑 실천 운동을 불온한 신성모독 행위일 뿐 아니라, 신정정치神政政治 체제를 거부하는 반反체제 운동으로 정죄했습니다. 그러니까 예수는 제사장들의 전매특권, 곧 죄 규정과 죄 사함에 있어 그들의 독점적 권한을 해체시킨 셈이지요. 그러기에 예수님의 아바 호칭은 단순한 언어의 표현이 아니라 당시 권력 주체(헤롯 세력, 성전세력, 로마 세력)에 대한 근원적 도전, 곧 그 뿌리를 흔드는 라디칼radical한 대응이라 하겠습니다. 그만큼 예수의 하나님 나라 운동은 위험한 운동이었습니다.

예수께서 당신의 운동이 갖는 이 같은 위험성을 잘 아셨기에 아바 나라를 설파하실 때, 비유라는 형식을 빌려 말씀하셨습니다. 알아들을 귀가 있는 사람들은 알아들으라는 식이었지요. 예수님의 이 같은 지혜로운 언어 사용기법은 정말 탁월합니다. 예수님의 지혜 말씀(비유를 포함하여)들 속에 담겨 있는 새 질서의 과격성이 본질적일수록 그 비유 말씀의 깊은 뜻은 간단히 쉽게 이해되지 않았던 것 같습니다. 비유 말씀뿐 아니라 예수의 말씀을 책잡으려고 했던 사람들의 질문에 대답하실 때도 정말 놀라운 예수의 기지와 지혜가 번뜩임을 확인하게 됩니다. 이를테면 로마에 세금을 내야 하느냐의 질문을 받았을 때 "하나님의 것은 하나님께로" 그리고 "시저의 것은 시저에게로" 바치라는 지혜로운 말씀은 결코 예수님께서 진리의 전복성을 은폐하거나 왜곡시키기 위한 것이 아닙니다. 예수님의 이 같은 지혜를 당시 젤롯당들은 '보수적' 대응이라고 비난했을 것입니다. 왜냐하면 그들은 예수님의 입에서 절대로 로마에 세금을 내서는 안 된다는 단호하고 명료한 대답을 원했기 때문입니다. 세계적 성서 신학자 톰 라이트

N. T. Wright는 예수께서 비유로 말씀하신 것은 그의 아바 나라 운동이 갖는 곱빼기 위험(로마 권력과 예루살렘 성전 권력에 대한 도전) 때문이라고 하면서 만일 당시 청중들이 그 비유의 깊은 뜻을 쉽게 한 번에 알아차렸더라면 예수는 5분도 못 견디셨을 것이라고 했습니다. 하기야 그래서 예수께서는 서른 중턱까지밖에 못 사셨지만….

예수의 하나님 나라 운동, 사랑 실천 운동이 갖는 본질적 과격성은 결코 폭력을 용인하지 않는 그의 단호한 말씀과 행동에서 찾아야 합니다. 이것이 갈릴리 예수 복음의 핵심입니다. 산 위의 설교 말씀 중, 원수 사랑의 강조는 참으로 따르기 힘듭니다. 그러기에 그만큼 감동적입니다. 우리는 그 가르침이 원수를 사랑하기 가장 어려운 사회·정치·경제 상황에서 초대교회가 갈릴리 예수를 회상하며 기록한 메시지였음을 잊지 말아야 합니다. 예수님 처형 이후 한 세대가 지나서 예루살렘은 로마군에 의해 초토화되었습니다. 유대 전쟁 패전 후에도 열혈 민족주의 세력은 사라지지 않고 남았습니다. 웅장했던 예루살렘 성전, 영원히 무너질 수 없다고 믿었던 그 성전도 처참하게 초토화되었지요. 유대인들이 절망과 좌절의 밑바닥에서 신음하고 있을 때, 예수 사랑 가르침을 실천했던 초대교회는 강경 유대 율법주의자들에 의해 핍박받고 있었습니다. 마태복음 23장의 예수님의 격렬한 분노의 말씀이 바로 이들 강경 율법주의자들을 향한 말씀이지요. 산 위의 말씀도 같은 상황에서 나온 것으로 볼 수 있습니다. 특히 원수 사랑의 가르침은 원수였던 로마 권력을 가장 극렬하게 미워해야 할 상황에서 초대교회 교인들에 의해 기록되고 전승되었습니다. 가장 복수하고 싶을 때, 또 복수해야 한다고 생각되는 상황에서 원수 사랑의 아바 뜻을 예수님이 설파하신 것으로 이해되었지요. 이 같은 예수 말씀은 당시 초대교회의 그 절박한 상황에서는 '보수 반동'의 언술로 오해될 수도 있지요. 그러나 세속권력의 악한 방법, 곧 폭력 사용을 끝까지 철저하게 거부하시고 대신 '비움', '채움', '채워짐'이라는 사랑 과정을 작동시켜 이 같은 선순환을 통해 새 질서를 세우려 했던 운동이야말로 진정한 의미에서, 올곧은 뜻에서 가장 아름다운 진보적인 운동임을 우리는 한순간도 잊지 말아야 합니다.

우리는 여기서 사랑보다 더 강력하게 개인과 역사를 진보시키는 힘이 없다는 깨달음에 이르러야 합니다. 제도화된 폭력과 독선을 앞세워 지배했던 모든 권력은 인류 역사에서 오래 견디지 못했습니다. 그 권력이 막강할수록 인간의 고통은 막심했습니다. 그러나 갈릴리 청년 예수의 사랑 선포와 그 실천은 비록 그 권력의 막강한 힘 앞에 한낱 힘없는 자들의 운동으로 무시될 뿐 아니라 처참하게 좌절되고 실패한 운동처럼 보이지만, 그의 운동은 영원한 감동의 울림으로 지속되어 왔고 앞으로도 지속될 것입니다. 비록 시간이 걸리겠지만, 그 감동적 울림은 개인과 구조와 역사를 새롭게 진보시키는 힘으로 계속 작동할 것입니다. 그러기에 사랑의 힘, 그것도 원수까지 사랑하는 힘이야말로 가장 올곧은 뜻에서 인간과 역사와 구조를 온전케 하는 진보의 힘이라는 진리를 잊지 말아야 합니다.

이제 아바 하나님의 사랑을 기독론의 입장에서 설득력 있게 개진한 독일 신학자 몰트만Moltmann의 탁월한 견해를 간단히 언급하고 싶습니다. 그는 1970년대 한국이 군사 권위주의 체제 아래서 신음하고 있을 때 한국을 여러 번 방문했습니다. 그때는 민중신학이 태동하던 때였습니다. 한국 민중과 민중 신학자들과 동고同苦하기 위해서 한국에 왔지요. 그는 그때 그의 희망의 신학과 십자가 신학이 갖는 적합성

relevance을 한국 민중의 고난과 투쟁의 현장에서 확인하고 싶었던 것 같습니다. 그의 기독론은 실제로 민중신학, 여성신학, 해방신학에 힘을 보태주었지요. 그에게 삼위일체론은 단순한 교리적, 신학적 인식의 틀이 아니었습니다. 관념적이고 추상적인 조직신학의 개념 이상이었습니다. 그는 삼위일체를 하나의 사건으로 봅니다. 아바가 그 아들 예수를 골고다에서 버린 것이 아니라 십자가에 달린 아들과 동고한 사건입니다. 아들과 아바 간에 사랑의 동고는 성령을 통해 강하게 이루어집니다. 이 동고의 상호작용은 마침내 부활 사건을 통해 그 수치스러운 십자가 처형자를 명예롭게 일으켜 세워주고 옹호하는 힘이지요. 아바는 성전세력과 로마 권력이 버렸던 아들을 변호해주셨고 옹호해 주셨습니다. 몰트만의 기독론이 탁월한 것은 십자가 사건에서 부자간 서로 동고 사랑을 확인하면서 그것을 서로에게 항복하기 사건으로 해석한 점입니다. 성부 아바와 성자 예수는 서로 지기, 서로 비우기를 한다고 보았지요. 이것이 바로 삼위일체적 삶이라고 하겠습니다. 결코 추상적인 신조나 교리가 아닙니다. 부자간 서로 우아하게 지는 역사 속에서 이미 버려지고 져버린 약자들을 주인으로 높이 세우는 새 사랑 운동에서 이미 구체화되었습니다. 그래서 몰트만은 승리주의적 기독론을 거부하고 역사의 기독론, 즉 갈릴리 예수가 살아 움직이는 기독론을 펼쳤습니다. 그리하여 그의 신학, 그의 기독론은 예수 부활을 통해 희망의 문, 미래의 문을 활짝 열었다 하겠습니다.

끝으로 교회가 갖는 의미를 하나님 나라와 연관하여 새삼 되새겨보고 싶습니다. 교회공동체는 이미 와있는 하나님 나라와 아직 오지 않은 미래의 그 완벽한 아바 나라 사이에서 이 둘을 잇는 일을 하는 역사 공동체입니다. 이미 우리 속에서 느리게나마 자라고 있는 겨자씨 공동체와 느리지만 확실하게 번지고 있는 누룩 공동체를 더욱 질적으로 성숙시키는 공동체입니다. 그러기에 이 공동체 안에서는 승리 지상주의적 경쟁을 해서는 안 됩니다. 반대로 서로 우아하게 지려는 경쟁, 그래서 함께 이기는 기쁨을 서로 나누고 심화시켜나가야 합니다. 그러기 위해서 골고다에서 우아하게 패배하셨던 갈릴리 예수의 삶을 항상 거울로 삼아 우리의 부족한 점, 특별히 이기려는 부끄러운 내 눈 속의 대들보같이 큰 결점을 먼저 똑똑히 보아야 합니다.

유대 묵시 문학적 전승에서는 인간이 신을 마냥 기다리기만 했으나, 이미 우리 속에 번지고 있는 아바 나라에서는 오히려 아바 하나님께서 지금 우리를 기다리고 계심을 새롭게 깨달아야 합니다. 그리하여 하나님과 우리 인간이 서로 공조하여 사랑 지배 질서를 함께 만들어가야 합니다. 우리가 사랑의 나라, 곧 lovedom을 세우려고 노력할 때, 아바 하나님은 우리에게 당신의 그 큰 사랑의 팔을 펼쳐주십니다. 우리가 서로에게 우아하게 지려고 노력할 때, 예수님의 아바는 중개인 없이 직접 우리 손을 맞잡아 주십니다. 그리하여 독선과 폭력, 교만과 억압의 구조를 끝장내는 일에 힘을 보태주십니다. 이 같은 신인합동神人合同의 운동이 펼쳐지면서 함께 손잡고 하나님나라를 세워야 합니다. 여기에 피 묻은 십자군의 깃발이나 혁명의 깃발은 필요 없습니다. 다만 누룩처럼 소리 없이 그러나 확실하고 착실하게 번지는 겸손한 힘이 필요합니다. 겨자씨처럼 작은 힘이지만, 땅속에서 썩어 자기는 없어지면서 새로운 형태로 성숙하는 겸손한 저력이 필요합니다. 승리주의의 깃발은 예수 운동과 예수 몸인 공동체의 상징도 실제도 아닙니다. 깃발 없이 조용히 우아하게 지면서 마침내 서로 이기는 예수의 삶, 그 삶의 방식인 예수 문화, 브로커 없이 직접 아바 사랑을 체험하고 나누는 공동체, 그것이 바로 아바의 lovedom입니다. 교회는 그 지부일 따름이지요. 그런데 과연 오늘 우리의 현실은 그러합니까? 바로 이 질문 앞에서 우리는 갈릴리 예수와 그의 아바를 다시 새롭게 찾아 쳐다보고 따라야 합니다. 그러면서 하나님과 인간은 서로 기다리면서 함께 손잡고 협동하여 사랑 지배 질서를 만들어 가야 합니다. 성부, 성자, 성령과 손잡고 함께 말입니다.

첫째의 꼴찌하기
― 예수의 원초적 열정
마가복음 9:33-37, 고린도전서 13:9-13

가버나움에 이르러 집에 계실새 제자들에게 물으시되 너희가 길에서 서로 토론한 것이 무엇이냐 하시되 그들이 잠잠하니 이는 길에서 서로 누가 크냐 하고 쟁론하였음이라 예수께서 앉으사 열두 제자를 불러서 이르시되 누구든지 첫째가 되고자 하면 뭇 사람의 끝이 되며 뭇 사람을 섬기는 자가 되어야 하리라 하시고 어린 아이 하나를 데려다가 그들 가운데 세우시고 안으시며 제자들에게 이르시되 누구든지 내 이름으로 이런 어린 아이 하나를 영접하면 곧 나를 영접함이요 누구든지 나를 영접하면 나를 영접함이 아니요 나를 보내신 이를 영접함이니라(마가복음 9:33-37).

우리는 부분적으로 알고 부분적으로 예언하니 온전한 것이 올 때에는 부분적으로 하던 것이 폐하리라 내가 어렸을 때에는 말하는 것이 어린 아이와 같고 깨닫는 것이 어린 아이와 같고 생각하는 것이 어린 아이와 같다가 장성한 사람이 되어서는 어린 아이의 일을 버렸노라 우리가 지금은 거울로 보는 것 같이 희미하나 그 때에는 얼굴과 얼굴을 대하여 볼 것이요 지금은 내가 부분적으로 아나 그 때에는 주께서 나를 아신 것 같이 내가 온전히 알리라 그런즉 믿음, 소망, 사랑, 이 세 가지는 항상 있을 것인데 그 중의 제일은 사랑이라(고린도전서 13:9-13).

21세기 우리 삶이 과연 20세기보다 더 나은 삶이 될 수 있을까 걱정하게 됩니다. 그것은 역사의 뒤안길로 사라진 20세기가 너무나 끔찍스러운 비극과 비참으로 점철된 세기였기 때문입니다. 그래서 결단코 21세기는 20세기의 반복이 되어서는 안 되지요. 그간 물질적 삶은 풍요로워졌고 과학기술의 발달은 경탄할만하고 인간의 평균수명도 크게 늘었습니다. 하지만, 진정 인간의 삶의 질은 높아졌다고 할 수 없고 인간의 부당한 고통 역시 줄어들었다고 할 수 없습니다. 21세기가 되었지만, 전쟁의 현실은 더욱 추악해지고 전쟁 소문과 불안은 더욱 널리 번지는 듯합니다. 행복과 평화는 그만큼 더 멀어지는 듯합니다.

우리가 20세기를 생각하면 몇 가지 강렬한 이미지image가 자연스럽게 떠오릅니다. 히로시마와 나가사키에 떨어진 버섯구름의 공포, 나치의 아우슈비츠의 참혹한 학살 장면, 스탈린 치하의 강제수용소 굴락의 을씨년스러운 모습. 이 모든 영상은 한 마디로 인류 역사의 진보에 대해 근원적 회의를 불러일으킵니다. 살상 규모의 극대화, 잔인성의 극심화가 그 같은 회의를 부추기지요. 우리 민족사의 20세기를 되돌아보아도 그 비극적 이미지는 더욱 아프게 우리 가슴에 와닿습니다. 일제 36년간의 식민통치의 아픔, 그 후 타율적 분단의 고통, 냉전체제 유지에 따른 민족 고통과 가족 고통, 권위주의 통치로 인한 인권유린의 아픔 등의 쓰라린 과거가 오늘날에도 살아 숨 쉬고 있는 듯합니다.

한마디로 20세기에는 전쟁과 여러 가지 혁명들이 분출하다시피 했으나, 그것들이 인류에게 진보를 담보해 주지 못했습니다. 볼셰비키 혁명, 나치 혁명, 제삼세계의 쿠데타 등 이 모든 것이 권력의 악순환만을 거칠게 강화시켰습니다. 전쟁은 또 다른 전쟁을 낳았고 혁명은 또 다른 유혈혁명을 낳았습니다. 과연 이 같은 악순환이 반복되어야 할까요.

여기서 2천 년 전, 막강한 단극체제로 등장했던 팍스 로마나로마제국 체제하에서 가난하고 보잘것없는 로마식민지 팔레스타인의 한 청년 예수의 꿈과 의지는 무엇이었으며, 그가 원래 갖고 있었던 열망(the original impulse of Jesus)이 갖는 대안적 공동체의 성격은 어떠한 것이었는지를 깊이 살펴보는 것이야말로 참으로 의미 있고 적절한 일이라 하겠습니다. 그것은 21세기와 더불어 단극 지배체제로 등장한 팍스 아메리카나가 인류를 불안하게 하는 이때, 예수님의 그 원초적 열망이 정말 기쁜 소식이 될 수 있다고 믿기 때문입니다. 악순환의 고리를 깨뜨릴 수 있는 복음이라고 믿기 때문입니다. 우리 주님 예수께서 제시하셨던 하나님 나라의 모습과 그 주요 특징은 무엇이었을까요.

예수님께서 원래 품고 계셨던 그리고 끈질기게 설파하셨던 비전은 하나님 나라의 비전이었습니다. 그것의 참모습을 샅샅이 정확하게 밝혀낸다는 것이 그리 쉬운 일은 아니지만, 그 참모습의 일단을 밝히기 전에 왜 그것이 그토록 필요한지를 우리는 기독교라는 종교의 입장에서 새롭게 깨달아야 합니다. 21세기는 비극의 20세기를 결코 반복해서는 안 된다는 세계사적 관점 이외에 기독교 역사의 관점에서도 예수의 원래적 꿈을 제대로 알아야 할 까닭이 있습니다. 그것은 박해받던 초대 기독교가 로마의 권력에 편입되어 지배체제의 중심부로 나아가게 되면서 예수의 원래 꿈이 훼손되기 시작했기 때문입니다. 콘스탄틴 대제의 관용령 이후 박해받던 초대교회가 로마제국의 권력 기둥으로 자리 잡게 되면서 신생 기독교는 '기독교 왕국 Christendom'으로 나아가게 되었습니다. 바로 이 시점으로부터 예수님의 '하나님 나라'는 무너지기 시작했습니다. 정말 역설적이면서도 비극적 반전이었습니다. 세상에 우뚝 서게 된 '기독교 왕국'이라는 현실이 하나님 사랑 지배라는 예수님의 원래 꿈을 효과적으로 허물기 시작했다는 사실은 참으로 안타깝고 통탄할 모순이요 비극이라 하지 않을 수 없습니다. 게다가 예수의 이름으로 온갖 잔인하고 위선적인 반인륜적 범죄가 저질러졌음을 상기할 때 더욱 부끄러워지기 때문입니다. 그러기에 우리가 기독교 왕국 신민으로서의 기독교 신자에서 성실한 예수따르미로 거듭나기 위해서 그리고 21세기를 평화와 정의의 세기로 세워나가기 위한 지금 시점에서 예수의 원초적 추동과 열망을 깊이깊이 새롭게 이해해야 합니다. 충실한 예수따르미가 되려면 예수님의 그 꿈과 비전을 제대로 이해해야 합니다.

예수님의 하나님 나라(또는 하나님 사랑 지배) 꿈을 이해하려면 예수 당시 지배체제의 실상을 알아볼 필요가 있습니다. 그 실상을 배경으로 예수님의 원초적 의지와 비전을 이해하게 되면 그것이 좀 더 뚜렷하고 정확한 예수 이해에 이를 수 있습니다. 당시 로마 지배체제나 팔레스타인 지배체제 모두 약자를 억압하는 계급구조에 기초했습니다. 억압적 가치관을 주입하는 가부장적 지배였습니다. 법체계도 대체로 특권을 옹호하였습니다. 특히 팔레스타인에서는 인종 우월주의와 선민사상을 중시하였고, 종교적 순결 규례를 엄수해야만 했습니다. 종교적 의식인 희생제는 이를 제도화한 것이라 하겠습니다. 이같은 당시 지배체제를 배경 삼아 보면 예수의 하나님 지배는 너무나 놀라울 만치 기존체제를 확 뒤집어엎는 것이었습니다. 한마디로 꼴찌가 첫째 되고, 첫째가 꼴찌로 떨어지는 새 상황이 펼쳐지기 때문이지요. 폭력과 배타에 기초한 지배체제가 비폭력과 전적 포용all in-clusive의 새로운 체제로 뒤바뀌어지게 되는 것이지요.

예수께서 가장 힘주어 강조하신 계명, 곧 영생에 이르는 길이 되기도 하는 계명은 바로 사랑 실천이었습니다. 하나님 사랑과 이웃 사랑인데, 그것도 보이지 않는 하나님 사랑보다 보이는 이웃 사랑을 통한 하나님 사랑 실천을 강조했습니다. 그래서 착한 사마리아 사람의 행적이 바로 구원에 이르는 바른길이었습니다. 밥상공동체를 통한 계급타파도 바로 열린 사랑의 실천행위였습니다. 그런데 예수의 말씀과 행동 중에 그의 원래 비전을 가장 잘 표현해주는 것이 있다면 첫째가 되고자 하는 사람은 먼저 남을 섬기는 자가 되라는 말씀입니다. 첫째가 되려면 먼저 즐거운 꼴찌가 되어야 합니다. 그리고 첫째가 되어도 계속 꼴찌 하려고 노력해야 합니다. 사랑이란 위계질서가 엄연히 버티고 있는 상황에서 바로 꼴찌되는 선택, 그것도 즐겁게 꼴찌되는 결단이라 하겠습니다.

여기서 우리는 첫째의 꼴찌되기와 꼴찌하기가 갖는 신학적이고 역사적인 의미에 주목해야 합니다. 또한 그 본질적 의미와 실천적, 윤리적 의미를 함께 깨달아야 합니다. 신학적으로 보면 예수의 세상 오심 그 자체가 첫째의 꼴찌되기 사건이라 하겠습니다. 성육신은 전지전능하시고 무소부재하시어 저 높고 높은 곳, 저 거룩 거룩한 곳에 계신다고 믿었던 절대자 하나님이 낮고 천한 인간의 모습으로 육화肉化하신 사건입니다. 바로 이 같은 성육신 사건은 절대적 외재신外在神이 스스로 그 절대권력을 비워서 사람 속으로, 역사 속으로, 세상 속으로 찾아오신 것입니다. 이것이 바로 예수 하나님의 참모습입니다.

그것은 곧 사랑입니다. 예수님 자신도 당신의 아빠 하나님과 같이 자기 자신을 비워 종의 모습으로 오셨고, 십자가의 고행길로 찾아오셨으며 가장 비참하고, 가장 비천한 죽음을 선택하셨습니다. 그것은 가장 비참하게 죽을 수밖에 없는, 가장 비천한 인간들의 억울한 아픔을 당신의 아픔으로 동고同苦하시는 사랑 때문이지요. 그러기에 성육신은 하나님 사랑의 자기표현이라 하겠습니다.

사랑이 자기 비움일 터인데 가장 모범적으로 사랑을 실천하신 분은 다름 아닌 하나님 자신이요 그 하나님은 역사적 예수의 삶에서 보다 구체화되었습니다. 그러기에 성육신은 자기 비움을 신학적으로 표현한 것입니다. 여기서 성육신 사건을 성부의 자기 비움이라고 한다면, 십자가 사건은 성자의 자기 비움입니다. 성부와 성자가 서로 도와서 이렇게 낮은 곳에 내려오시어 십자가 고통을 친히 겪게 되니까 부활의 영광은 필연적인 결과라고 하겠습니다. 결국 성부와 성자와 성령 간의 뜨거운 공조와 협력으로 창조의 동력이 구원의 기쁨으로 이어집니다.

그런데 로마 황제의 신 또는 대제사장의 하나님은 성육신을 거부합니다. 절대적인 외재신外在神으로 인간 위에서 인간을 통치하고 심판하지요. 그러기에 그들 신도 성육신되어야 합니다. 육화되어야 합니다. 이 같은 육화는 자기 비움의 실현으로 나타나야 합니다. 이것이 바로 첫째가 꼴찌 되는 실천의 깊은 뜻이기도 합니다. 만일 예수님 당시의 로마 황제가 성육신의 신학적 의미를 제대로 깨닫고, 그것을 자기 비움으로 실천했다면 그들이 줄줄이 암살당하는 비극에서뿐 아니라 로마 체제의 부패와 멸망에서도 벗어날 수 있었을 것입니다. 예수님 당시 예루살렘의 대제사장과 사두개파들도 성육신의 뜻을 깨달아 실천했다면 예수님의 성전 숙청사건을 오히려 고마워했을 것입니다.

첫째가 꼴찌되는 사건은 닫힌 구조 속에서 첫째로 영원히 남으려는, 무리해서라도 그 자리를 반드시 지켜내려고 하는 사람들에게는 치욕과 곤욕의 사건으로 인식될 것입니다. 또한 치졸하고 우매한 선택이라 생각할 것입니다. 그러기에 그들은 예수의 꼴찌되기와 꼴찌하기를 전혀 이해할 수 없었습니다. 예수의 고난과 고뇌, 그의 고통과 죽음을 도무지 이해할 수 없었습니다.

여기서 우리는 즐거운 꼴찌하기가 갖는 윤리적 뜻을 깨닫고 또한 그것을 소중히 여겨야 합니다. 그것은 겸손의 미덕을 인식하는 일, 그것은 인내의 아름다움을 인식하는 일이기도 합니다. 그래서 사도 바울은 사랑의 덕목에서 오래 참는 것과 온유함을 강조했습니다. 오래 참는 힘은 소망 없이는 어렵습니다. 소망에 불타는 사람은 그것이 이뤄질 때까지 오래 참을 수 있습니다. 가치 있는 희망이 없을 때는 참지 못해 스스로 목숨을 끊는 어리석은 선택을 하게 되지요. 값진 소망은 실제로 강인한 믿음을 통해 나타납니다. 그래서 히브리서 저자는 믿음은 바라는 것(소망)의 실상이라고 표현했습니다. 그러니 오래 참음과 값진 소망과 강인한 믿음은 한 묶음으로 연결됩니다. 이것은 사랑이 있기에 가능한 것입니다. 자기 비움의 아픔, 곧 사랑의 아픔은 인忍, 신信, 망望을 모두 껴안게 되지요. 그래서 믿음, 소망, 사랑 모두 중요하지만, 그중에서도 사랑이 제일이라고 바울이 선언한 것입니다.

첫째의 꼴찌하기, 곧 예수의 사랑은 깊은 인식론적 특징을 갖고 있습니다. 겸손과 인내의 가치를 소중하게 여기는 것과 연관되기도 합니다만, 내가 지금 알고 깨닫고 있는 것은 결코 전체적인 진리 파악이거나 완전한 진실이해가 아니라는 겸손한 인식의 고백이기도 합니다. 내가 지금 알고 있는 것은 부분적일 뿐이요 그것도 결코 완벽한 것이 아니라 불완전한 것, 희미한 것이라는 인식론적 겸허함, 그것이 꼴찌됨의 특징입니다. 예수 당시 거울은 실물을 그대로 뚜렷하게 비춰내지 못했습니다. 지금의 거울처럼 또렷하게 실물의 모습을 나타내지 못했지요. 희미하게만 반영했습니다. 그래서 자기 인식의 불완전함, 희미함을 거울에 비유하여 솔직히 인식하고 고백했던 것입니다.

그렇다면 예수따르미야 말로 즐거운 꼴찌하기를 주저하지 않는 사람들이 되어야 할 것이고, 나아가 그들은 자기 인식의 절대화를 절대 거부해야 할 것입니다. 확실성의 문화culture of certitude가 갖는 억압적 위험성을 항상 경계해야 할 것입니다. 이런 뜻에서 기독교 근본주의의 힘은 결코 사랑의 힘, 첫째가 즐겁게 꼴찌되는 힘이라 할 수 없습니다. 근본주의 신앙인들은 자기 확신이 너무 강한 나머지 많은 사람에게 엄청난 고통을 안겨줍니다. 지난 천칠백 년의 기독교 역사에서 제도 기독교가 저지른 온갖 끔찍스러운 죄악은 바로 이 같은 확실성의 문화에서 배태된 잘못이라 하겠습니다. 십자군의 반인륜적 죄악도 바로 그러한 확신문화에서 비롯된 것이 아니겠습니까!

기독교는 4세기 초까지 로마의 지배 권력 밑에서 박해받는 종교였습니다. 가장 비참한 꼴찌의 자리에서 고통을 받았습니다. 원형극장에서 사자의 밥이 될 만큼 비참하게 죽임을 당했으나, 그 고난을 즐겁게 견딜 수 있었습니다. 로마 체제의 첫째들은 이 같은 초대교회 신자들인 꼴찌의 의연함을 도무지 이해할 수 없었습니다. 성탄절 때마다 우리가 자주 보았던 명화에서도 네로황제는 죽임을 당하면서 절제 있고 품위 있게 찬송을 부르며 죽어가는 초대 예수따르미 꼴찌들의 행동을 도무지 이해하지 못해 분노하기까지 했습니다.

그런데 이 꼴찌들이 4세기 초 지배종교가 되면서 첫째로 올라가게 되었습니다. 이때부터 기독교는 첫째의 종교, 지배종교가 되었습니다. 하나의 교회, 곧 보편교회Catholic Church는 보편적으로 한결같이 이견자들을 억압하고 통제했습니다. 그들은 오로지 하나의 예수, 곧 교리로 정착된 예수상만을 숭상하기로 작정하였고, 이 예수상은 첫째들의 우상으로 우러러 모셔지게 되었습니다. 갈릴리의 예수, 실물 예수, 역사의 예수 그리고 그 따뜻했던 부활의 예수 그리스도는 모두 뒷전으로 물러나게 되었습니다. 아니, 오히려 갈릴리 예수는 기독교 왕국 안에서 사라지거나 왕따 당하게 되었습니다. 그것이 오늘에까지 이르게 되었습니다. 우리를 슬프게 하고 또 부끄럽게 하는 것은 4세기 초에 꼴찌에서 첫째가 된 보편교회가 꼴찌에 대해 피비린내 나는 숙청과 탄압을 보편적으로 끈질기게 실행해왔다는 비극적 사실입니다. 결국 거대 교회가 예수의 이름으로 사랑의 예수를 핍박해왔다 해도 지나침이 없겠습니다.

예수님의 선포가 기쁜 소식이 되는 까닭은 그것이 당당한 꼴찌에게 겸손한 첫째가 될 수 있다는 희망을 보여주기 때문입니다. 또 그 희망이 현실로 될 수 있기 때문입니다. 그런데 정말 그것이 기쁜 소식 곧 복음이 되는 까닭은 단순히 자리 옮김에 있는 것이 아닙니다. 즉, 꼴찌 자리가 첫째 자리로 바뀐다는 데 있는 것이 결코 아닙니다. 복음이 되는 가장 중요한 이유는 그것이 악순환의 고리를 영원히 과감하게 깨뜨린다는 소망과 믿음에 있는 것입니다. 꼴찌가 첫째가 되어 그 전의 첫째들이 했던 나쁜 지배를 반복하는 것이 아니라 그 전의 첫째들과는 질적으로 다르게 스스로 즐겁게 꼴찌가 되려는 결단을 지속적으로 내린다는 것, 그래서 악의 지배가 다시 계속되지 않게 한다는 것, 그것이 바로 가장 기쁜 소식입니다. 지난 천칠백 년의 기독교 역사는 대체로 이 같은 복음의 부재를 의미하기에 지금도 우리를 우울하게 하지요.

예수님께서 너희들 중 첫째가 되길 원한다면 남을 섬기는 종, 곧 꼴찌가 되라고 하신 것은 바로 이 세상의 억압적 지배를 종식시키라는 명령이기도 합니다. 마치 포악한 시어머니 밑에서 지독하게 시집살이했던 며느리가 시어머니가 되면 자기 시어머니의 잘못을 반복하듯 인류 역사는 혁명, 반혁명을 거쳐 첫째들은 끊임없이 교체되었으나, 첫째들의 권력 횡포는 중단되지 않았습니다. 예수님은 바로 이같은 악의 권력의 종식, 즉 권력 악순환의 종식을 위해서 적어도 예수따르미들은 첫째가 되면 즐거이 꼴찌가 될 줄 알아야 한다고 권면하신 것입니다. 권면하셨을 뿐만 아니라 자신이 몸소 실천하셨습니다. 제자들의 발을 직접 씻어 주셨고 수모, 비난, 채찍, 배반, 죽음을 의연하게 몸소 받아들였습니다. 부당한 죽음의 권력에 즐거이 죽어주신 것입니다. 십자가에 달리는 가장 비참한 꼴찌되기를 주저하지 않았습니다. 바로 이 십자가의 죽음으로 악의 권력, 사망의 지배를 종식시키려 하셨습니다. 이것이 바로 선으로 악을 이겨내는 기쁜 소식입니다. 선으로 악을 이기기 위해 죽음의 권세 앞에서 스스로 죽어주신 것입니다.

여기서 우리가 적어도 우리 자신을 예수따르미로 주장한다면 악의 권세를 악으로 이기려는 유혹에서 벗어나야 할 것입니다. 칼로 칼을 이기려는 유혹, 혁명을 또 다른 유혈혁명으로 극복하려는 유혹에서 벗어나야 합니다. 왜냐하면 그 유혹은 악순환을 강화하는 마력을 지니고 있기 때문입니다. 지난날 기독교 신자들이, 교회들이 이 유혹에 빠져 역사를 계속 악순환의 암흑 속으로 몰고 갔기 때문입니다. 예수님의 십자가는 십자군의 십자가가 결코 아닙니다. 십자군의 십자가는 악순환의 고리를 더욱 강화하여 줍니다. 그러기에 11세기의 십자군으로 오늘까지 기독교 문명과 무슬림 문명이 충돌하고 있는 것 아니겠습니까. 그 일차 책임은 기독교에 있다고 해도 지나침이 없습니다. 예수의 십자가는 악순환의 고리를 영원히 깨뜨리는 사랑의 힘을 지니고 있습니다. 지금 21세기에도 로마제국 같은 나라가 지난날 보편적 기독교가 저질렀던 잘못을 반복할 것 같아 우리가 더욱 불안해하는 것 아니겠습니까. 이에 11세기 때 예수님의 영은 21세기에도 여전히 전전긍긍할 것으로 생각됩니다.

저는 중증 장애인들이 사는 우성원又聖院을 방문한 적이 있습니다. 적십자사 자원봉사 대원들과 함께 갔었는데, 그때 원장님이 이렇게 증언하셨습니다. 원생들은 대체로 세상에서 따돌림당한 장애우들인데 모두 인생 꼴찌들이지요. 그런데 이들의 체육대회 때 달리기 시합을 지켜보면 흥미로운 일이 생긴다고 했습니다. 앞으로 빨리 달려가던 장애우가 갑자기 뒤를 돌아보고 뒤에 오고 있는 친구를 보면 더 달리지 않고 제자리에 서서 기다린다고 합니다. 함께, 같이 뛰려고 말입니다. 혼자 일등 하지 않고, 함께 일등 하려고 말입니다. 그야말로 이 꼴찌들은 다른 꼴찌의 아픔을 자기의 아픔으로 여기고, 함께 첫째 되는 기쁨을 누린다고 했습니다. 이것이야말로 동고동락同苦同樂이 아니겠습니까. 이 꼴찌들은 함께 아파하며 함께 달리는 동고주同苦走들이요 이들이 진짜 예수따르미라 하겠습니다. 예수님이 골고다로 달려가신 것은 바로 동고주同苦走하신 동고주同苦主이시기 때문이지요. 이 같은 모습은 기독교 출세 문화에 젖어있는 우리를 부끄럽게 합니다.

우리 민족은 평화와 환희의 희년을 향해 새로운 역사를 만들어가야 합니다. 전쟁과 닫힌 지배가 없는 새로운 세기를 열어가기 위해 우리 예수따르미들은 예수님의 운동에 더욱 헌신해야 합니다. 세계 역사뿐 아니라 기독교 역사를 악순환 고리의 제거를 통해 새롭게 써야 합니다. 비극의 20세기 민족사를 평화와 정의의 민족사로 바꿔놓아야 합니다. 이런 뜻에서 교황께서 이라크를 방문하여 던진 메시지는 엄청난 감동의 울림을 던져주셨습니다.

신의 이름으로 자행한 폭력이야말로 가장 신성 모독적이다.

이런 종교적인 폭력은 언제나 일등만 하려는 승리숭배주의 종교인들이 저지르는 비행이요 죄악입니다.

그러기 위해 우리는 스스로 꼴찌되기를 자원하는 예수따르미들이 되겠다고 다짐해야 합니다. 황무지를 장미꽃밭으로, 마른 땅을 터져 나오는 샘물 마당으로 더욱더 변화시켜나가야 합니다. 오래 참고 온유한 분위기가 더욱더 은혜롭게 열린 공동체가 펼쳐지는 곳이 다름 아닌 내가 선 그 자리에서 시작되어야 합니다. 확신의 교만은 인식론적 겸손함으로 대체되고 감동이 항상 솟아 나오는 열린 공동체가 되어야 합니다. 그곳에서는 누구나 첫째가 즐거운 꼴찌가 되고, 꼴찌가 겸손한 첫째가 되는 기적 아닌 기적이 현실로 분출되기 때문입니다.

| 2부 |

오직 선제적 사랑으로
원수를 이겨야

원수 사랑, 하나님 나라 열쇠
새 길은 관용의 길
복음의 감동, 어디서 오나
샬롬으로 만물을 새롭게 ― 세계적 위기 상황에서 종교개혁 500년을 맞으며

원수 사랑, 하나님 나라 열쇠
마태복음 5:43-44

> 네 이웃을 사랑하고 네 원수를 미워하라 하고 말하는 것을 너희는 들었다. 그러나 나는 너희에게 말한다. 너희의 원수를 사랑하고 너희를 박해하는 사람을 위하여 기도하여라(마태복음 5:43-44).

"내 삶은 바로 내 메시지다"라는 글귀는 남아공에 있는 간디 동상에 새겨져 있는 장엄한 가치 선언입니다. 치열하게 살았던 간디의 삶 자체가 인류에게 던져주는 감동적 메시지였습니다. 내 삶이 바로 '진리의 등불'이 된다고 선언하며 죽을 수 있는 사람은 틀림없이 훌륭한 역사적 인물입니다. 킹 목사도 그렇게 살았지요. 그가 죽기 얼마 전 TV에 출연하여 길고 가늘게 사는 것보다 짧고 굵게 살고 싶다고 고백하는 모습을 보고 저는 감탄했습니다. 40세도 채 되지 않았지만 죽음을 두려워하지 않는 그의 당당한 모습이 지금도 저의 기억에 살아서 별빛처럼 빛나고 있습니다.

그런데 갈릴리 예수만큼 일생을 의미 있게, 짧고 굵게 사신 분이 과연 있을까요. 아니 그처럼 감동적인 죽음을 겪은 분이 있을까요.

그의 짧은 공생애 기간 그의 입에서, 그의 가슴에서 터져 나온 많은 말씀도 감동적이었지만, 그의 가르침은 놀랍고 전복적이었지만 그의 치열한 삶이야말로 그의 말씀과 가르침의 감동을 훨씬 더 뛰어넘는 실천의 감동입니다. 이러한 뜻에서 갈릴리 예수, 곧 역사의 예수를 탐구하는 것은 단순한 지적 역사 탐구에 머물 수 없습니다. 역사 예수 탐구는 그의 치열했던 신화적 삶 굽이마다 드러나는 감동의 메시지를 탐구하고 만나고 체험하는 뜻깊은 순례라 하겠습니다.

전에 어느 기독교 TV와의 인터뷰에서 "평생 나를 붙들고 있는 메시지, 곧 성서 메시지가 무엇인가"라는 질문을 받은 적이 있습니다. 먼저 저는 가훈을 소개했습니다. 모태 신앙으로 자란 저에게는 "항상 기뻐하라, 쉬지 말고 기도하라, 범사에 감사하라"(살전 15:16-19)라는 가훈이 저의 삶을 이끌었다고 말하지 않을 수 없었지요. 고향 땅에 있는 부모님 묘소 비석에는 이 성구가 새겨져 있습니다. 그런데 사실 이 메시지는 무척 불편했습니다. 그리고 힘들게 했습니다. 왜냐하면 현실은 거부할 수 없을 만큼 무거운 짐으로 압박해 온 슬픈 현실이었고, 주변 상황은 감사하기 어려운 괴로운 상황이었기 때문입니다. 쉬지 않고 기도하기 또한 여간 버거운 일이 아니었습니다.

그런데 나이가 들고 철이 들면서 감옥에서 유서처럼 진지하게 썼던 사도 바울의 편지에서 큰 용기를 얻었습니다. 지금도 이 말씀이 큰 깨달음과 용기를 줍니다. 저를 사로잡고 있지요. "나에게는 사는 것이 그리스도이시니, 죽는 것도 유익합니다"(빌 1:21)라는 사도 바울의 말씀이 바로 그것입니다. 죽는 것도 유익하다는 사도 바울의 고백은 결코 추상적인, 철학적인 명상이나 사색에서 나온 고백이 아닙니다. 언제 참수당할지 모르는 긴박한 상황에서 그는 참으로 느긋하고 여유 있고 실체적인 메시지를 빌립보 교회에 보낸 것입니다. 여기서 유익하다는 말은 장사꾼이 사업에서 얻은 경제적 이득을 뜻하는 실제적인 결과를 뜻합니다. 그러니 죽는 것이 실제로 이득이 된다는 고백이지요. 그러기에 구체적으로 몸에 와닿는 절실한 메시지입니다. 그는 정말로 죽음을 예감했고 그것을 두려워하지 않았기에 그에게는 죽는 것과 사는 것이 모두 값진 일이었습니다. 이 중에 어느 것을 선택하라면 한참 고민해야 할 판이라고 고백했습니다. 이 정도의 수준에 이르게 되면 항상 기뻐할 수 있고 어떤 환경에서나 감사할 수 있게 될 것입니다. 저는 지금도 "아하, 잘 죽을 수 있고, 뜻깊게 죽을 수 있는 사람만이 멋지고 신나게 살 수 있구나"라고 생각하며 살지요. 그 엄혹했던 군사독재 시절 한국형 사자 굴에 갇혀 고생했을 때, 바울의 이 메시지로 큰 위로를 받을 수 있었습니다.

그런데 오늘 이 순간까지 저를 끈질기게 사로잡고 있는 화두는 단연코 '원수 사랑'의 문제입니다. 이 메시지가 너무나 오랫동안 비정상적으로 비정하게 분단된 우리 민족의 슬픈 현실에서 가슴 저리게 저에게 다가오고 있습니다. 한반도를 아프게 옥죄어온 분단, 열전, 냉전의 아픔을 겪으면서 갈릴리 예수께서 간곡하게 당부하셨던 원수 사랑의 명령이 더욱더 강렬하게 저를 사로잡고 있습니다. 그것은 일제 식민지로 36년간 부당하고 아프게 살았던 우리 민족이 이른바 해방을 맞았지만, 진정한 민족 해방과 광복은 아직 단 한 번도 체험한 적이 없었다고 판단하기에 그러합니다. 해방(1945. 8. 15)되기 전 이미 국토는 분단되었고, 분단된 지 5년 만에 우리 민족은 잔인하게 동족상잔에 휩쓸렸습니다. 3년간 수백만 명이 죽었지요. 그리고 그 후에는 혹독한 냉전 상태에 돌입한 지 벌써 70년이 훌쩍 넘게 되었습니다. 이 긴 기간에 우리는 동족을 주적主敵으로, 사탄으로 증오해왔습니다. 정말 한심하게도 이 일에 기독교인들이 앞장섰지요. 따지고 보면 전범국 일본이 마땅히 받아야 할 징벌을 너무나 부당하게 우리 민족이 받게 되었지요. 그 결과, 우리 민족은 분단과 냉전의 고통을 지금도 겪고 있습니다. 그런데 우리 민족을 36년간 강점하여 억압, 수탈, 차별했던 일본과는 놀랍게도 20년 만에 화해(박정희 정권 때)했습니다. 6·25를 배후에서 부추겼다는 소련과도 38년 만에 화해, 수교했습니다. 한국전쟁 당시 서로 총을 겨누며 싸웠던 중국과도 39년 만에 국교 정상화했습니다. 모두 잘한 일이지요. 지금은 중국과의 경제 관계는 돌이킬 수 없이 두터워졌지요. 과거 적이었던 일본, 러시아, 중국과 모두 수교했는데, 어찌 된 일인지 유독 같은 민족인 북한과는 아직도 철천지원수 관계를 유지하고 있지요. 북한을 악마 같은 주적으로 확신하고 있습니다. 그러므로 우리 민족을 고통스럽게 했던 외세들보다 같은 동족을 더욱더 악마적 주적으로 증오하고 죽이려고 하는 것이 과연 정상적인 일이며 바람직한 짓인지를 이제는 남북 가릴 것 없이 진지하게 물어야 할 것입니다.

저를 더욱 아프게 하는 것은 국민 다수가 이와 같은 부당한 분단 상황을 아파하지 않는다는 현실입니다. 정말 가슴 아프게 하는 것은 예수 잘 믿는다고 스스로 자랑하는 한국 기독교인들, 그 지도자들이 같은 동족을 주적으로, 사탄으로 몰아붙이는 일에 더욱 열을 내며 앞장서는 비극적 현실입니다. 그러기에 한국교회의 이러한 냉전 근본주의 신앙이 참된 민족 광복과 해방이라는 종말론적 희망을 휴지처럼 내던져버리는 이유가 됨을 깨달으며 끝없이 부끄러워집니다.

그래서 저는 원수 사랑 실천이야말로 기독교 정체성의 핵심이라고 새삼 깨닫게 됩니다. 갈릴리 예수의 하나님 나라 운동의 본질이 바로 원수 사랑 실천에 있음을 절실하게 깨닫게 됩니다. 원수 사랑이란 단순히 가장 높은 도덕적 수준의 행위를 뜻하는 데 그쳐서는 안 됩니다. 이것이야말로 하나님의 지배를 이 땅에서 일궈내는 비결임을, 열쇠임을 잊지 말아야 합니다. 특히 비정하게 오랫동안 분단된 우리 민족 현실에서 원수 사랑 실천이야말로 바로 이 비극의 땅에 하나님의 사랑 지배, 공의 지배 그리고 평화 지배를 일궈내는 동력임을 예수따르미들은 한순간도 잊어서는 안 될 것입니다. 이 땅의 교회는 바로 갈릴리 예수의 하나님 나라의 한 지부가 아니겠습니까? 남북 간의 원수 관계가 악화할수록 각 체제 안에서 자유와 정의, 인권과 민권은 심각하게 훼손되는 현실을 아파하며, 그 비극의 현실에 대한 대안으로 예수의 선제적 사랑을 실천하려는 공동체 역할이 요구됩니다. 원수 사랑의 가치, 그 메시지를 냉소적으로 인식하고 원수 사랑 실천을 거부하면서 기독교 신자로 자처하는 것은 위선이라고 감히 말하고 싶습니다. 바로 그런 뜻에서 저는 원수를 사랑하라는 예수님의 말씀이 진정 예수님이 친히 말씀한 진정한 메시지임을 새삼 얘기하고 싶습니다. 나아가 그 말씀을 역사의 예수께서 철저하게 몸소 실천하셨음을 호소하듯 강조하고 싶습니다.

역사 예수 탐구에서 성서에 나오는 특정 예수 어록이 진정 예수의 말씀인지를 가려주는 기준들이 무엇인가에 대해 그간 학자들의 논의가 분분했습니다. 그런데 "원수를 사랑하라" 하신 말씀은 예수님의 가슴에서 우러나온 예수님의 말씀이라고 학자들은 대체로 동의합니다. 특히 가톨릭 신학자 마이어John P. Meier는 '차이 기준criteria of dissimilarity'으로 원수 사랑 어록은 진정한 예수의 말씀임을 설득력 있게 주석했습니다. 예수 당시 유대 전통에서 보면 예수님의 이 말씀은 아주 특이하다고 했습니다. 그만큼 유대교 전통과는 차이가 난다는 것이지요. 본문에서도 원수 사랑이 제자들과 청중들이 당시 숙지하고 있던 유대교 가르침과는 대조적인 메시지임을 단번에 알 수 있도록 다음과 같이 보여주고 있습니다.

> 네 이웃을 사랑하고 네 원수를 미워하라 하고 말하는 것을 너희는 들었다. 그러나 나는 너희에게 말한다. 너희의 원수를 사랑하고 너희를 박해하는 사람을 위하여 기도하여라(마태복음 5:43-44).

원수 사랑 메시지는 이웃 사랑 메시지와 달리 구약이나 고대 다른 문명에서 찾아볼 수 없는 독특한 가르침이라고 마이어는 주석했습니다. 물론 구약에는 이웃끼리 원수 갚은 일을 하지 말고 이웃을 네 몸처럼 사랑하라는 계명이 있습니다(레 19:18). 그런데 이것은 어디까지나 부족적 이웃 사랑을 강조한 것이지요. 이것은 원수를 사랑하라는 예수의 명령과는 질적으로 다릅니다. 예수님의 어법은 단호했습니다. 그 단호함은 메시지가 갖는 대안적 가치를 잘 드러내 줍니다. "그러나 나는 너희에게 말한다"라는 표현은 근본적, 본질적 대안성과 차이를 뜻합니다. 그런데 예수님의 이 메시지는 바로 그의 아빠Abba 하나님의 메시지이기도 합니다. 결코 부족적 신, 배타적 신일 수 없는 사랑의 아빠 같은 신, 곧 가장 보편적이면서도 가장 인간적인 신의 메시지입니다. 그래서 예수의 하나님은 독특한 존재였지요. 마태복음 5:45은 이렇게 강조했습니다.

그래야만 너희가 하늘에 계신 너희 아버지의 자녀가 될 것이다. 아버지께서는 악한 사람들에게나 선한 사람들에게나 똑같이 해를 떠오르게 하시고, 의로운 사람에게나 불의한 사람에게나 똑같이 비를 내려주신다.

위의 말씀에는 두 가지 소중한 복음이 담겨 있습니다. 하나는 원수 사랑으로 우리는 비로소 하나님의 딸과 아들이 될 수 있다는 기쁜 소식이요 진리입니다. 율법, 교리, 신조 따위를 믿는다고 하나님의 자녀가 되는 것이 아니지요. 원수 사랑 실천을 통해 비로소 진정한 사랑의 하나님을 아빠로 모실 수 있게 되지요. 이것은 "평화를 이루는 사람은 복이 있다. 하나님이 그들을 자기의 자녀라고 부를 것이다"(마 5:9)라는 메시지와 같은 뜻입니다. 다시 말하자면 평화를 만들어내는 자peacemaker가 바로 하나님의 자녀가 되는 축복을 받게 되지요. 이 축복이 가장 큰 축복입니다. 결국 '원수 사랑'과 '평화 만들기'는 같은 것입니다. 원수를 사랑하지 않고 참된 평화를 만들 수 없다는 진리를 되새겨봐야 합니다. 오늘 우리의 민족 분단이라는 비극적 현실에서 말입니다. 이런 상황일수록 하나님의 축복으로 하나님의 딸과 아들이 되려면 무엇보다 원수 사랑에 앞장서서 평화 세우기에 헌신해야 합니다. 또 다른 하나는 이 같은 사랑의 아빠 하나님이야말로 결코 부족적, 배타적 신이 아님을 우리는 확인할 수 있습니다. 독선적 신, 복수의 신, 폭력 심판의 신이 아님을 우리는 새삼 다짐해야 합니다. 이 점에서 예수의 하나님은 당시 로마 황제의 노골적이고 벌거벗은 권력의 신(Roman's naked might)이 아니라 무한히 보듬어 주고 껴안아 주는 예수의 아빠 신(Jesus naked love)이지요. 여기서 '아빠'는 생물학적 성별과는 전혀 무관합니다. 그 특성으로 보면 오히려 엄마의 자궁과 같은 따뜻한 신이라는 뜻이지요.

그런데 예수님의 이러한 '과격한' 메시지가 당시 제자들에게는 어떻게 받아들여졌을까요. 특히 안으로는 헤롯 왕 지배에 항거하려 했고, 위선적인 예루살렘 성전 세력에 맞서려 했으며, 밖으로는 로마제국의 승리주의 폭력에 저항하려 했던 열혈 민족 세력에게 말입니다. 예수 제자 중, 젤롯 당원이었던 시몬이나 비록 당원은 아니었더라도 그 저항노선에 동조했던 제자들은 스승의 원수 사랑 메시지를 과연 적극적으로 수용했을까요? 저는 이 질문을 던지면서 그들이 스승의 가르침을 못마땅하게 생각했을지도 모른다고 추측해 봅니다. 그것은 한국의 1970년대 비정했던 유신 통치라는 역사 현실에서 나온 저의 추론입니다.

1976년 서울대학교에서 해직된 후, 저는 들판으로 내쫓겼습니다. 재야에서 민주화 인권, 평화 운동을 하면서 마침 세계교회협의회에서 가장 진보적인 위원회의 위원으로 임명되었지요, 그것이 바로 CCPD라는 개발참여위원회였습니다. 1년에 서너 번 위원회의 회의가 열리는데 거의 6~7년간 두 번 정도만 참여할 수 있었습니다. 군사 정치의 통제가 심했습니다. 1977년경 아프리카 카메룬에서 열린 위원회 회의에는 가까스로 참여할 수 있었지요. 그 회의 폐회 예배 때 저에게 메시지를 해달라는 부탁을 받았습니다. 이때 저는 선한 사마리아 비유에 나오는 말씀 중에 "… 내가 돌아오는 길에 갚겠습니다"(눅 10:35)를 중심으로 증언했습니다. 장사꾼이었다고 짐작되는 이 사마리아인이 처참하게 폭력으로 짓밟힌 유대인의 참상을 보고 끓어오르는 의분을 참지 못해 장사를 일단 접어두고, 그는 악행을 저지른 자를 징벌하는 운동에 뛰어들기로 결심했다고 해석했습니다. 1970년대 후반 한국 군사독재 시대 그 엄혹한 상황에서 저는 사마리아인의 심경을 그렇게 해석했지요. 젤롯당식 적극 저항운동에 몸을 던졌을 것이라고 추론했습니다. 그 싸움을 일단 끝낸 후 돌아와서 사마리아인은 돌봄의 헌신을 완결시키겠다는 뜻으로 해석했지요. 그때 듣는 이들이 놀라는 표정을 지었습니다. 그때 저는 온갖 기본권이 유신체제 아래에서 아프게 유린당하고 있는 참담한 현실을 가슴 아프게 받아들였기에 착한 사마리아인의 돌봄만으로 무언인가 부족하다고 생각했습니다. 유신체제를 착한 돌봄의 행동만으로는 극복될 수 없다고 판단했기 때문이지요. 그래서 원수 같은 군사 통치는 착한 사랑 행위로는 극복될 수 없다고 비관했습니다. 그러기에 예수님의 메시지가 담고 있는 그 깊은 진리의 힘, 곧 원수 사랑 실천만이 원수의 악을 제거할 수 있는 진정한 힘임을 그때는 미처 깨닫지 못했습니다. 따라서 예수의 수난의 깊은 뜻도 제대로 꿰뚫어 보지 못했습니다. 바로 이 같은 저의 역사 체험에서 예수 제자 중에도 스승의 원수 사랑 메시지에 불편해했던 제자들이 있었을 것으로 추론했지요. 베드로, 특히 가룟 유다가 그러했으리라 짐작했습니다.

예수님도 이런 제자들의 낌새를 모르시지 않았던 것 같습니다. 산 위에서(또는 들 위에서) 원수 사랑만이 원수를 사라지게 한다고 역설했는데도 제자들의 몰이해에 안타까움을 느끼셨던 것 같습니다. 그래서 원수 사랑 메시지의 깊은 뜻을 뚜렷하게 밝혀주기 위해 선한 사마리아 비유를 창안해내신 것 같습니다. 이 비유의 함의에는 여러 층이 있습니다만, 그중에 저는 예수님 가르침의 '과격성' 또는 '과격한 대안성'에 새삼 주목하고 싶습니다. 유대인들에게는 잡스러운 인종이요 원수 같은 집단인 사마리아인을 착한 존재로 설정한 예수의 발상 자체가 퍽 놀랍습니다. 절대로 착할 수 없는 인종을 착한 집단으로 부각시킨 예수님의 의도가 놀랍습니다. 게다가 유대인들이 진짜 착한 분들이라고 믿었던 유대 종교 지도자를 착하지 않을 뿐 아니라 실제로는 위선적인 지도자임을 밝히 드러내 보였습니다. 신랄한 권력 비판이지요. 게다가 이 비유에서 원수인 사마리아인이 희생자 유대인을 먼저 사랑한다는 점을 짐짓 강조합니다. 당시 유대인들의 관점에서는 도무지 상상할 수 없는 모독행위를 버젓이 벌인 셈이지요. 놀랍게도 원수가 먼저 사랑을 실천한다는 메시지를 던진 것이지요. 무엇보다 이 비유를 통해 당시 유대인에게는 원수 같던 사마리아인이 유대인보다 원수를 더욱더 사랑한다는 메시지는 매우 충격적이었지요. 그러니까 이 비유는 기존의 원수 관계는 흔들리게 되고 새로운 관계, 곧 평화와 공의의 관계가 나타난다는 것을 깨우쳐 줍니다. 문제는 과감하고 파격적인 사랑의 실천만이 모든 적대 관계를 근원적으로 극복해 낼 수 있다는 진리를 증언해 줍니다. 종교 지도자의 지도력, 곧 거룩한 이념으로 포장된 지도력으로는 결코 평화와 공의의 새 질서가 세워지지 않는다는 사실이 소중합니다. 이렇게 보게 되면 오늘 한국교회에도 제사장들과 레위인들은 많은데 착한 '쌍놈', 선한 '잡놈'들은 없는 것 같습니다. 그래서 교회 안에도 참 평화가 없고, 교회 밖에서도 비정한 냉전 대결을 극복하려는 평화 일꾼, 곧 원수 사랑 일꾼들도 별로 없는 듯합니다.

이제 말씀 증거의 핵심으로 들어가겠습니다. 우리는 예수님이 당신의 원수 사랑 메시지를 어떻게 실천하셨는지 주목하지 않을 수 없습니다. 예수님께서는 말이 곧 실천이었고 그 실천의 강도는 항상 말과 표현보다 더 높았습니다. 그래서 그의 삶 자체가 감동적 메시지가 되었지요. 저는 말씀이 육신이 되었다는 성육신 신학의 관점도 존중하지만, 예수님의 말과 실천의 성실함과 치열함에도 주목합니다. 예수님의 수난 이야기는 곧 아프게 육화肉化된 예수님의 실천 모습에 대한 증언이라고 볼 수 있겠습니다.

먼저 겟세마네 기도의 의미를 성찰하고 싶습니다. 이 기도는 결코 조용하고 여유 있는 초월적 명상의 기도가 아니었습니다. 종교적이거나 관념적 추상적 성찰은 더더욱 아니었습니다. 땀이 피처럼 흐르고, 피가 땀처럼 피어오르는 처절한 몸부림의 호소였습니다. 이원론적 플라톤의 철학적 성찰에서 나온 영혼적 명상일 수 없습니다. 더구나 초대교회를 다소 어지럽게 했던 가현설Docetism적(예수는 오직 영적인 존재로 외관상 육체의 형태를 취했을 뿐이라는 주장) 존재의 '여유' 있는 기도는 더더욱 아니었습니다. 그리고 영지주의적 명상일 수도 없었습니다. 겟세마네의 예수 기도는 임박한 로마 권력의 폭력적 압박을 온 존재로 긴박하게 느끼며 아빠에게 매달렸던 결사적인 기도였습니다. 얼마 전, 예루살렘으로 나귀 타고 입성하시어 예루살렘 권력자들을 불안케 했던 예수께서 성전에서 권력과 짜고 환전 놀음하던 이들을 숙정했던 일로 인해 이제 예수는 긴급 체포의 대상이 된 것이지요. 이 같은 절체절명의 위기에서 그는 너무나 인간적이고, 너무나 인격적인 호소를 절박하게 토해낸 것입니다. 아빠 하나님께 말입니다.

여기서는 비非신화론적 성서해석으로 역사 예수 탐구를 상당 기간 종식시키는 데 공헌했던 불트만Rudolf Bultmann을 비판하면서 그의 제자 케제만Käsemann이 역사 탐구의 길을 다시 열게 된 동기를 잘 이해할 것입니다. 히틀러가 등장하여 인류를 위협하고, 독일 중산층 지식인들을 거짓 정치이념으로 몰아가는 가슴 아픈 역사 현실 한가운데서 그의 스승 불트만의 실존주의적 성서해석, 특히 예수를 탈역사화하는 비신화 방법론을 가현설적 접근으로 비판했던 그를 우리 상황에서 더 잘 이해할 것 같습니다.

로마의 폭력적 통제, 곧 십자가 처형은 인간 예수에게 너무나 무섭고 가혹한 아픔으로 다가왔기에, 예수는 이 잔을 피해 가고 싶었습니다. 그런데 겟세마네 기도의 참뜻은 예수가 아빠에게 철저하게 순종하는 결단을 내린 데서 찾아야 할 것입니다. 로마의 벌거벗은 폭력적 권력에 또 다른 폭력으로 맞서는 것을 철저하게 선택하지 않고, 그 폭력에 의해 부당하게 죽어줌으로써 그 폭력의 악을 이겨내는 선택을 하신 것입니다. 라인홀드 니버Reinhold Niebuhr의 주선으로 미국 유니온 신학교에 왔던 본회퍼Dietrich Bonhoeffer가 히틀러에 의해 짓밟히고 있는 조국 독일로 돌아가기로 결심한 것도 바로 예수님의 이러한 선택에서 깨달은 바가 있기 때문입니다. 이것이 사랑의 하나님께서 하신 선택이라고 확신했기 때문입니다. 로마 권력의 악과 예루살렘 성전 권력의 악에 굴복한 것이 아니라, 원수같이 그 벌거벗은 권력을 선제적 사랑으로 극복해 내는 길을 짐짓 선택하신 것, 이와 같은 결단은 결코 조용한 종교적 명상에서 오는 것이 아닙니다. 여기서 우리는 그 탐욕적, 독선적 권력으로 억울하게 고통당했던 많은 민중의 아픔과 동고同苦하고, 종말론적 열망을 그들과 나누면서 그 아픔을 근원적으로 덜어주려는 역사적 결단과 실천이 참으로 중요하다는 것을 깨달아야 합니다. 사실 예수님은 가장 수치스럽고, 가장 고통스러운 십자가 처형을 당하면서도 자기를 그렇게 처형했던 사람들의 용서를 빌었습니다. 그 철저한 자기 비움, 곧 자기 지움의 실천, 바로 그것이 원수 사랑을 통한 악의 극복 행위였습니다. 이것이 예수따르미들이 선택해야 할 것이라 하겠습니다. 바로 이 같은 원수 사랑 실천의 모습이 갖는 변혁의 힘은 엄청납니다. 그래서 예수의 선제적 사랑 실천은 사형집행관 로마 장교 백부장으로 하여금 놀라운 고백을 쏟아 놓게 했습니다. 그가 참다운 신성(하나님다움)을 로마 황제에서 찾지 않고, 처형당하는 갈릴리 예수에서 찾게 되었음을 용기 있게 고백하게 했습니다. 로마의 공식적 군사 권력이 사형수 예수 앞에서 마침내 항복하고 말았습니다. 이것이 원수 사랑의 놀라운 힘이요 감동적인 변혁의 힘입니다.

저는 예수 수난 이야기에서 원수 사랑으로 펼쳐질 예수의 하나님 나라가 로마제국의 폭력적 승리주의 왕국과 어떻게 다른지를 꼭 얘기하고 싶습니다. 빌라도 법정에서 피고인 예수에게 재판장인 로마 총독은 이렇게 심문했습니다.

"당신이 유대 사람의 왕이오?"(요 18:33).

피고인의 대답은 이러했습니다.

"내 나라는 이 세상에 속한 것이 아니오. 나의 나라가 세상에 속한 것이라면, 나의 부하들이 싸워서 나를 유대 사람들의 손에 넘어가지 않게 하였을 것이오. 그러나 사실로 내 나라는 이 세상에 속한 것이 아니오"(요 18:36).

하기야 이 예수의 이 증언이 하나님 나라를 지난 천 오백 년간 왜

곡시키는데, 오용되어 온 것도 사실입니다. 마치 하나님 나라는 초월적인 정신세계에 속한다고 가르치기도 했습니다. 그것은 신자가 죽어서 가는 천당이라고도 했지요. 이것은 부패한 정치 권력과 경제, 사회 권력이 정당한 예언자적 비판을 무효화시키거나 오히려 비난하기 위하여 짐짓 강조한 탈정치적, 탈역사적 천국이라 하겠습니다. 그런데 예수님의 이 재판 증언은 결코 그런 것이 아니었습니다. 그것은 원수 사랑으로 세워지는 하나님 나라, 무력(제도적 폭력)으로 싸워 일궈내는 질서가 아님을 강조하신 것입니다. 철저한 비폭력, 아니 철저한 자기 비움과 자기 지움, 곧 우아한 패배를 통해 세워지는 새 질서, 곧 새 하늘과 새 땅을 증언한 것입니다. 예수께서 칼을 빼든 베드로를 나무라시고, 칼을 칼집에 꽂으라고 명하신 것도 폭력 사용을 원천적으로 배제하라는 메시지였습니다. 원수의 악한 힘과 악한 방법으로는 결코 원수를 이겨낼 수 없을 뿐만 아니라, 오히려 원수 속에 있는 악을 더욱 발악시킨다는 진리를 깨우쳐 주신 것이지요. 나아가 원수의 악만이 아니라 우리 속에 있는 악까지 발동을 걸어 발악하게 만든다는 진리를 깨우쳐 주신 것이지요. 예수께서 철저한 비폭력 사랑으로 원수에 대응하신 것은 예수 혼자 십자가에 처형되었다는 객관적 사실로도 증명이 됩니다. 그의 제자 중 단 한 사람도 예수와 함께 십자가 처형을 당하지 않았습니다. 그러니까 예수님께서 폭력적 내란음모나 내란 행위, 곧 집단적 무력 투쟁을 조직화하지 않았다는 증거입니다. 다른 식으로 말하자면 예수님은 오히려 제자 한 사람도 폭력적 저항자가 되지 않게 조처하신 셈이지요. 당신 혼자 그 끔찍한 극형을 다 짊어지고 가신 것이지요. "내 나라는 이 세상에 속한 것 아니오"라는 예수의 선언은 철저한 자기 비움의 실천, 곧 원수 사랑으로 새 질서를 세우겠다는 선언임을 잊지 말아야 합니다.

여기서 우리는 악의 힘으로 선한 백성들을 위협하는 역사 현실에서 천당 같은 초월적 왕국을 앞세워 신도들을 오도하게 되면, 원수 속에 있는 악의 힘은 더욱 안심하고 커질 수 있음에 항상 유의해야 합니다. 피안彼岸적 신앙, 초월적 천국에만 매달리게 하는 신앙은 역사적 악을 방치, 방관하는 잘못된 종교 이데올로기라고 하겠습니다. 저는 이런 신앙이 한반도를 이토록 오래 아프게 하는 우리 민족 현실에서 한국교회를 세상의 소금과 빛이 될 수 없게 한다고 염려해왔습니다. 기우일까요. 기우이기를 바랍니다. 원래 소금이나 빛은 자기의 본질적 특성을 비워내지 않으면 그 구실을 담당하지 못합니다. 소금의 맛은 원래 남의 것을 맛나게 해주고, 썩지 않게 해주는 데에 있습니다. 소금이 그 맛을 비워내지 않고서는 소금의 공익적 기능은 나타나지 않지요. 빛도 마찬가지지요. 어둠을 내쫓기 위해 자기 빛을 밖으로 쏟아내야 합니다. 자기 빛을 모두 쏟아내어 어둠을 몰아내야 그것이 진짜 빛나는 빛이지요. 해가 모든 사람을 비춰주는 원리도 이타적 자기 비움의 원리이지요. 이것이 바로 예수의 십자가 지기의 실천에서 너무 강렬하게 드러나는 진리가 아닙니까! 바로 이 같은 비워냄의 공공적 감동, 그것이 바로 기쁜 소식이 아니겠습니까!

분단을 빙자해 안으로 정치 기득권을 공고하게 다져온 정치 권력이 민족 분단을 구실 삼아 온갖 무력 충돌을 남북 간에 부추기고 있는 오늘의 비극 상황에서 예수따르미들은 자기 비움의 극치라고 할 수 있는 원수 사랑 실천으로 샬롬의 새 질서를 아름답고 굳건하게 세워나가야 합니다. 하나님 나라는 바로 이런 치열한 실천을 통해서만 아름답게 세워진다는 진리를 잊지 말아야 합니다. 특히, 한국교회가 이원화된 하나님 나라 신앙을 강조하면서 복음을 개인화시키고 사사화私事化시키며 탈역사화시키면서 예수의 하나님 나라 건설이 주는 실천적 감동, 그 공공적 가치, 그 변혁적 효험을 모두 증발시켰고, 지금도 그렇게 하고 있다는 사실을 정말 안타깝게 생각합니다.

그래서 저는 몇 년 전 세계적 성서 신학자 두 분의 부활 논쟁에서 깨달았던 배움을 여러분과 나누고 싶습니다. 진심으로 복음의 공공성, 감동성 그리고 변혁성을 살려 분단 비극 70년을 종식시키는 일에 복음적 동력으로 삼고 싶습니다. 두 분 모두 역사 예수 탐구에서 세계적으로 인정받는 학자들입니다. 크로산John Dominic Crossan은 슈바이처가 지적한 철저한 회의론Thoroughgoing skepticism의 대표자라고 할 수 있고, 라이트N. T. Wright는 철저한 종말론Thoroughgoing eschatology의 대표학자라고 하겠습니다. 두 분의 역사 예수 이해는 서로 다르지만, 복음서의 부활 사건 해석이 유대 종말론에서 변이mutation된 것이라는 점에는 모두 동의합니다. 물론 변이 과정과 그 내용 그리고 변이의 특정 현실에 대한 이해는 각기 다르지만, 변이된 것에는 일단 동의합니다. 그런데 크로산이 강조하는 특이한 변이 해석이 흥미롭습니다. 왜냐하면 그것은 역사 실천을 독려하는 해석이기 때문입니다.

라이트는 예수 부활에서 하나님 나라가 본격적으로 시작한다고 보는 반면, 크로산은 부활 이전 갈릴리에서부터 하나님 나라는 예수께서 이미 발진시켰다고 강조합니다. 그러나 크로산도 예수 부활 사건으로 하나님 나라가 새롭게 변이되면서 본격적으로 펼쳐질 것으로 본 라이트의 입장을 인정합니다. 다만 예수 부활 시점부터 그 나라가 완성되는 시점 사이에 예수따르미들 또는 교회가 해야 할 일이 무엇인가에 대해 크로산의 해석과 제안이 매우 흥미롭습니다. 라이트 교수도 그의 흥미로운 제안에 관심을 표했습니다. 크로산에 따르면, 그 나라가 완성되는 때까지 교회가 수동적인 기도와 개인적 경건한 수양이나 수행의 삶으로 고요히 기다리기만 해선 안 된다고 주장했습니다. 부활 예수의 영적 동력을 힘입어 그리스도와 군게 손잡고 그와 함께 그 나라 건설에 적극적으로 나서야 한다고 했습니다. 이것이 바로 신인神人 협동적 종말 실천collaborative eschaton입니다. 유대 종말론 신앙에 따르면 우리 인간은 하나님의 종말적 개입을 수동적으로 기다리는 자세를 요청하지만, 이제 21세기에는 우리(교회와 예수따르미들)가 부활 예수(그리스도)와 손잡고 그 나라 펼침에 적극으로 나서기를 하나님께서 오히려 기다리고 계신다고 했습니다. 참으로 흥미로운 해석입니다.

그렇다면 가장 비정하게, 비정상적으로 오랫동안 동족끼리 피 튀기는 싸움을 해온 민족 구성원으로서 한국교회는 이제 진정한 평화를 앞장서서 실천해 나가야 합니다. 우리는 분단, 냉전의 70여 년을 맞고 있습니다. 이 기간을 보내며 진정한 민족 해방과 광복은 없었음을 가슴 치고 안타까워해야 합니다. 바로 이 일에 예수따르미들, 특히 한국교회는 복음의 실천적 선도자로 나서서 민족 해방과 광복의 기쁨을 온 민족이 함께 나눌 수 있게 해야 합니다. 복음의 부름이 바로 여기에 있습니다. 우리만의 힘으로는 부족하기에 부활의 그리스도 힘을 힘입어 주님과 손에 손잡고 원수 사랑 실천에 앞서야 합니다. 그리하여 신인神人 합동으로 새 하늘과 새 땅을 분단 비극의 조국에 우뚝 세워야 할 것입니다.

끝으로 한국교회에 주어진 특별한 하나님의 은혜에 주목하고 싶습니다. 세계에서 가장 억울하게 분단 고통, 열전 고통 그리고 냉전 고통을 모두 겪은 민족이 바로 우리입니다. 가장 비정상적 고통을 70여 년간 겪었기에 이것을 아름답게 정상화할 수 있는 역사적 기회와 사명이 우리 민족에게 주어졌다고 생각합니다. 그것은 다름 아니라 예수님께서 한국교회를 원수 사랑 실천으로 불러주셨고 지금, 이 순간에도 부르고 계신다는 신앙입니다. 만일 한국교회가 이 부르심에 호응하여 북한 동포가 주리면 먹을 것을 넉넉히 주고, 그들이 목마르게 되면 마실 것을 시원하게 주며, 그들이 헐벗을 때 따뜻하게 입을 것을 주저 없이 주는 일에 앞장선다면 한반도의 냉전 빙벽은 녹아내릴 것입니다. 한반도에 평화의 햇빛이, 부분적이나마 하나님 나라의 아름다운 모습이 남북 간에 강물처럼 흐르는 평화의 모습으로 나타날 것입니다. 이때 한국교회와 예수따르미들은 예수 복음의 그 공공적 가치와 그 감동적 변혁 효과를 모든 민족 구성원들과 함께 누리게 될 것입니다. 이것이 바로 민족 복음화일 것입니다. 신자 개인과 교회는 다 같이 세상과 역사의 소금이 되고 빛이 될 것입니다. 남북 간의 원수 관계는 사라지게 될 것입니다. 이렇게 될 때, 비로소 예수따르미의 삶은 바로 감동적 복음의 메시지로 거듭나게 될 것입니다. 마치 간디 동상에 새겨진 글귀인 "My life is my message"라는 선언이 마침내 우리의 선언이 될 수 있을 것이고, 그 선언으로 우리는 우리 삶을 자랑스럽게 여기게 될 것입니다. 민족 복음화도 자랑스럽게 이뤄질 것입니다. 그리고 그 선언을 사랑의 주님께서 박수로 격려해주실 것입니다.

형식적 해방과 껍데기 광복만 기념해온 우리 민족이 이제는 참된 해방과 광복의 기쁨을 누릴 수 있어야 합니다. 그렇게 되도록 한국교회와 예수따르미들은 원수 사랑을 결연하게 실천해내야 합니다. 그것은 우리의 의무인 동시에 또한 특권이기도 합니다. 이 사랑을 열쇠 삼아 분단을 극복한 평화 체제의 문을 활짝 열어야 합니다. 한반도에서 냉전체제가 사라지는 날, 비로소 세계적 냉전체제도 완벽하게 종식될 것입니다. 그리고 70년 만에 우리 민족도 광복과 해방의 잔치 기쁨을 다 같이 누리게 될 것입니다.

바로 여러분 손에 새 하늘과 새 땅의 문을 여는 열쇠가 있다는 사실을 잊지 않길 바랍니다. 원수 사랑 실천의 열쇠로 새 하늘 새 땅의 문을 활짝 여시기 바랍니다.

새 길은 관용의 길

빌립보서 4:4-5, 갈라디아서 6:1-2

> 주 안에서 항상 기뻐하라 내가 다시 말하노니 기뻐하라 너희 관용을
> 모든 사람에게 알게 하라 주께서 가까우시니라(빌립보서 4:4-5).
>
> 형제들아 사람이 만일 무슨 범죄한 일이 드러나거든 신령한 너희는
> 온유한 심령으로 그러한 자를 바로잡고 너 자신을 살펴보아 너도 시험
> 을 받을까 두려워하라 너희가 짐을 서로 지라 그리하여 그리스도의
> 법을 성취하라(갈라디아서 6:1-2).

요즘 자연이 인간의 탐욕과 오만에 대해 이제 더 견딜 수 없다는
듯 분노하며 대항하기 시작했다는 것을 새삼스럽게 깨닫습니다.
2004년 동남아의 쓰나미는 히로시마 원자폭탄의 그 괴력보다 세배
나 큰 엄청난 파괴력을 쏟아냈습니다. 30만 가까운 인명이 한순간에
사라졌지요. 지구가 신음하듯 내뱉은 이 가공할 괴력은 앞으로도 계
속될 듯합니다. 자연 재난의 규모와 강도는 더욱 거칠어지고 커지고
있습니다. 초강대국 미국을 초라하게 만든 카트리나 태풍이나 약소
빈국 파키스탄을 처참하게 만든 지진은 자연에 대한 우리 인간의 교

만과 탐욕을 힘으로 거부하는 자연의 저항 몸짓 같기도 합니다. 이러한 때 자연 재난 속에 담겨 있는 인간 재난의 씨앗을 볼 수 있는 성숙한 자기 성찰이 요청됩니다. 그래서 사도 바울이 빌립보 교우들과 갈라디아 교우들에게 권면한 자기성찰적 관용epieikeia의 가치를 새삼 생각하게 합니다.

2005년 11월 서울에서 열린 적십자 연맹총회에서 UN 조정관은 21세기 인류에게 가장 심각한 위협이 다름 아닌 조류독감의 세계 확산이라고 강조했습니다. 이 독감에 걸리게 되면 인간의 유전인자가 변형되어 치명적 결과를 낳게 된다고 하면서 이것이 전 세계로 번지는 괴질pandemic이 될 때 인류의 앞날은 심각하게 어두워진다고 했습니다. 마치 말세가 도래한 듯한 경고를 발했습니다. UN은 세계보건기구를 통해 이 질병 퇴치를 위해 최선을 다하겠으나, 각 나라 안에 질병 퇴치를 해낼 수 있는 자발적 봉사자들을 동원할 수 없는 한계가 있음을 시인했습니다. 그래서 적십자 운동 같은 인도주의 봉사자들의 자발적 헌신이 요청된다고 하면서 "우리는 당신들을 필요로 합니다(We need you)"라고 호소했습니다. 이때 저는 대한적십자 총재로서 적십자연맹 총회를 서울에서 치르면서 이 경고를 엄숙하게 경청했습니다. 이 경고와 호소를 들었을 때, 저는 바울의 봉사적 관용epieikeia의 가치가 떠올랐고 이를 되새겨보고 싶었습니다. 특히 지금 인류가 맞이한 코로나19라는 전 지구적 괴질을 겪으면서 더욱 바울의 말씀에 귀 기울이게 됩니다.

그때 저는 미국의 감리교 목사인 쵸커Chalker의 글을 읽었습니다. "종교의 종말을 위한 기도"라는 제목의 절박한 글이었습니다. 기독교이거나 무슬림교이거나 율법주의로 전락한 제도 종교는 그 고착된 신조의 이름으로 "다름"을 적대시하고 박멸하려는 현실에 대해 신랄하게 비판하며 저항하는 메시지였습니다. 하나님은 영spirit이심으로 종교의 그림, 사진, 아이콘, 이념, 신조, 경전, 교리들에 갇힐 수 없는 힘이요 살아 움직이는 힘이라고 했습니다. 항상 역동적으로 움직이면서 경외심의 감동과 신비로움의 정서를 불러일으키는 희망의 힘이라 했습니다. 하나님은 자유케 하는 힘이요 사랑의 폭발적인 힘이기에 성전聖戰의 이름으로 자살 폭발을 주저하지 않고 저지르는 제도 종교의 사악함과는 전혀 관계없음을 강조하는 글이었습니다. 쵸커 목사는 이 같은 근본주의적 종교의 종식을 위해 간절히 기도한다고 했습니다. 특히 종교의 이름으로 인간과 인간 사이를, 집단과 집단 사이를, 인간과 하나님 사이를 더욱 벌려 놓고, 그곳에 높은 장벽을 설치하는 오늘의 종교 현실에서 그는 "영적이지만, 종교적이 아닌"(spiritual but not religious) 기도가 21세기의 참된 기도가 되어야 한다고 강조했습니다. 이를 읽으면서 또다시 저는 바울 사도의 열린 영적 힘으로서의 관용epieikeia을 다시 생각하게 되었습니다.

도대체 이 덕목과 가치는 오늘 우리에게 무엇을 촉구하는 것일까요. 그가 빌립보 교회와 갈라디아 교회에 보낸 편지에서 강조한 이 관용epieikeia이 21세기 우리의 상황에서 이토록 절박하게 요청되는 걸까요. 이 단어는 한가지로 번역되기 어려운 낱말입니다. 먼저 그 다의성多意性에 주목할 필요가 있습니다. 부드러움, 양보, 인내, 온유, 겸손, 친절, 자비, 화합, 사려 깊음, 관용 등 여러 가지로 번역되고 있습니다. 빌립보서에서는 "여러분의 관용을 모든 사람에게 알리십시오"라고 했습니다. 갈라디아서에서는 "… 온유한 마음으로 죄에 빠진 사람을 바로 잡아주고…"라고 표현했습니다. 다르게 번역되었지만, 그 속에는 아주 소중한 뜻이 관류하고 있습니다.

바울 당시 그리스인들은 이 낱말을 "공정 또는 그 이상의 더 좋은 것"으로 이해했습니다. 여기서 중요한 것은 그 가치가 공정을 포함하되 그 이상의 더 좋은 것이라는 뜻을 내포하고 있다는 점입니다. 이 공정公正은 법적 정의, 곧 재판의 공평성을 뜻합니다. 저울의 균형 같은 정의를 뜻합니다. 그것은 범죄의 무게에 값하는 심판과 징벌의 양量을 뜻합니다. 그런데 에피에이케이아epieikeia는 그러한 정의 이상의 가치, 정의보다 더 좋은 가치를 그 속에 간직하고 있음을 지적해주고 있습니다. 바로 이 점에 주목해야 합니다.

이 가치는 조건을 뛰어넘는 자비의 행위를 소중하게 여깁니다. 눈은 눈, 이는 이의 "때문에의 논리"에서 내 눈을 때림에도 불구하고 상대방을 껴안아 주는 "불구하고의 논리"를 촉구합니다. 이 가치는 '다름'을 포용해주고 존중해주는 가치입니다. 다름이 클수록 더욱 뜨겁게 포용해주고, 더욱 존중해주는 마음입니다. 남의 실수와 범죄를 보게 되면 남을 비난하기에 앞서 자기를 먼저 되살펴 보는 지혜를 뜻하기도 합니다. 이 같은 낱말을 우선 관용이라고 번역해 봅시다. 다름을 존중해주면서 조건적 대응 행위를 정의의 이름으로 부추기지 않고 오히려 그 다름을 아름답게 수용하려는 열린 태도이지요. 공정과 정의를 소리 높여 외치면서 실수하거나 잘못된 일을 저지르는 사람을 거침없이 책벌하려는 살벌한 분위기 속에서는 이 에피에이케이아epieikeia의 가치가 더욱 감동적으로 빛난다고 하겠습니다. 바로 이 같은 가치에서 우러나오는 사회적 관계가 예수께서 이 땅에서 세워보려 했던 공동체의 관계가 아니겠습니까! 이런 공동체가 바로 우리가 세워나가야 할 예수의 몸 된 공동체가 아니겠습니까! 왜 그러할까요.

우리는 이 질문에 성실하게 대답해야 할 것입니다.

무엇보다도 먼저 역사적 예수 자신이 이 땅에 세우려고 했던 하나님의 새 질서, 새 공동체가 바로 그러한 열린 관용의 새 질서였음을 기억해야 할 것입니다. 인간들 사이에 높이 세워진 온갖 부당한 장벽들, 이를테면 계급적 장벽, 지역적 장벽, 성적 장벽, 인종적 장벽들을 예수님께서는 해체하려고 하셨으며 무엇보다 하나님과 인간 사이에 설치된 종교적 장벽을 허무셨습니다. 하나님과 인간 사이에 '신성한' 칸막이를 높이 세워 놓고, 그것을 관리하면서 권력을 누렸던 성직자들, 종교적 중개인들의 역할을 거부하셨습니다. 당시 종교 지도자들은 종교적으로 특정 인간들을 불결한 부류로 분류하여 그들이 하나님께 접근할 수 없도록 법률적으로 한정시켰습니다. 여기에는 이방인, 여성, 환자, 안식일 준수 등의 율법을 어긴 자들이 모두 포함되었습니다. 다만 제사장들만이 신성神聖에 대한 접근을 독점하였고, 그들만이 불결한 사람으로부터 일정한 대가(희생제물)를 받고 그들을 대변해 주었습니다. 예수님은 이 같은 종교적 중개업자들을 거부하셨지요. 그래서 예수님은 하나님을 아빠Abba로 부르셨지요. 모든 사람, 특히 불결한 자로 정죄 된 사회적 꼴찌들과 탈락자들에게 아빠처럼 그리고 엄마처럼 친근하게 다가오시는 하나님을 체험케 해주셨습니다. 여기서 아빠 하나님은 유대 율법주의자들이 확신했던 무서운 심판의 하나님, 정의의 이름으로 징벌하시는 무서운 하나님과 너무나 대조되는 사랑의 신임을 기억해야 합니다.

역사의 예수만이 아니라 부활의 예수, 곧 그리스도께서도 아빠 같은 또는 엄마 같은 친근한 하나님의 모습을 제자들에게 보여주셨습니다. 예수 처형 사건 뒤 제자들은 절망과 좌절에 깊이 빠져 각기 자기 고향으로 내려가고 있었습니다. 엠마오로 내려가던 제자들에게 부활의 주님은 친근한 길벗으로 다가오셨지요. 좌절과 실의에 빠진 그들을 깨우치셨지만, 아직도 그들은 그 길벗이 예수님임을 알아보지 못했습니다. 그런데 마침 저녁이 되어 함께 빵을 떼는 순간, 제자들의 영의 눈이 비로소 활짝 열리게 되었습니다. '아, 갈릴리의 예수님이구나!' 하고 깨닫게 되었지요. 갈릴리 지역에서 밥상공동체를 펼쳐 보이시면서 쓰레기 같은 인간들로 낙인찍혔던 온갖 사람들을 밥상으로 초대하시어 그들을 평등한 인간으로 존중해주시면서 함께 음식을 나누셨던 바로 그 예수님임을 깨닫게 되었습니다. 밥상공동체는 한 마디로 열린 관용의 공동체였습니다. 역사의 예수는 바로 그곳에서 온갖 부당한 장벽들을 허무시고, 열린 공동체, 에피에이케이아의 공동체를 열어 보여주셨습니다. 참으로 흥미로운 것은 첫째, 부활의 그리스도와 역사의 예수가 관용의 밥상공동체에서 함께 그 모습을 드러낸다는 것이지요. 둘째, 그뿐 아니라 좌절과 실망에 빠졌던 제자들이 요구하지도 않았으나, 부활의 예수님이 친히 일방적으로 친근한 길벗으로 찾아오시어 그들에게 새로운 깨달음과 희망과 용기를 불어넣어 주셨다는 점입니다. 이것이 바로 하나님 사랑과 은총의 참모습이 아니겠습니까. 우리가 요구하거나 칭얼대지 않아도 우리의 처지를 딱하게 여기시어 일부러 길벗으로 찾아주시는 그러한 따뜻한 하나님이 바로 은총grace의 하나님이시며 아빠 하나님이라고 하겠습니다. 그분은 바로 살아있는 영의 힘으로 열린 관용의 관계를 이 땅의 인간들 사이에서 펼쳐나가는 일에 앞장섰던 분입니다. 오늘도 영의 하나님, 따뜻한 하나님의 영은 우리 삶 속으로 다가오고 있습니다. 다만 우리의 영성이 부족하여 그것을 깨닫지 못할 뿐이지요.

예수의 삶과 죽음을 기독교 신학으로 발전시킨 사도 바울은 누구보다도 관용의 가치를 실현하는데 앞장섰던 분입니다. 그러나 한때 그는 바리새인 중의 지독한 바리새인으로 자처했습니다. 그래서 그는 자기가 이방인이나, 여성이나, 종으로 태어나지 않게 해주신 심판의 신에게 감사드렸습니다. 오로지 깨끗한 부족으로 자처했던 유대인으로 태어났고, 그중에서도 남자로 태어났을 뿐만 아니라 바리새인으로 태어나 살 수 있음을 하나님께 무한히 감사했던 독선적인 바울이었기에 예수따르미들을 불순하고 불결한 종파로 내몰아 잔인하게 핍박했습니다. 그러던 어느 날 그는 다메섹에 일고 있던 예수 운동을 박멸하기 위해 달려가던 중, 부활의 그리스도를 뜻밖에 만납니다. 일방적으로 부활의 예수께서 그를 찾아오신 것이지요. 전적으로 은총의 체험 사건이지요. 이때부터 그는 180도 전환됩니다. 그래서 "내가 나 됨은 하나님의 은총이다"라고 말한 그의 실존적 고백이 터져 나온 것입니다. 그 후 여러 교회를 세웠던 그는 빌립보 교회와 갈라디아 교회에 보내는 편지에서 열린 관용의 덕목을 실현하도록 권고합니다. 그 덕목이 바로 부드러움, 양보, 인내, 온유, 겸손, 친절, 자비, 화합 등의 뜻을 모두 담아내는 에피에이케이아epieikeia의 가치입니다. 한마디로 부활의 그리스도가 강조한 관용의 공동체 가치입니다.

이것은 법의 세칙細則에 얽매이지 않는 너그러움의 공동체를 뜻합니다. 잔을 넘치게 하는 여유를 뜻한다고 볼 수도 있습니다. 잔에 축복의 포도주를 넘치게 채울 수 있는 마음은 잔이 넘쳐흘러도 좋다는 여유에서 나옵니다. 한 방울이라도 넘치면 탈선이나 일탈로 보아 불안해한다면 잔을 넘치게 할 수가 없습니다. 시편 23편의 저자가 "내잔이 넘치나이다"라고 고백했던 바로 그 여유입니다. 넘쳐도 좋다는 잔만이 잔을 가득 채울 수 있음을 또한 잊지 말아야 합니다. 넘치게 하여 기쁨을 함께 나누는 그 넉넉한 마음이 바로 에피에이케이아입니다. 공정을 추구하나 공정 이상의 더 좋은 것을 소중히 여기는 공동체가 바로 사도 바울이 권고한 온유와 관용의 공동체입니다. 인내와 겸손이 넘쳐흐르는 공동체이며 사랑과 자기 성찰로 가득 찬 공동체입니다.

이와 같은 관용의 아름다움은 하나님의 영을 체험하는 순간 잉태됩니다. 그 같은 체험은 하나님의 일방적 사랑에서 비롯된 것임을 잊지 말아야 합니다. 그것은 다름 아닌 아빠 하나님의 놀라운 은총이라 하겠습니다. 우리가 탕자 같은 삶을 살았음에도 불구하고, 우리가 뛰는 한 마리 양처럼 자유분방하게 놀아 길을 잃어버렸음에도 불구하고 아빠 하나님은 우리를 친히 찾아오시어 시간 속에서 영원의 기쁨을 맛보게 해주시는 관용의 주님이십니다. 이 같은 은총에 정말 감사한다면 우리는 우리 속에서 바로 그 열린 관용의 관계를 키워나가지 않을 수 없습니다. 바로 이런 뜻에서 새 길이 있다면 그것이 바로 관용의 길이라 하겠습니다.

그렇다면 이제 그 관용 공동체의 그 따뜻한 모습을 구체적으로 사람들에게 보여주어야 합니다. 마치 바울이 빌립보 교우들에게 "여러분의 관용을 모든 사람에게 알리십시오"라고 권면했듯이 말입니다.

첫째, 관용의 공동체는 하나님과 우리 사이에 종교적 브로커broker의 역할을 거부하는 공동체임을 잊지 말아야 합니다. 모두가 아빠 하나님의 딸과 아들로서 직접 하나님의 영을 체험할 수 있음을 고백하고 그 체험을 서로 나눠야 합니다. 그러기에 우리 안에서는 사제와 평신도 같은 계급적 차이는 무의미한 것입니다. 우리는 관용의 공동체 안에서 직접 하나님의 영을 체험할 수 있습니다. 이 체험 속에서 우리는 모두 하나요 동등합니다.

둘째, 서로의 실수를 통해 자기를 성찰할 수 있는 관용의 미덕을 일상적으로 체험하고 나누는 공동체가 되어야 합니다(갈 6:1-2). 사람마다 도덕적, 지적 장단점들을 두루 갖고 있습니다. 장점만 있는 사람도 없고, 단점만 있는 사람도 없습니다. 그런데 관용의 관계는 서로 서로의 장점을 높이 평가하여 장점들끼리 따뜻하고 튼튼한 연대를 맺게 할 때 아름답게 꽃피게 됩니다. 상대방의 장점을 자동차 열쇠 구멍이라 생각하여 그곳에 내 관용의 열쇠를 집어넣어 힘차게 발동을 걸게 되면 아름답고 따뜻한 관용 공동체가 발진하게 됩니다. 그곳에 보복의 악순환은 사라지고, 따뜻한 공동체의 선순환이 작동하게 되며, 그것이 시너지 효과를 내면서 마침내 평화와 사랑이 큰 강물처럼 우리 안에 흐르게 될 것입니다. 그리고 우리의 테두리를 넘어 넘쳐흘러 나가게 될 것입니다.

이 같은 관용의 관계에서는 '다름'이 차별의 계기가 되지 않습니다. 오히려 화이부동和而不同의 멋진 공동체가 들어섭니다. 다름이 클수록 아름다운 화음이 더욱 널리 울려 퍼지게 됩니다. 서로의 다름을 비난하고 질시한다면 어찌 오케스트라의 그 아름다운 화음이 가능해질 수 있겠습니까. 우리는 '다름'으로 인해 서로를 더욱 존경하게 되는 아름답게 살아있는 공동체가 되어야 합니다. 그래야만 새 길이 관용의 길이 되는 것입니다.

끝으로 자기 자신에게 관용을 베풀어야 합니다. 탐욕과 독선에 매여있는 자신에게는 엄격하되, 자기를 비워 남들에게 양보하고 경쟁에서 남에게 지려는 자신에 대해서는 관대해야 합니다. 이기적인 경쟁에서 우아하게 지기로 작정한 자신에게 관용을 베풀어야 합니다. 자기 자신을 부인하고 십자가를 지고 예수를 따르려고 애쓰면서도 그렇게 되지 않아 안타까워하는 자신에게는 관대해야 합니다. 그러한 자신들이 모여 공동체가 이뤄지면 서로 은혜롭게 지려고 하기에 그곳에 아름다운 선순환의 공동체가 이뤄질 것입니다.

바로 이 길에서 우리는 예수와 그리스도와 바울을 모두 만나게 될 것입니다. 바로 이 길에서 "영적이지만 종교적이 아닌" 길벗 예수를 만나게 되고, 우리의 영의 눈이 뜨이게 되면서 마침내 우리는 좌절에서 분발로, 절망에서 희망으로, 눈물에서 웃음으로, 교만에서 겸손으로, 증오에서 관용으로 나아갈 수 있게 될 것입니다. 바로 이 길에서 아빠 하나님의 영을 만나게 되고, 스스로 비우면서 남을 좋은 것으로 가득 채워주는 사랑의 관계가 이뤄지게 될 것입니다. 바로 이 길에서 우리는 하나님의 은총으로 넘쳐흐르는 관용의 잔을 함께 마시게 될 것입니다. 시편의 기자처럼 "내 잔이 넘치나이다"라고 기쁨으로 고백하게 될 것입니다. 이것이 새 길의 비전이요 그 비전이 우리의 현실이 되어야 합니다.

복음의 감동, 어디서 오나
요한3서 1:2-4, 빌립보서 4:4-5

> 사랑하는 자여 네 영혼이 잘됨 같이 네가 범사에 잘되고 강건하기를
> 내가 간구하노라 형제들이 와서 네게 있는 진리를 증언하되 네가 진리
> 안에서 행한다 하니 내가 심히 기뻐하노라 내가 내 자녀들이 진리 안에
> 서 행한다 함을 듣는 것보다 더 기쁜 일이 없도다(요한3서 1:2-4).
>
> 주 안에서 항상 기뻐하라 내가 다시 말하노니 기뻐하라 너희 관용을
> 모든 사람에게 알게 하라 주께서 가까우시니라(빌립보서 4:4-5).

오늘의 기독교의 위기, 특히 한국교회의 위기는 무엇보다 복음의
감동이 실종된 데서 찾아야 합니다. 인간과 사회를 온전한 실체로 변
화시켜주는 예수의 복음은 천박한 자본주의적 출세와 성공을 돕는
일종의 미신으로 전락한 듯합니다. 이런 복음이 한국에서는 박정희
시대 "잘살아 보세"의 정치 흐름에 조응했었지요. 한국교회는 군사
정부의 외피적 경제성장에 발맞추어 폭발적 양적 성장의 길로 들어
섰습니다. 여기저기서 메가처치mega-church들이 치솟아 나왔지요.
세계가 이런 기현상에 주목하게 되었습니다만, 그 외피적 성장은 복

음의 진수를 실종시킨 듯하여 안타깝습니다. 이런 시류 속에서 역사적 예수의 참모습도, 예수의 하나님 나라 운동의 모습도 도무지 찾아볼 수 없게 되었습니다.

복음은 사사화私事化되었고 탈역사화되었고 추상화되었습니다. 개인 영혼의 안녕과 개인의 종교적 명상의 고즈넉함이 관심을 끌게 되었습니다. 세상의 소금과 빛이 되어 썩은 역사 현실을 올곧게 고쳐내고 어두운 역사를 밝게 변화시키는 일에는 아예 외면한 듯합니다. 신앙이 깊고 신학이 열렸다 해도 감동의 복음과 복음의 감동을 역사현실 속에서 실천적으로 육화肉化, embodiment시키는 일에는 소홀히 한 것 같습니다. 한 마디로 이런 복음에는 공공적 감동과 공공적 열정, 헌신을 찾아보기 힘들게 되었습니다. 비극의 조국 분단 현실, 날로 후퇴하고 있는 민주주의 현실 속에서 공공적 헌신을 불러일으키는 역동적 동력이 교회에서 찾아보기 힘들게 되었기에 예수님께서 그토록 갈망하셨던 새 하늘과 새 땅을 세워보려는 복음적 움직임이 교회에서 더욱 희미해지고 있는 듯합니다. 참으로 안타깝습니다. 이런 안타까움을 가슴에 품고 제가 겪었던 몇 가지 흐뭇했던 체험, 감동적으로 저를 깨닫게 한 소중한 체험을 함께 나누고자 합니다.

먼저 지난달 중순에 저는 한 젊은 엄마로부터 흐뭇한 메시지를 받았습니다. 2년 전쯤 제가 주례자로서 젊은 한 쌍의 결혼을 축하했는데, 지난 6월 15일 그들이 첫아들의 돌잔치를 하게 되었다고 합니다. 그런데 돌잔치 비용을 모두 지구 반대편에 있는 짐바브웨에서 에이즈에 걸린 엄마 때문에 고아가 된 어린이를 위해 기부했다는 것입니다. 이런 기쁜 소식을 전하면서 한 살 된 그들의 아들 태윤이에게 다음과 같은 값진 메시지를 남겼습니다.

> 세상에서 가장 사랑하는 우리 아가 태윤아!
> 엄마랑 아빠는 소중한 우리 태윤이의 첫 생일을 맞이해
> 돌잔치 대신 짐바브웨 '포스코 어린이센터'에 있는
> 형, 누나의 손을 잡아주기로 했단다.
> 앞으로 인류, 국가, 사회 그리고 이웃을 위해 큰일을 하는 어린이로
> 자라나거라.

엄마 염은애 씨는 첫아들에게 이같이 감동적 공공의 진리를 깨우쳐 주고 있습니다. 저는 주례할 때마다 축복의 메시지에서 첫 신랑 아담이 첫 신부 이브를 보자마자 그의 입에서 터져 나온 기쁨의 탄성이 갖는 깊고 심오한 뜻을 축복 선물로 해석해줍니다. 아담이 이브를 보자 감동한 나머지 자기의 뼈 중의 뼈요 살 중의 살이라고 고백합니다. 여기 '뼈 중의 뼈'라는 표현은 뼈아픈 고통을 함께 나눌 동반자란 뜻이고, '살 중의 살'이라는 고백은 육체의 쾌락을 함께 나눌 동반자라는 뜻입니다. 그러니까 부부가 하나 된다는 뜻은 동고同苦와 동락同樂을 함께하는 동반자란 뜻인데, 여기서 중요한 메시지는 동고와 동락의 순서에 있습니다. 연애할 때는 동락이 앞장서겠지만, 결혼하는 순간부터는 동고가 동락을 이끌어야 합니다. 동고의 그릇에 동락이 담길 때야 비로소 부부가 감동적인 기쁨을 영원히 함께 나눌 수 있게 되지요. 중요한 것은 동고 없는 사랑에는 감동이 없다는 진리를 깨닫는 것입니다. 젊은 엄마는 말도 못 하는 한 살 된 아들에게 동고의 복음적 사랑을 실천으로 가르치고 있습니다. 그래서 생일잔치 비용을 기아 대책 본부에 기부한 것이지요. 참 훌륭한 예수따르미지요.

이 동고의 사랑은 바로 아빠 하나님의 사랑이요, 그것이 바로 갈릴리 예수의 삶에서 육화되어 구체적으로 그의 하나님 나라 운동에서 나타났습니다. 온갖 치유 선교와 밥상 평등공동체 운동이 바로 그 동고 사랑의 실천 운동이었습니다. 동고 사랑은 나누고, 비우고, 내려놓고, 우아하게 패배할 수 있는 참 여유 있는 사랑입니다. 동고 사랑을 함께 나누는 분들은 이겨야만 직성이 풀리는 세상의 기쁨보다 양보하고 사양하고 심지어 멋있게 짐으로써 서로가 갖게 되는 기쁨을 더 소중하게 여깁니다. 바로 여기에서 하나님 나라의 싹이 돋아나오기 때문입니다. 그래서 이 동고의 사랑이야말로 이 땅에 하나님 나라를 세우는 열쇠라 하겠습니다. 그것은 공공의 감동을 불러일으킵니다. 마치 젊은 엄마의 동고 사랑 실천으로 인해 더운 한여름 가운데서 시원한 가을바람을 느끼듯 말입니다.

두 번째는 1980년 어느 더운 여름 남산 지하 2층에서 느꼈던 감동입니다. 저는 그때 남산 지하 2층에 갇혀 지옥 심문에 시달리고 있었습니다. 이른바 '김대중 내란음모 사건'에 연루되었지요. 그해 5월 12일 어머님께서 소천하셨고, 상가에는 여러 성직자, 교수들, 변호사들, 언론인들, 정치인들이 다녀갔습니다. 그런데 전두환 신군부는 이들이 시끄러운 상가에 모여 김대중 선생을 대통령으로 옹립하기 위해 내란을 음모했다며 잡아간 것입니다. 정말 기가 찰 노릇이지요. 공개된 상가에서 내란을 음모했다니…. 여하튼 우리는 5월 17일 밤 늦게 일망타진당했지요. 우리의 행방은 한 달가량 외부에 전혀 알려지지 않았다고 합니다. 그래서 우리가 이미 총살당했을지도 모른다고 생각했던 가족들이 적지 않았습니다. 우리가 살아 있다는 것이 알려질 계기가 바로 6월 중순에 생겼습니다. 그때 얘기를 잠시 하겠습니다.

저를 심문했던 정보부 요원들이 모친상의 상주였던 저의 형을 조사하겠다고 했습니다. 아버님이 계신 형의 집을 찾아간다기에 그들을 통해 친필로 쓴 제 편지를 아버님께 보내고 싶었습니다. 한 달 전 아내를 잃은 아픔과 둘째 아들의 행방을 몰라 슬퍼할 아버님의 아픔을 조금이라도 덜어드리기 위해 저는 쪽지 편지를 아버님께 전해 달라고 했습니다. 그들은 한마디로 거절했지요. 참으로 서운했습니다. 그런데 그들이 형님을 조사하고 돌아오면서 저에게 쪽지 하나를 건네주었습니다. 저는 이것이 아버님의 친필로 쓰신 편지이겠구나 하고 반가운 마음으로 그 쪽지를 열어 보았습니다. 거기에는 다음과 같은 메시지가 적혀 있었습니다.

> 사랑하는 자여 네 영혼이 잘 됨 같이
> 네가 범사에 잘되고 강건하기를 내가 간구하노라.
> 형제들이 와서 네게 있는 진리를 증언하되,
> 네가 진리 안에서 행한다하니
> 내가 심히 기뻐하노라.
> 내가 내 자녀들이 진리 안에서 행한다함을
> 듣는 것보다 더 기쁜 일이 없도다(요한3서 2-4절).

아버님께서도 자식이 살아 있음을 아시고 친필로 간단한 편지를 쓰고 싶어 하셨는데 조사 요원들이 허락하지 않자 성서의 이 말씀을 메시지로 써서 보냈던 것입니다. 저는 이 쪽지의 말씀을 읽고 또 읽으며 하염없이 눈물을 흘렸습니다. 2000년 전 사도 요한이 쓴 편지로 읽기보다는 1980년 6월 자식의 일로 노심초사하셨던 아버님의 친필 사랑 편지로 읽었습니다. 그 어려운 한국의 '사자 굴' 속에서 죽지 않고 믿음과 소망을 깊이 간직하면서 그 시련을 감당해내고 있음에 아버님은 감사하셨습니다. 바로 아버님의 그 감사와 기쁨을 성서 말씀을 통해 저에게 전달해 주셨습니다. 혹시 이 시련을 이겨내지 못할까 노심초사하시면서 설령 제가 좌절하더라도 진리이신 예수 그리스도 안에서 이겨낼 수 있기를 기도하는 아버님의 따뜻한 마음을 읽을 수 있었습니다. 그리고 어떤 역경 속에서도 예수 안에서 그 진리를 행하는 일을 포기하지 말라는 아버님의 간곡한 뜻도 읽어 낼 수 있었습니다. 그러기에 하염없이 눈물이 흘러내렸습니다. 그런데 이러한 부친의 사랑과 격려가 바로 예수님의 아빠 하나님의 사랑과 격려로 다가왔습니다. 또 부활하신 예수님의 그 따뜻한 사랑의 격려로 다가왔습니다. '아, 부활의 주님께서 사자 굴에 갇힌 우리와 동고하고 계시는구나' 하는 깨달음이 가슴을 따뜻하게 해주었습니다.

사실 저를 그렇게 눈물 흘리도록 감동을 준 이 요한 3서의 말씀은 한국교회, 특히 초거대 교회들이 금과옥조金科玉條처럼 소중히 여기는 성서 메시지입니다. 한국교회 지도자 중에는 이 말씀을 '3박자 축복'의 말씀으로 확신하면서 이것이야말로 기독교 복음의 진수라고 역설합니다. "개인의 영적 축복", "개인의 만사형통" 그리고 "개인의 육체 건강"을 보장해주는 복음의 축복, 곧 순복음의 핵심 축복으로 더 높입니다. 그런데 서글프게도 여기에는 공공적 감동이 없습니다. 여기에는 진리가 주는 자유의 기쁨이 없습니다. 여기에는 사랑, 공의, 평화의 새 하늘과 새 땅에 대한 종말론적 확신과 환희가 없습니다. 만물이 새롭게 되는 기쁨이 없습니다. 나사렛 선언Nazareth Manifesto의 해방 메시지, 곧 희년 메시지도 없습니다. 한 마디로 예수의 하나님 나라 비전이 없습니다. 그러기에 공공적 감동, 새 인간, 새 역사, 새로워지는 만물에 대한 감동과 기쁨이 없습니다. 게다가 자기를 비워 남을 채워주며, 자기를 낮추어 남을 높여 주며, 자기는 죽어도 남을 살려내는 예수의 아름다운 실체가 없습니다. 자기는 십자가 지며 처참하게 '패배'하면서도 무지한 폭력의 권력을 용서하셨던 그 사랑의 역동적 힘이 없습니다. 원수를 사랑함으로써 원수 관계를 근원적으로 없애버리는 사랑의 감동이 없습니다. 그리하면 모두가 마침내 함께 승리할 수 있는 진리의 길을 열어 주신 예수님이 여기에는 보이지 않습니다.

이제 세 번째 얘기로 넘어가겠습니다. 1951년 여름, 아주 오래전 일입니다. 아버님과 저는 시외 나갔다가 돌아오는 길에 철길의 침목을 밟으며 함께 걸었습니다. 퍽 낭만적이었습니다. 전쟁 중에 겪었던 일들을 회상하며 철길을 신나게 걸어가고 있는데 갑자기 경찰인지 철도역 직원인지 알 수 없으나 우리에게 다가와서 다짜고짜 아버님의 멱살을 잡고 얼굴에 폭행을 가했습니다. 중학생 아들을 데리고 철길의 침목을 밟고 걷는 것이 심각한 범죄는 아닐 터인데 그들은 아버님에게 거침없이 폭행을 가했지요. 저는 분했습니다. 그런데 아버님은 흐트러짐 없이 조용히 맞기만 했습니다. 그때 아버님은 학교 교감 선생님이셨습니다. 한 마디 저항이나 변명도 하시지 않고 조용히 철길에서 내려오셨지요. 너무 분해하는 저의 손을 꼭 잡아주시며 조용히 걸어가셨습니다. 손을 꼭 잡아주시며 저보고 '분하게 여기지 말아라' 하고 타이르는 듯했습니다. 이때 저는 아버님의 그 무력함과 점잖음에 화가 났습니다. "내가 뭐 잘못했소? 아들 앞에서 이렇게 폭행해도 되는 거요? 당신 어디서 무엇 하는 사람이기에 교육자에게 함부로 폭행하는 것이오!"라고 강하게 대응하셔야 하는데 말입니다.

그런데 제가 신앙의 철이 조금 들기 시작하고 신학도 조금 철이 들기 시작하면서, 특히 예수님의 말씀과 삶, 그의 실천과 고난의 삶을 조금 더 가슴으로 만나게 되면서 아버님의 그 무력함이 결코 무력한 것이 아닐 수 있다고 희미하게나마 깨닫게 되었습니다. 겟세마네에서 맥없이 제사장들의 졸개들에 의해 체포되어 조용히 끌려가시고 로마 군인들의 비웃음과 채찍질을 말없이 당하시는 예수님을 멀찌감치 훔쳐봤던 제자들의 그 심정을 이해할 수 있는 듯했습니다. 게다가 십자가 위에서 '엘리 엘리 라마 사박다니'라고 절규하시는 예수님의 모습을 보고 제자들은 더더욱 절망하고 좌절했을 것이라 이해했지요. 그런데 희한하게도 이 모든 처참한 광경을 목도 했던 사형집행관 로마 백부장은 놀라운 고백을 쏟아냅니다. 그는 로마 황제만이 진짜 유일신이요, 신의 아들이라고 믿는 로마제국의 핵심 군대 장교였습니다. 그리고 그는 예수 십자가 처형의 집행관이기도 했습니다. 그런데 그는 이렇게 선언했지요.

참으로 이 분은 하나님의 아들이셨다(마가복음 15:39).

이 같은 고백과 선언은 엄청난 뜻을 담고 있습니다. 사형집행관이 감히 국가반역죄에 해당하는 발언을 한 것이지요. 로마 당국의 허락도 받지 않고 예수가 유대인의 왕이라고 참칭僭稱했다고 하는 제사장들의 거짓 고소를 받아들여 예수를 사형시켰는데, 그 처형당한 피고인을 진정한 신의 아들이라고 선언했으니 그는 심각한 국가 반역의 실수를 했지요. 아마 그도 이 고백으로 십자가에 처형되었을지도 모르겠습니다. 그런데 제가 주목하고 싶은 것은 그가 반역적 발언에 더하여 항복의 선언을 했다는 사실입니다. 로마제국의 장교로서 로마의 막강한 군사적 패권과 법률적 지배권자가 처참하게 처형당한 예수님 앞에서 항복한 셈이 되고 말았으니까요. 이 같은 예수의 승리는 사흘 후 부활 사건으로 확인됩니다. 로마의 거대 권력을 무릎 꿇게 한 예수 사랑의 힘은 결단코 로마의 힘과는 질적으로 달랐습니다. 로마의 폭력과 전혀 다른 힘, 곧 사랑의 힘이었습니다. 초대교회와 기독교의 정체성이 바로 여기에서 나온 것이지요. 이것이 오늘 우리 예수따르미의 올바른 정체성의 본질이기도 하지요.

우리가 폭력, 독선 그리고 탐욕의 세력과 맞설 때 승리에만 눈이 멀게 되면 심각한 모순이 나타납니다. 악의 세력을 이기려고 악이 즐겨 사용하는 수단을 채택하는 순간, 힘으로는 이길지 몰라도 바로 이기는 순간 지고 있음을 잊지 말아야 합니다. 악의 수단, 곧 폭력과 독선의 수단을 사용하는 바로 그 순간 악의 졸개로 떨어지고 마는 것입니다. 그러기에 예수님을 힘으로 보호하겠다고 칼을 휘둘렀던 베드로를 주님은 준엄하게 나무라신 것입니다. 칼로만 원수를 이길 수 없습니다. 특히 원수의 악을 제거할 수 없습니다. 칼로 원수의 피를 흘리게 하는 순간 악의 똘마니가 되고 말기 때문입니다. 왜 우리 주님께서 순하디 순한 어린 양처럼 끝까지 골고다의 길로 조용히 십자가 지시고 '바보'같이 무력하게 가셨는지를 우리는 깊이 이해할 수 있어야 합니다.

1951년 여름 저는 아버님의 그 무력함의 뜻을 예수님의 고난의 현장 모습에서 비로소 이해할 수 있었습니다. 그리고 1980년 6월 아버님이 보내주신 쪽지의 성서 말씀에서도 확인할 수 있었습니다. 사랑은 무한히 무력한 듯해도 근원적으로 막강한 감동의 선한 힘입니다. 이런 감동의 힘이 공공적 힘이기에 새 역사, 새 구조, 새 하늘, 새 땅, 새 사람을 세워가는 힘이라 하겠습니다. 주님의 당부대로 우리는 하늘에서처럼 이 땅에서 이 같은 힘을 발휘할 수 있어야 합니다. 그 중심에 바로 교회가 우뚝 서 있어야 합니다. 그래야만 교회가 공공의 마당, 감동의 마당 중심에 서서 변화의 동력으로 작동할 수 있습니다. 이때 비로소 교회는 감동의 복음 주체가 될 수 있습니다.

끝으로 저는 빌립보 감옥에서 죽음을 예감하면서도 빌립보 교회 성도들에게 보낸 편지에서 사도 바울이 권면한 다음 말씀의 뜻을 깊이 새겨보고 싶습니다. 복음의 본질을 오늘의 상황에서 새롭게 되씹어보고 싶습니다.

주님 안에서 항상 기뻐하십시오. 다시 말합니다. 기뻐하십시오.
여러분의 관용을 모든 사람에게 알리십시오(빌립보서 4:4-5).

여기서 우리가 주목해야 할 열쇠 말key word은 '관용'입니다. 이 말의 그리스어는 '에피에이케이아epieikeia'입니다. 이 단어는 쉽게 번역하기 어렵습니다. 앞의 글에서 제가 얘기한 대로 인내, 친절, 부드러움, 겸손, 화합, 절제, 관용 등으로 번역될 수 있습니다. 오래 참고 온유한 것을 사랑의 본질적 성격으로 지적했던 바울로서는 에피에이케이아를 바로 그 사랑의 다른 표현으로 본 것 같습니다. 그런데 이 그리스어 에피에이케이아를 영어로 번역할 때는 'kindness'나 'gentle-ness' 또는 'forbearance'를 사용하는데, 이 중에서 'forbearance'가 본문에 더 가까운 뜻 같습니다. 그렇기 때문에 에피에이케이아를 우리말로 '관용'이라고만 번역한다면 그 깊은 뜻이 사뭇 제대로 드러나지 못하는 듯합니다. 우리말 본문의 '관용epieikeia'이라는 단어를 'forbearance'로 뜻을 음미해본다면, 이것은 법과 규칙 이상의 따뜻한 마음, 곧 인내로 배려하는 마음, 자기의 법적 관리행사를 할 수 있음에도 불구하고 사랑으로 '을'의 딱한 입장을 배려해서 그 권리를 '갑'의 입장으로 행사하지 않는 마음을 뜻합니다. 약자의 어려운 입장을 역지사지, 역지감지, 역지식지易地食之하는 따뜻한 마음이지요. 채권자가 채무자의 딱한 사정을 배려하여 그의 법적 권리를 유예하는 넉넉한 마음이지요. 좀 더 과감하게 말한다면 채무 자체를 탕감해주는 따뜻한 마음입니다. 우리 채권자가 채무자의 빚을 탕감해주듯, 우리의 모든 잘못을 용서해달라고 기도하라는 예수님 기도의 뜻이 바로 이 관용의 마음입니다.

교회가 에피에이케이아, 곧 오래 참고 온유하며 약자들을 배려하는 마음으로 행동할 때 비로소 예수 복음의 본질이 꽃피게 되는 것이지요. 에피에이케이아는 규칙과 법보다 더 따뜻하고 더 감동적인 변혁의 동력이 됩니다. 컵에 물을 꽉 차게 부을 수 있는 사람은 어떤 사람일까요? 물이 철철 넘쳐도 된다고 하는 넉넉한 마음을 갖은 사람만이 그렇게 할 수 있습니다. 동고의 사랑은 교회라는 컵에 사랑의 물을 철철 넘쳐흐르도록 부으면서 공동체를 하나 되게 만들어내는 감동적인 변화의 힘입니다. 그러기에 이런 사랑보다 더 진보적인 힘은 없습니다. 왜냐하면 이런 사랑의 힘만이 오늘과 내일을 더 밝게, 더 맑게 향상시키기 때문입니다. 그래서 사랑은 평화와 공의의 새 질서를 만들어내면서 독선과 폭력이 들어설 자리를 처음부터 사라지게 하는 힘입니다. 마치 원수의 존재를 근원적으로 사라지게 하는 힘이 원수를 사랑하는 결단과 실천에서 나오듯 말입니다. 애자무적愛者無敵은 예수님께서 원수를 사랑하라고 하신 바로 그 말씀이 아닙니까. 이런 사랑만이 감동적인 공공의 동력, 참 변혁의 힘을 지닌다는 사실을 교회공동체는 한시도 잊어서는 안 될 것입니다. 이것을 깜빡 잊는 순간 우리가 가고 있다고 생각하는 새 길은 대번에 헌 길이 될 것입니다. 고린도 교회의 분열을 가슴 아프게 보면서 바울이 가슴으로 온몸으로 토해낸 그의 권면에 새삼 다시 주목하시기 바랍니다. 그리고 그 말씀의 깊이를 새삼 가슴으로 성찰해 보시기 바랍니다. 과연 우리 교회에 이 같은 사랑이 살아 움직이는지 말입니다.

> 너희는 더욱 큰 은사를 사모하라.
> 내가 또한 가장 좋은 길을 너희에게 보이리라.
> 내가 사람의 방언과 천사의 말을 할지라도
> 사랑이 없으면 소리 나는 구리와 울리는 꽹과리가 되고,
> 내가 예언하는 능력이 있어 모든 비밀과 모든 지식을 알고
> 또 산을 옮길만한 모든 믿음이 있을지라도
> 사랑이 없으면 내가 아무것도 아니요.
> 내가 내게 있는 모든 것으로 구제하고
> 또 내 몸을 불사르게 내 줄지라도
> 사랑이 없으면 내게 아무 유익이 없느니라 …
> 사랑은 모든 것을 참으며,
> 모든 것을 믿으며,
> 모든 것을 바라며,
> 모든 것을 견디느니라.
> (고린도전서 12:31-13:7)

샬롬으로 만물을 새롭게
— 세계적 위기 상황에서 종교개혁 500년을 맞으며

창세기 1:29-31, 요한복음 20:26-29

하나님이 말씀하시기를 "내가 온 땅 위에 있는 씨 맺는 모든 채소와 씨 있는 열매를 맺는 모든 나무를 너희에게 준다. 이것들이 너희의 먹거리가 될 것이다. 또 땅의 모든 짐승과 공중의 모든 새와 땅 위에 사는 모든 것, 곧 생명을 지닌 모든 것에게도 모든 푸른 풀을 먹거리로 준다" 하시니, 그대로 되었다. 하나님이 손수 만드신 모든 것을 보시니, 보시기에 참 좋았다. 저녁이 되고 아침이 되니, 엿샛날이 지났다. (창세기 1:29-31)

여드레 뒤에 제자들이 다시 집 안에 모여 있었는데 도마도 함께 있었다. 문이 잠겨 있었으나, 예수께서 와서 그들 가운데로 들어서셔서 "너희에게 평화가 있기를!" 하고 인사말을 하셨다. 그리고 나서 도마에게 말씀하셨다. "네 손가락을 이리 내밀어서 내 손을 만져 보고, 네 손을 내 옆구리에 넣어 보아라. 그래서 의심을 떨쳐버리고 믿음을 가져라." 도마가 예수께 대답하기를 "나의 주님, 나의 하나님!"하니, 예수께서 도마에게 말씀하셨다. "너는 나를 보았기 때문에 믿느냐? 나를 보지 않고도 믿는 사람은 복이 있다"(요한복음 20:26-29).

시대의 징조와 복음의 본질

2016년 늦가을은 정말 을씨년스럽습니다. 세계적으로 보면 지난 수백 년간 지속되어 왔던 서세동점西勢東漸이라는 역사적 흐름이 동아시아의 새로운 기운 앞에 마침내 멈추는 것 같습니다. 종교개혁, 르네상스, 시민혁명, 신대륙 발견 그리고 산업혁명 등을 거치면서 문명의 이기를 축적해온 서구 세력은 그 힘을 아프리카와 동남아시아로 뻗쳤습니다. 식민지 개척에 혈안이 되다시피 제국주의적 팽창을 거듭해 왔습니다. 지중해를 지배했던 로마제국이 운명을 다하자 대서양을 지배했던 다른 서구국가들이 세계를 지배했습니다. 스페인, 포르투갈의 식민지 확장은 남미 땅에서 그들의 패권적 수탈과 억압으로 나타났습니다. 가톨릭교회가 이러한 부끄러운 제국주의적 패권을 합리화해주었습니다. 스페인, 포르투갈의 지배는 점차 네덜란드와 영국의 지배체제로 옮겨갔지요. 이때 기독교의 패권주의는 개신교에 의해 더욱 촉진되기도 했습니다. 대서양을 대영제국이 장악했을 때 비로소 세계적 패권국의 모습을 '영광스럽게' 보여주었습니다. 영국 국기인 유니온잭이 펄럭거리지 않은 지구 구석을 볼 수 없을 정도로 영국 패권주의는 세계적 지배체제로 나아갔습니다. 이때 개신교회가 이것을 환영했으며 이른바 WASP 곧 백인 앵글로색슨 개신교의 패권이 작동하게 되었습니다.

그런데 20세기에 들어오자 세계에서 가장 큰 바다인 태평양을 지배하려는 국가가 영국의 패권적 지배체제를 물려받게 되었습니다. 새로운 지배체제는 바로 미국이었습니다. 20세기 초, 미국은 안으로 서부 개척을 끝내면서 그 광활한 태평양을 마주 보게 되었습니다. 19

세기 중반에 남북 전쟁이란 내란도 수습한 뒤라 미국은 태평양 지배를 위한 식민지 개척에 나섰습니다. 스페인 전쟁(1898.4~1898.8)에서 승리한 미국은 마침내 필리핀을 식민지로 접수합니다. 하기야 이 전쟁과 상관없이 미국은 이미 1853년에 스페인에 쿠바를 1억 5천만 달러에 팔 것을 강요했죠. 스페인은 거부했습니다. 1867년에는 알래스카를 러시아로부터 720만 달러에 사들였습니다. 그러다가 스페인 전쟁이 끝날 즈음인 1898년 하와이를 미국 영토에 병합해 버렸습니다. 하와이와 필리핀을 병탄한 미국은 19세기 후반에 이미 태평양을 지배하기 시작한 셈입니다.

19세기 말 청일전쟁에서 승리한 신흥 해양 세력 일본은 미국의 태평양 진출에 주목하면서 대륙 세력 청을 패배시킨 뒤 바로 대만을 식민지로 삼켜버립니다. 정말 우리 민족에게 충격을 준 것은 일본이 유럽의 거대한 대륙 세력인 러시아와 전쟁하여 승리한 1905년의 사건입니다. 그 이유는 이 전쟁의 승리로 한반도도 일본의 식민지로 떨어졌기 때문입니다. 이 무렵 필리핀을 탐내고 있던 또 다른 거대한 신흥 해양 세력인 미국이 일본의 한반도 강점과 식민지화 정책을 용인해 주었다는 사실을 우리 민족은 잊지 말아야 합니다. 1905년 미국과 일본이 비밀리에 합의한 가쓰라-태프트 밀약이 바로 그 증거입니다. 두 해양 세력의 영토 확장에 희생된 나라가 바로 대한제국이었음을 잊지 말아야 합니다. 그래서 미국은 마침내 20세기 태평양과 대서양 모두를 지배하는 초거대 세계적 패권국가로 우뚝 서게 되었습니다. 그러니까 팍스 브리타니카Pax Britanica가 팍스 아메리카나Pax Americana로 세계 패권 지위를 순조롭게 넘긴 것이지요. 이때 한반도는 잔인하고 위선적인 일본제국의 세력에 의해 강점되었습니다.

이 같은 서세동점의 흐름이 2차 세계대전 후에는 미국 주도로 지속되었습니다. 한때 미국의 세계지배에 맞섰던 소련은 반세기를 넘기지 못하고 미국과의 냉전 대결에서 지고 말았습니다. 미국은 1990년부터 최근까지 세계를 홀로 지배해왔습니다. 그런데 흥미롭게도 소련의 해체가 남긴 정치적 공백을 이제 중국이 메꾸게 되었습니다. 시진핑이 중국의 핵심적 지배자로 부상하면서 중국은 미국을 견제할 수 있는 제2 패권국의 지위를 얻게 되었습니다. 그렇게 되자 미국은 당황하기 시작했죠. 중국이 이제 태평양 국가로서 미국과 어깨를 나란히 하며 태평양을 미국과 공동관리하자고 제안했습니다. 미국은 내심 이같은 세계 제2 강국(G2)으로 굴기하고 있는 중국을 지난날 소련을 견제 봉쇄했듯 확실하게 견제하려고 합니다. 오바마 대통령의 이른바 아시아 재균형 정책이 바로 중국포위 전략이라 하겠습니다. 중국을 둘러싸고 있는 아시아 태평양 국가들에 군사기지를 배치하여 중국 대륙을 군사적으로 더욱 포위하는 전략을 세웠지요. 이에 대해 중국은 매우 민감하게 대응하고 있습니다. 이런 가운데 아시아 여러 나라 중에서 중국이 제일 신경을 쓰는 나라가 바로 한국입니다. 왜냐하면 한국이 미국과 혈맹적 관계를 맺고 있기 때문이지요. 그런데 한국에 미국이 최신 첨단무기인 미사일 방어 장비 사드(THAAD)를 배치한다면 중국은 결코 방관하지 않을 것입니다. 사드 무기 체계의 핵심 부분인 강력한 레이더 정치는 중국 대륙 내 주요 군사 시설을 모두 살필 수 있기 때문이지요.

이런 상황에서 한국 정부는 정말 갑작스럽게 성주에 사드 배치를 결정했지요. 이 결정에 세계 최대·최강 대륙 세력인 중국과 러시아가 격앙하고 있습니다. 그러니까 세계의 최강 해양 세력인 미국과 일본이 세계 최강 대륙 세력인 중국과 러시아와 한반도에서 거칠게 겨루는 위험 상황이 발생하게 된 셈이지요. 그리고 이런 상황에서 미국은 매우 조심스럽게, 그러나 단호하게 대응할 것입니다. 지난 수백 년간 서세동점의 역사 흐름이 중국 대륙의 굴기와 그것을 뒷받침해주는 러시아의 협력 앞에서 막다른 장벽을 만나게 된 셈입니다. 정말 성서적으로 말하자면 바다의 무시무시한 두 괴수와 육지의 막강한 두 짐승 간의 결투가 벌어질 수 있는 종말론적 위기 상황이 펼쳐지고 있다 하겠습니다.

이런 국면에서 한국교회는 499주년 종교개혁을 맞았습니다. 과연 이런 세계적 위기 국면에서 한국 그리스도인들이 마땅히 가져야 할 시대정신은 무엇이며, 이 정신이 종교개혁 500주년을 앞두고 그리스도인들이 마땅히 깨달아야 할 복음의 본질과 어떻게 연관되는지를 회개하는 마음으로 성찰해야 합니다. 이 시대정신과 복음의 본질을 올곧게 이해하는 것은 예수의 하나님 나라 운동을 오늘 한반도 상황에서 새롭게 이해하고 야무지게 실천하는 데 매우 필요하고 중요합니다.

바로 이런 위기 국면에서 우리는 박근혜-최순실 사건을 보며 그리스도인으로서 착잡한 심경을 갖게 됩니다. 왜냐하면 이 사건은 단순한 정치 스캔들에 그치는 것이 아니라 하나님 나라를 증오하고 파괴하려는 악령의 소행으로 볼 수 있기 때문입니다.

과연 종교개혁은 성공했던가?

종교개혁 500주년을 앞두고 저는 종교개혁운동이 실패했다고 생각합니다. 먼저 종교개혁의 세 가지 비전이 지난 500년 동안 개신교회에서 제대로 실현되었는가를 심각하게 그리고 겸손하게 반성해보아야 합니다. 첫째 '믿음만으로'라는 외침은 알찬 열매를 맺었다고 할 수 없습니다. 갈릴리 예수(역사의 예수)를 따르는 삶에는 관심 두지 않고 예수 그리스도에 관한 교리만 소중히 여긴 지난 500년이 아니었습니까. 그래서 예수 복음이 본질적으로 갖고 있는 그 공공적 감동과 감동적 변혁의 동력을 잃어버린 500년 세월을 보낸 것 아니겠습니까! 둘째로 '은총만으로'는 십자가 고난에서 뜨겁게 드러나는 비움의 신학 대신, 값싼 번영신학으로 개신교회를 타락시키지 않았는지를 심각하게 성찰해야 합니다. 셋째로 '성서만으로'는 축자영감설 같은 근본주의 신학으로 하나님 나라의 그 감동적 동력을 훼손해 온 세월이 아니었던가를 뉘우쳐야 할 것입니다. 이런 실패 속에 예수를 광야에서 시험했던 사탄이 그 힘을 키우는 것이지요.

결국 지난 500년 동안 개신교회는 예수의 하나님 나라 운동을 죽어서 개인 영혼만이 천당으로 올라가는 신앙으로 변질시켜버렸습니다. 이런 신앙은 하나님 나라 운동을 사사화私事化하였고, 탈역사화했으며, 그 결과로 온갖 구조 악령의 횡포 앞에서 교회를 움츠러들게 하고 무력하게 하였습니다. 복음의 변혁적 동력과 공공적 감동의 힘이 증발해버린 것이지요. 그래서 이제 예수따르미들은 오늘의 위기 상황에서 예수 복음의 본질을 되찾으면서 오늘의 상황이 절박하게 요청하는 시대정신도 함께 찾아야 합니다.

오늘의 세계정세와 조국의 현실은 우리에게 샬롬shalom의 정신과 실천을 절박하게 요청하고 있습니다. 한반도 주변에서 세계의 두 거대 괴수들이 사드 배치 문제로 부딪힐 것 같은 상황에서 우리 민족은 마땅히 샬롬을 구현해야 합니다. 한반도 평화 없이 민주화도, 인권도, 정의도 구현될 수 없습니다. 그렇다면 예수따르미들은 모범적으로 샬롬 실천에 앞장서야만 이 세상의 소금과 빛의 역할을 할 수 있습니다. 교회의 바람직한 정체성이 제대로 세워질 수 있습니다. 그래서 우리는 예수 운동의 핵심을 보다 잘 이해하기 위해 먼저 구약에 나타나는 복음의 핵심 주제를 올곧게 확인할 필요가 있습니다.

무엇보다 먼저 창조 질서에서 너무나 뚜렷하게 나타나는 따뜻한 샬롬의 본질을 이해해야 합니다. 하나님의 창조과정에서 감동적인 클라이맥스는 6일째 하나님께서 토해낸 그 감탄에서 찾을 수 있습니다. 엿새째에 창조주께서 인간과 동물 모두에게 푸른 풀을 먹거리로 주셨습니다. 인간과 동물이 풀을 뜯어 먹으며 서로 평화스럽게 공존하는 모습을 보시고 〈참 좋구나〉하고 탄성을 쏟아내셨습니다. 풀을 먹거리로 삼는 동안 모든 움직이는 생명체들은 먹거리 때문에 다투고 미워하고 서로 죽이려는 충동을 느끼지 않게 됩니다. 그러므로 푸른 초원에서 덩치 큰 코끼리와 자그마한 다람쥐는 먹거리를 놓고 다툴 필요가 없습니다. 넉넉한 풀을 먹고 사는 생명체들이 누리는 평화를 보신 창조주는 그 원초적 아름다움(original beauty)과 원초적 선함(original goodness)을 보시고 매우 기뻐하셨습니다. 애초부터 피조 세계는 아름답고 선하고 넉넉한 세계였습니다. 평화롭고 평등한 세계였습니다.

그런데 이런 피조 세계가 인간의 독선, 탐욕 그리고 폭력으로 훼손되고 파괴되었습니다. 샬롬의 질서가 깨어지고 처참한 정글의 경쟁과 사투가 펼쳐지게 되었습니다. 이런 상태에서는 약육강식이 현실이 되고 말지요. 요즘 말로 표현한다면 을육갑식乙肉甲食의 현실이지요. 이런 비극적 상황에서 하나님의 감탄이 하나님의 신음으로 변하게 됩니다. 바로 이 같은 창조주의 신음 소리를 가장 예민하게 가슴으로 느낄 수 있는 창조의 원 질서를 꿈꾸게 되고, 그것의 실현을 위해 신앙적 모험을 해내려고 하지요. 이를테면 이사야 선지자가 대표적인 샬롬 꿈쟁이였습니다. 그의 다음과 같은 샬롬 비전은 감동적이기에 깊이 음미해볼 가치가 있습니다.

> 그 때에는, 이리가 어린양과 함께 살며
> 표범이 새끼 염소와 함께 누우며,
> 송아지와 새끼사자와 살진 짐승이 함께 풀을 뜯고,
> 어린아이가 그것들을 이끌고 다닌다.
> 암소와 곰이 서로 벗이 되며, 그것들의 새끼가 함께 눕고
> 사자가 소처럼 풀을 먹는다.
> 젖먹는 아이가 독사의 구멍 곁에서 장난하고
> 젖뗀 아이가 살무사의 굴에 손을 넣는다.
> 거룩한 산 모든 곳에서 서로 해치거나 파괴하는 일이 없다.
>
> (이사야 11:6-9)

이 얼마나 아름답고 평화스러운 광경입니까! 창조주께서 감탄했던 바로 그 따뜻한 샬롬이 아닙니까! 넉넉한 푸른 풀을 함께 뜯어 먹으면서 덩치 큰 동물이나 작은 동물들이 평등하게 먹으며 서로 신뢰하는 이 모습이야말로 평화와 평등이 동시에 이뤄지는 따뜻한 샬롬의 광경이 아닙니까. 창조주께서 감탄하셨던 아름답고 선한 모습이 아닙니까. 이것이 복음의 핵심이라 하겠습니다. 창조주의 뜻을 이룩하면서 서로가 서로에게 더 충실한 존재fuller being로 나아가도록 도

와주는 이런 평화야말로 우리 그리스도인들이 마땅히 추구해야 할 복음의 종착점이 아니겠습니까.

이사야 비전에서 복음 실현의 열쇠는 바로 7절에 있습니다. 그것은 최강의 갑인 사자가 다른 동물들을 먹거리로 보지 않고 오히려 약한 초식동물의 주식인 풀을 정답게 함께 먹을 때 비로소 이뤄지는 따뜻한 샬롬입니다. 갑과 강자가 을과 약자의 풀을 함께 먹는다는 것은 갑이 자기 체질을 근본적으로 변화시킨다는 뜻이지요. 갑이 자기를 철저히 비워낸다는 뜻이지요. 바로 이 비움의 진리를 우리는 예수의 삶과 죽음 그리고 부활에서 뜨겁게 확인할 수 있게 됩니다.

창조의 그 따뜻한 샬롬이 갖는 아름다움의 힘은 예수에 와서는 세 가지 주제로 이어집니다. 그의 오심과 탄생, 곧 성육신 사건incarnation과 비움의 실천적 삶kenosis 속에서 육화됩니다. 그리고 비움의 삶은 십자가의 고난에서 역설적으로 아름답고 힘 있게 그 모습을 드러냅니다. 다시 말해 그 감동적 동력은 그의 처절한 그러나 우아한 고난과 죽음의 과정에서 힘 있게 드러납니다. 그리고 비움의 힘은 부활에 이르러 활짝 꽃핍니다. 그런데 우리가 주목해야 할 것은 성육신 사건, 비움의 실천 그리고 부활의 사건에서 따뜻한 샬롬이 참으로 감동적으로 그 모습을 드러낸다는 진실입니다.

먼저 예수 탄생을 알리는 천사들의 찬양 메시지에 주목합시다(눅 2:13-14). 간단히 말해서 그 메시지는 "하나님께 영광"과 "땅에는 평화"였습니다. 이것을 더 요약하자면 땅의 평화 없이 하늘의 영광은 없다는 뜻입니다. 땅의 평화가 그만큼 중요합니다. 예수 오심은 땅의 평화가 절실하게 요청되기 때문에 빛나는 것입니다. 땅의 현실은 을 육갑식하는 처참한 현실이었습니다. 로마식민지의 아픔, 헤롯왕의 억압과 착취로 인한 민중 고통, 성전세력의 위선과 차별로 인한 아픔이 넘쳤습니다. 예수가 말구유에서 태어났을 때 들에서 밤새우며 야간 노동했던 딱한 목동들에게 천사가 예수 탄생의 뜻을 "하늘에는 영광, 땅에는 평화"라고 선포했습니다. 아기 예수가 평화 없는 팔레스타인 현실에 평화만드미peacemaker로 오신 것이지요. 창조 원 질서에서 빛났던 그 아름답고 선한 질서를 세우기 위해 험악한 팔레스타인에 오신 것입니다.

그리고 예수의 삶 자체가 평화와 공의가 깨어진 비참한 현실에서 끊임없이 자기 비움, 자기 지움의 삶을 살았습니다. 이것이 바로 케노시스kenosis의 실천이었습니다. 자기를 부인하고 자기 십자가를 지고 따뜻한 샬롬을 만드는 삶이었습니다. 빌립보 가이사랴 지방에서 제자들에게 당부하셨던 그 메시지(마 16:24-25)가 바로 케노시스 복음의 핵심 내용이기도 합니다. 자기 비움과 자기 지움은 곧 십자가 고난을 감내하는 것이죠. 갑의 입장에서 보면 이 같은 케노시스의 삶은 어리석은 약자들의 삶처럼 보이지요. 그래서 오늘 미국 대통령 후보인 트럼프의 입장에서 보면 예수의 삶은 경멸스러운 패자의 삶이 되고 말지요. trumpism과 triumphalism은 갑질하는 자들의 선택이요 가치입니다. 그곳에는 결코 따뜻한 샬롬이 없습니다. 우아하게 지면서도 기뻐할 수 있는 역설의 여유가 전혀 없습니다. 그러므로 발가벗은 힘으로 승리해도 그곳에는 진정한 평화와 행복이 없습니다. 그러기에 예수 비움의 실천이 주는 엄청난 감동은 그의 십자가 고난에서 가장 잘 드러납니다. 예수께서 가장 연약vulnerable했을 때 예수 실천의 감동과 그 감동적 위력이 조용히 폭발합니다. 그래서 예수의 수난 얘기는 언제나 감동적입니다. 십자가의 그 엄청난 고통 속에서 예수는 "엘리 엘리 라마 사박다니"라고 외쳤습니다. 언뜻 듣기에 몹시 절망한 절규같이 들립니다. 아주 연약해진 패배자의 원망 소리처럼 들립니다. 그런데 저는 이 절규 속에서 핵폭탄같이 강렬한 아바 하나님의 사랑을 확인합니다. '전지전능'하신 아바Abba께서 자기의 독생자 예수와 함께 자기 비움에서 오는 고통, 절규를 진솔하게 토해낸 것이지요. 이것은 사랑의 하나님께서 사랑의 본질인 자기 비움의 절규요 자기 해체 고통의 외침이지요. 자기를 철저히 비워 남을 가득 채워주는 힘찬 선언이라 하겠습니다. 이 외침이 참으로 감동적인 위력이 되는 까닭은 그 아픔의 절규 속에 잔인하게 갑질하는 악한 원수를 용서함으로 변화시키는 진리가 깊숙이 담겨 있기 때문입니다. 이 진리는 역설의 진리입니다. 우리는 역설의 감동을 이 외침 속에서 온몸으로 느낄 수 있어야 합니다.

그런데 우리는 이 연약함의 절규가 뿜어내는 엄청난 샬롬의 위력에 주목해야 합니다. 예수의 십자가 처형을 집행했던 로마의 권력자가 처형당한 예수 앞에서, 참으로 감동적으로 무릎 꿇게 되었다는 사실 말입니다. 세속적으로 말하자면 전도양양했던 당시 로마 장교 백부장이 처형장에서 예수께서 보여주신 어엿한 자기 비움의 실천을 자기 눈으로 직접 보고서 청천벽력 같은 깨달음과 수치감을 느끼게 되었습니다. 그는 젊은 사형수 예수야말로 진실로 하나님 아들이며, 의로운 분임을 용기 있게 고백했습니다. 이것은 참으로 큰일 날 고백이지요. 로마 패권주의 체제를 밑받침했던 황제 숭배 사상을 백부장이 예수 비움의 실천으로 산산이 부수어 버렸기 때문이지요. 로마 장교가 사형수를 하나님의 아들이라고 고백한 것은 로마의 황제는 가짜 신의 아들임을 선포하는 것과 같았습니다. 매우 반反체제적 발언이지요. 이것은 로마 권력이 무력하고 연약한 예수 앞에 결국 무릎을 꿇었다는 뜻입니다. 그러기에 예수의 연약함vulnerability은 로마의 막강한 패권주의를 이겨낸 것이지요. 이것이 바로 십자가 비움을 통해서 얻은 샬롬의 힘이라 하겠습니다. 이 비움에서 오는 연약함이 갖는 역설적 위력이라 하겠습니다. 이것이 예수의 케노시스의 감동적 역설이요 이것이 바로 예수 복음이 본질적으로 지니는 위력이지요. 이것이 또한 예수의 하나님 나라가 지닌 아름다운 괴력이지요. 바로 이 연약함이 부활의 문을 활짝 열어 주는 강력한 열쇠 노릇을 합니다.

그렇다면 부활하신 예수(흔히 그리스도라고 하지요)께서는 제자들에게 어떻게 대응하셨는지를 따뜻한 샬롬의 관점에서 확인해 볼 필요가 있습니다. 특히 예수 처형 이후 겁에 질려있던 제자들에게 부활 예수께서는 어떤 모습으로 다가오셨는지를 살펴볼 필요가 있습니다. 그의 모습을 요한복음 20장에서 감동적으로 증언합니다. 여기서 우리는 성령과 악령의 본질적 다름을 새삼 깨닫게 됩니다.

부활 예수와 평화만드미 예수

결국 케노시스의 감동은 부활의 문을 활짝 열었습니다. 하나님은 처절한 비움으로 원수 사랑 실천의 감동을 준 예수를 부활로 응답하셨지요. 부활하신 예수님은 몸이 없는 영혼의 존재로 나타나지 않았습니다. 부활 예수의 몸은 우리의 몸처럼 썩어 없어지는 몸이 아니었습니다. 그렇다고 해서 그것이 샤먼 신앙에서 강조하는 혼령처럼 실체가 없는 유령도 아니었습니다. 요한복음은 이 진리를 잘 증언합니다. 부활의 예수께서 두 차례 제자들에게 나타나셨습니다. 이 두 번의 현현에서 부활 예수의 행적은 놀라운 신학적 의미를 던져줍니다. 창조 원년에 나타났던 그 아름답고 선한 샬롬의 감동이 나타납니다. 먼저 첫 번째 현현에 주목해봅시다(요 20:15-23). 사방 문을 단단히 걸어 잠그고 극도의 불안과 공포 속에서 떨고 있던 제자들에게 부활 예수는 마치 '유령'처럼 나타났습니다. 물론 노크 소리도 없이 나타나셨지요. 이때 제자들의 표정을 한 번 상상해보세요. 이미 초조, 불안해하고 있었던 그들에게 두려움이 다시 엄습했을 것입니다. 유령귀신이 아니고서야 어떻게 밀폐된 방으로 들어올 수 있었겠습니까. 그런데 참으로 놀랍게도 부활 예수께서는 세 가지 행동으로 제자들을 따뜻하게 감싸 주었습니다.

첫째는 그의 입에서 나온 따뜻한 격려의 말씀이었습니다. "너희들에게 평화가 있기를." 이 말씀을 하실 때 예수의 얼굴에는 미소가 가득했을 것입니다. 그때 제자들에게는 정말 샬롬이 절실하게 필요했습니다. 이 샬롬은 태초에 창조주께서 감탄하셨던 바로 그 샬롬 아니겠습니까? 부활의 예수님은 이미 만물을 따뜻한 샬롬으로 새롭게 하기 시작했지요. 갑질하는 자들이 체포할 것이라는 두려움에 떨고 있던 제자들에게 참 평안, 참 평화, 참 안전을 맛보라고 하신 것입니다.

그런데도 얼마간 아직도 어리둥절하거나 착잡한 심경에 사로잡혀 있던 제자들에게 더욱 확실히 안심시키기 위해 예수님은 두 번째로 자기가 겁주는 유령귀신이 아님을 설득력 있게 보여주셨습니다. 얼마 전에 골고다 언덕 위에서 당했던 그 처절한 십자가 고통의 뚜렷한 흔적을 제자들에게 친히 보여주셨습니다. 손바닥에는 아직도 아물지 않은 연약함의 상흔이 뚜렷하게 남아있었고, 옆구리에는 창에 깊숙이 찔린 상처가 아물지 않은 채 있었습니다. 이때 두려움에서 떨고 있던 제자들은 비로소 온몸으로, 부활하신 예수의 실체를 확인할 수 있었습니다. '내가 이렇게 몸으로 부활했으니 너희들 힘내라, 용기를 내라'라고 하신 것이죠. 악령은 결코 이러한 평안과 용기를 그렇게 친절하고 구체적으로 주지 않습니다.

정말 중요하고 감동적인 예수님의 행동에 주목해야 합니다. 이것이 세 번째 예수님의 샬롬 조치 행동이었습니다. 떨고 있는 제자들에게 부활 예수는 자기 숨을 불어넣어 주셨습니다. 이 동작은 창조주께서 흙에 불어넣는 동작입니다(창 2:7). 생명을 불어넣는 창조행위지요. 흙처럼 생명력을 잃어버린 것 같이 된 제자들에게 창조주의 숨결을 불어 넣어 절망과 사망에서 벌떡 일어나게 하신 것이죠. 창조 원질서의 그 아름다운 샬롬의 기운을 불어넣어 주셨습니다. 그리고 성령을 받아 용서하라는 명령을 따뜻하게 하셨습니다. 악령은 샬롬을 파괴하는 힘이며, 죽이는 사악한 힘이지요. 악령은 을육갑식하는 잔인한 힘이지요. 그런데 부활 예수가 부어 넣어주신 성령의 힘은 용서의 힘이요 평화를 만드는 힘입니다. 이 힘으로 악령을 쫓아내고 극복해낼 수 있지요. 오늘 악령이 한반도 평화를 파괴하고, 한국의 민주화와 인권과 정의를 훼손하고 있기에 부활 예수님의 그 성령이 더욱 절박하게 필요합니다. 친일 악령과 냉전 근본주의 악령으로 70여 년간 시달려 온 우리 민족과 민중에게 부활의 성령은 참으로 절박하게 필요합니다. 최태민류의 종교혼합주의 악령과 반공 친일 악령이 결합하여 샬롬을 훼손하고 나라를 부패시키는 오늘의 비극적인 상황에서 예수 부활의 성령은 더욱 절박하게 요청됩니다.

과연 오늘 한국교회가 부활 예수의 생명 숨결로 구조적 악령으로 시달려 온 우리 백성들을 평화의 동산으로 인도하고 있는지 묻고 싶습니다. 오히려 지난 70년간 한국적 악령을 교회 지도자들이 축복해 주지 않았는지 깊이 반성해야 할 것입니다. 이런 반성 없이 한국교회는 결코 종교개혁 500주년을 기쁘게 맞을 수 없을 것입니다.

이제 부활의 예수께서 두 번째로 제자들에게 나타났을 때 부활 주님이 보여주셨던 감동적인 은혜를 함께 나누고 싶습니다. 왜 부활 예수께서 두 번이나 같은 제자 무리에게 나타나셨을까요? 평소 의심이 많고 까다롭게 따지기 좋아했던 도마가 예수의 몸의 부활을 믿지 않았음을 주님께서 아셨기 때문이 아닐까요? 도마는 자기 손으로 예수의 상처를 직접 만져보지 않고서는 예수의 부활, 특히 몸의 부활을 못 믿겠다고 우겼습니다. 이런 도마에게 부활 예수는 몸의 부활이 주는 그 감동적 공공성, 그 감동적 변혁의 동력을 친히 보여줄 뿐만 아니라 도마의 손으로 만지게 하고 싶었습니다. 정말 부활의 예수님은 갈릴리 지역에서 제자들에게 깨우치실 때보다 더 따뜻하고 자상하게 가르쳤습니다. 이것도 부활의 따뜻한 효험이라 하겠습니다. 부활의 주님은 도마의 정직한 지적 호기심을 나무라지 않고 오히려 높이 평가해주셨습니다. 백문불여일견百聞不如一見이요 백견불여일촉百見不如一觸이라는 도마의 계몽주의적 태도, 실증주의적 회의를 주님은 조금도 나무라고 싶지 않았습니다. 그의 모더니스트적인 지적 호기심을 오히려 따뜻하게 격려하고 싶었습니다. 그래서 두 번째 나타나신 주님께서는 제자들에게 샬롬이 있기를 바란다고 다시 말씀하신 후 도마에게 다가가셨습니다. 그에게 놀랍고 특별한 초청을 한 셈이지요.

네 손가락을 이리 내밀어서 내 손을 만져보고, 네 손을 이리 밀어서 내 옆구리에 넣어 보아라. 그래서 의심을 떨쳐버리고 믿음을 가져라(요 20:27).

부활의 주님은 도마에게 무조건 믿으라고 강요하시지 않았습니다. 이 점에서 우리는 얼마나 많은 교회 지도자들이 잘못 가르치고 있는지를 부활의 주님의 "만져보라"라는 따뜻한 권유를 보며 깨닫게 됩니다. 지난 500년간 개신교회가 부활 예수님의 위대한 교수법을 무시해 왔음을 슬프게 확인합니다. 그런데 참으로 놀라운 일은 까다롭던 모더니스트Modernist 도마가 예수의 따뜻한 권유 앞에서 그의 실증주의적 탐구욕을 우아하게 극복했다는 사실입니다. 그는 예수의 비움 고통이 남긴 상처를 눈으로 직접 본 후 만져볼 필요가 전혀 없음을 깨달았습니다. 아직도 상처가 아물지 않은 듯한 주님의 손바닥과 옆구리를 거침없이 보여주시는 주님의 그 열린 마음, 그 따뜻한 마음 속에서 도마는 그 상처가 주는 주님의 사랑의 깊이를 온몸으로 전율하듯 느끼고 깨달았습니다.

마침내 그는 고집스러운 모더니스트의 탐구욕만 아니라 허무주의적 포스트 모더니스트Post-Modernist의 허무주의적 해체 탐구도 뛰어넘게 되었습니다. 주님의 사랑 앞에 조용히 외칠 수밖에 없었습니다. 주님의 철저한 비움의 실천이 주는 감동을 온몸으로 느끼며 이렇게 그는 고백했습니다. "나의 주님, 나의 하나님." 도마의 고백은 자기의 지적 입장을 극복해내는 자기 비움의 결단이기도 합니다. 아름다운 고백이기도 합니다. 그리고 부활의 주님이 성령을 불어넣어 주심으로 온갖 악으로 신음하고 있는 을육갑식의 낡은 세상을 새로운 샬롬의 질서로 변혁시킬 수 있음을 깨닫게 되었습니다. 도마는 부활 예수님을 이렇게 만나서 그 자신도 새롭게 되고 만물도 새롭게 변하게 되는 것을 직접 체험할 수 있었습니다. 그는 육신으로 살아계실 때 선포하셨던 하나님 나라 운동이 부활하신 후에는 더 따뜻하고 힘차게 펼쳐질 것을 직접 느낄 수 있었습니다. 악령으로 시달리는 인간과 세계와 자연을 온전케 하는 해방과 광복의 힘임을 새삼 깨달았습니다. 바로 복음의 본질을 온몸으로 수용하게 되었습니다. 바로 이런 깨달음이 올곧은 종교개혁, 교회개혁, 세상과 역사 변혁을 이끌 수 있습니다.

맺으며

지금 우리 사회에서는 매우 비정상적인 혼과 악한 영이 배회하면서 국민을 실망시키고 격분하게 하고 있습니다. 박 대통령의 독선, 교만, 불통, 무모, 무책임이 국기를 문란케 하고 국가 전체를 뒤흔들고 있습니다. 그것은 최태민, 최순실 등의 악령 주술이 오랫동안 박 대통령을 사로잡았기 때문인 것 같습니다. 본인은 이 같은 사교와 무관하다고 하지만, 기독교 성직인 목사를 지칭하면서 국가와 시장의 갑들을 홀린 최씨들의 행적이 연일 매스컴을 통해 소상하게 밝혀지고 있습니다.

이런 사실을 보며 저는 갈릴리 예수님께서 거라사 지방을 지나가시면서 매우 참혹한 인간을 만났던 사건을 기억하게 됩니다. 악령에 사로잡혀 괴력으로 자기 몸을 묶고 있던 쇠사슬을 끊고, 돌로 자기 몸을 찍고 있는 참혹한 인간, 악령에 사로잡힌 인간을 만났습니다. 예수는 그에게 이름이 무엇인지를 물으셨지요. 귀신 들린 사람은 '로마군단'(Legion)이라고 대답했습니다. 그렇습니다. 잔인한 괴수와 같은 로마의 군사 패권주의의 악령이었습니다. 그 악령은 군사독재의 악한 혼이었습니다. 주님께서는 그 군대 악령을 쫓아내고 불쌍한 인간에게 온전한 샬롬을 회복시켜 주셨습니다.

2016년 늦가을에 한국식 군대 마귀의 악령 같은 것이 이 땅의 갑들 속에 깊숙이 파고든 것 같습니다. 최씨의 영세교라는 사이비 종교가 종교 혼합주의적 괴력을 발휘하여 기독교 냄새를 피우며 반공 구국선교단 같은 준군사조직을 꾀했지요. 이때부터 박근혜 씨는 그 '군대 악령'의 주술에서 벗어나지 못한 듯합니다. 따지고 보면 최씨의 악령은 유신의 딸을 주술로 사로잡으면서 지난 70년간 한국을 지배해 온 친일 수구 냉전 세력을 좌지우지하려 했습니다. 이 악령은 국가와 시장을 휘저어가며 한국을 을육갑식의 세계로 변질시키려 했습니다. 또 변질시켰습니다. 그래서 국가의 공적 기강은 무너지게 되고, 시장의 공정성은 심각하게 훼손되었습니다. 뜻있는 국민은 최근 최씨의 샤먼적 혼의 힘을 계승했다는 그의 딸 최순실의 일탈을 보면서 현 정권이 과연 민주국가의 정부가 맞는지 묻게 되었습니다. 참으로 오랜만에 광화문광장에 수십만 명의 민주시민, 평화 국민이 주말에 모여 대통령의 퇴진과 하야를 외치고 있습니다. 국민의 5%만이 현 정권을 지지한다는 엄연한 이 사실은 바로 성숙한 시민들이 명예혁명을 평화스럽게 요구하고 있다는 뜻입니다. 놀랍게도 초, 중, 고등학교 학생들이 평화스럽게 현 정부의 퇴진을 요구하며 행진했습니다.

특히 박근혜 씨가 대통령 후보 시절, 그녀의 부친인 박정희 대통령의 명예 회복을 위하여 대통령이 되려 한다고 공인했습니다. 군사독재를 정상화하겠다는 뜻이지요. 민주화를 열망했고, 그 고매한 뜻을 위해 희생한 민주 국민을 유신정권은 비정상적 혼을 소유한 국민으로 경멸했습니다. 그래서 재임 기간 끊임없이 역사를 후퇴시켜 마침내 삐뚤어진 '한국적 민주주의' 시대로 만들어 왔습니다. 국정교과서를 되살리는 기획이 바로 유신체제 부활 기획이라 하겠습니다. 시장의 갑질하는 세력에게는 온갖 혜택을 베풀면서 을들을 더욱 궁핍하게 몰아가는 것도 유신 악령의 힘이라 아니할 수 없습니다. 갑자기 개성공단을 폐쇄하고, 느닷없이 사드를 성주에 배치하기로 결정한 것도 모두 성숙한 민주적 결정이라 볼 수 없지요. 악령 탓으로 보아야만 이해할 수 있는 짓거리지요. 우리는 이것이 사실임을 최근 최순실 스캔들이라는 판도라 상자가 열림으로써 매일 매일 가슴 아프게 확인하고 있습니다.

이런 때야말로 창조주께선 깊은 탄식을 하실 것입니다. 창조 원래의 그 아름다움과 선한 질서가 파괴되고 있으니 말이지요. 이때 우리 예수따르미들은 복음의 본질을 새삼 확인해야 합니다. 예수의 하나님 나라 운동의 핵심을 반드시 확인해야 합니다. 창조의 원 질서를 회복하는 일이 바로 복음 활동이며 바로 하나님 나라 세움임을 깨달아야 합니다. 그러면서 이 신성한 일이 예수의 성육신Incarnation인 자기 비움kenosis 그리고 예수의 십자가 고난과 부활로 어떻게 이어지는지 확실하게 알아야 합니다. 그리고 우리의 삶에서 구체적으로 성육신을 살아내고, 케노시스를 실천해내야 합니다. 그리고 부활하신 예수님의 성령에 힘입어 우리의 실천적 삶이 따뜻한 샬롬, 곧 평화와 공의가 함께 이뤄지는 아름다운 새 질서를 세워가야 합니다. 특히 강대국의 악령으로 지난 70여 년간 타율적으로 분단된 조국에 살면서 국내의 권위주의 정치세력의 악령으로 끊임없이 시달려 온 국민에게 이제 참된 샬롬 만들기에 헌신적으로 나서는 일이야말로 복음에 충실한 삶임을 한국 크리스천들은 뼈저리게 깨달아야 합니다. 이것이 종교개혁 500년을 앞둔 오늘에 한국교회 지도자들이 반드시 감당해야 하는 선교의 과제요 존재 이유임을 잊지 말아야 합니다.

| 3부 |

몸의 부활은
실제적 변혁의 동력

부활, 그 평화와 사랑의 동력

부활 예수, 숯불에 생선을 굽다

부활 예수의 그 인간적 모습 — 교회 안에 부활의 예수가 없다

사랑 안에서 삶과 죽음은 하나입니다

부활, 그 평화와 사랑의 동력

요한복음 20:19-23, 21:17, 사도행전 7:59-60

> 그 날, 곧 주간의 첫 날 저녁에, 제자들은 유대 사람들이 무서워서, 문을 모두 닫아걸고 있었다. 그 때에 예수께서 와서, 그들 가운데로 들어서셔서, "너희에게 평화가 있기를!" 하고 인사말을 하셨다. 이 말씀을 하시고 나서, 두 손과 옆구리를 그들에게 보여 주셨다. 제자들은 주님을 보고 기뻐하였다. 예수께서 다시 그들에게 말씀하셨다. "너희에게 평화가 있기를 빈다. 아버지께서 나를 보내신 것 같이, 나도 너희를 보낸다." 이렇게 말씀하신 다음에, 그들에게 숨을 불어넣으시고 말씀하셨다. "성령을 받아라. 너희가 누구의 죄든지 용서해 주면, 그 죄가 용서될 것이요, 용서해 주지 않으면, 그대로 남아 있을 것이다." (요한복음 20:19-23)
>
> 사람들이 스데반을 돌로 칠 때에, 스데반은 "주 예수님, 내 영혼을 받아 주십시오." 하고 부르짖었다. 그리고 무릎을 꿇고서 큰 소리로 "주님, 이 죄를 저 사람들에게 돌리지 마십시오." 하고 외쳤다. 이 말을 하고 스데반은 잠들었다(사도행전 7:59-60).

고난 없이 부활은 없습니다. 부활 신앙 없이 예수따르미가 될 수 없습니다. 이와 같은 진실을 저는 분단 70년을 맞는 올해(2015) 더욱 절박하게 받아들이게 됩니다. 며칠 전, 손양원 목사의 일생을 다룬 다큐멘터리 영화를 보았습니다. 그의 삶 굽이 굽이에서 특히 너무나 억울한 고난의 순간순간에 그는 놀라운 부활 신앙의 힘을 보여주었으며, 그에 따른 평화의 힘을 느끼게 해주었습니다. 그는 어려운 예수님의 가르침, 곧 원수 사랑을 통해 평화를 만들라는 그 힘든 당부를 솔선하여 실천하셨지요. 그는 두 아들을 죽인 공산주의자 청년을 양자로 삼아 변화시키는 감동을 보여주었습니다. 그 양자의 자식이 목회자가 되어 이 다큐멘터리 영화를 풀어냈습니다. 이러한 원수 사랑 실천의 소식을 들었던 백범 김구 선생은 손양원 목사에게 서울에 있는 학교를 맡기고 싶어 했는데, 손양원 목사는 한센병 환자들을 돌보는 일을 그만둘 수 없어 목사님이 그토록 존경했던 백범의 요청을 감히 거절했습니다. 이때 백범은 아쉬워하면서도 한편으로 손양원 목사의 원수 사랑 실천으로 남북의 평화와 통일을 이룩하자고 호소하셨습니다. 이 호소는 지금 더욱더 절박하게 저의 가슴에 다가옵니다. 선제적 원수 사랑 실천으로 70년간 우리 민족에게 엄청난 고통을 안겨준 분단 체제를 극복해내야 한다고 믿기 때문입니다. 이 평화 선교에 한국 그리스도인들이 앞장서지 않는다면 진정 우리는 현 분단 상황에서 예수따르미라고 자처할 수 없을 것입니다.

그러기에 부활절을 맞아 예수의 십자가 고난의 깊은 뜻을 새롭게 되새기면서 그 고난 끝머리에서 활짝 핀 예수 부활 사건을 통해 놀라운 감동적 평화와 사랑의 동력을 뜨겁게 확인하고 싶습니다. 그래서 분단 유지와 분단 강화에서 온갖 이득을 누리는 냉전 악의 세력을 복음의 선한 동력으로 이겨내야 한다고 목이 터져라 외치고 싶습니다.

먼저 예수님의 고난, 그 처절한 십자가 아픔에서 뚜렷하게 드러나는 감동적이며 공공적 변혁의 동력에 주목해야 합니다. 본래 인간에게 격심한 고통은 항상 현재의 아픔이요 바로 여기의 아픔이기에 그것은 오래 지속되는 힘든 고통으로 체험됩니다. 오직 길고 긴 지금의 고통만 있지, 과거와 미래는 의미 없는 듯 느껴지지요. 고통의 신음과 몸부림만이 지금 여기에 꽉 차 있을 뿐이며 그 아픔이 끝없이 이어지고 있다고 느껴집니다. 그러하기에 이 아픔의 긴 순간순간에서 사랑, 평화, 감사 같은 가치는 사치스럽게 여겨지지요. 이런 가치의 여유가 스며들 심리적 공간이 없습니다.

게다가 십자가 처형의 아픔은 인간이 고안해 낸 제도적 고통 중에 최악의 고통입니다. 인간 고통의 총체적 극대화가 이 처형 속에 녹아 있습니다. 깊고 긴 육체적 고통과 함께 온갖 조롱과 비아냥이 주는 심리적 고통이 처형당하는 자를 괴롭힙니다. 게다가 인간 주검에 대한 존엄을 전혀 인정하지 않습니다. 십자가 처형을 받는 자는 장례라는 사회적 의식마저 누릴 수 없었습니다. 시체는 들개나 독수리의 먹이가 되도록 방치했지요. 십자가의 아픔은 인간 고통의 최악이었습니다. 그리하여 처형된 자의 가족과 친지, 동지들을 몸서리치게 만들고, 그 결과 로마(pax romana)의 권력에 감히 다시는 저항할 수 없도록 한 것이 바로 잔인한 십자가 처형이었습니다.

그렇다면 예수님은 이 극악한 고통을 어떻게 맞았던가요? 저는 예수님의 그 비범한 고통 대응과 죽음 맞이에서 엄청난 감동의 충격을 받습니다. 몇 가지만 얘기하자면 첫째로 그 쓰라린 고통의 한가운데서 예수님은 폭력적 가해자를 용서해 달라고 아바Abba 하나님께 간구했다는 사실에 주목합니다.

아버지, 저 사람들을 용서해 주십시오.

저 사람들은 자기네가 무슨 일을 하는지 알지 못합니다(누가복음 23:34).

이런 절박한 순간에 처형당하는 자의 입에서는 악담과 저주가 활화산처럼 마구 터져 나오기 마련이지요. 하늘에서 불벼락이 떨어져 폭력으로 갑질하는 저놈들을 몰살시켜 달라고 외치게 됩니다. 그런데 예수님의 가슴에서 터져 나온 기도는 참으로 놀랍습니다. 가해자들을 용서해 달라는 놀라운 간구였습니다. 주님은 칼 쓰는 자는 마침내 그 칼의 폭력으로 망한다는 진리를 너무나 잘 아셨기에 마르고의 귀를 칼로 잘랐던 베드로를 나무라셨지요. 악을 이기는 힘은 절대로 폭력을 즐겨 하는 가해자에게서 나올 수 없습니다. 폭력의 가해자는 당장은 승리하는 듯해도 마침내 그 폭력으로 자멸하게 된다는 진리를 예수님은 너무나 잘 알고 계셨지요. 그래서 그는 그의 가르침을 가장 어려운 상황에서 친히 실천하신 것입니다. 가해자들을 그들의 악행으로부터 해방시키려고 예수님은 그들을 용서하는 일에 가장 먼저 나선 것이요. 폭력과 악을 당장 정당화시켜 주는 용서가 아니라 궁극적으로 그 악으로부터 가해자들을 해방시켜 주는 용서에 앞장서신 것입니다. 이것은 말하기는 쉬워도 실천하기는 참으로 어렵습니다. 특히 억울하게 고통당하며 곧 죽음을 맞아야 하는 절망적인 상황의 피해자가 그렇게 용서한다는 것은 참으로 힘든 일입니다. 그러기에 예수님께서 십자가에 달려 엄청난 고통을 겪는 그 시간에 용서의 기도를 했다는 것은 그가 얼마나 감동적인 스승인가를 새삼 깨우쳐 줍니다. 추상적 명상 기도를 통한 스승의 가르침이 결코 아닙니다. 극심한 고통 한가운데서 그의 원수 사랑 가르침을 친히 실천해 보여

주셨습니다. 이 기도의 말씀을 그 후 가장 순전하게 실천했던 제자는 바로 베드로인 것 같습니다. 그는 후일 십자가에 거꾸로 매달려 순교했지요.

둘째로 예수님의 절규, 곧 "어찌하여 나를 버리시나이까!" 하는 원망의 절규에서 복음의 감동적 자원을 새삼 발견합니다. 원망처럼 들리는 이 절규에서 몇 가지 깊은 뜻을 찾았습니다. 보복과 징벌에서 막강하다고 믿었던 전지전능한 심판의 신이 해체되는 모습을 보는 듯합니다. 또한 예수님의 아바 신의 무력함이 진솔하게 드러납니다. 아들의 억울한 고통의 현장에서 계속 침묵하시는 아바 하나님의 무능과 무력을 만나는 듯합니다. 그런데 바로 그 무력한 아바 하나님의 모습에서 스스로 비워내시면서 억울하게 고통당하는 자들과 동고同苦하시는 사랑의 하나님 모습을 확인합니다. 바로 케노시스kenosis의 하나님 모습 말입니다. 자기 지움, 자기 비움, 자기 내려놓음을 아들의 억울한 고통 현장과 죽음의 순간에서 진솔하게 드러내 보여주셨습니다. 폭력적 보복 신의 자기 비움, 그것이 바로 사랑의 아바 신의 자기 세움으로 이어지는 감동이지요. 이와 같은 사랑 신의 실천적 감동은 결코 추상적이고 초월적인 진리timeless truth에서 나오는 것이 아닙니다. 폭력이라는 악의 꽃이 만발하여 가해자들의 폭력적 갑질이 더욱 거칠게 터져 나오는 처절한 역사 현실 속에서 이러한 비움의 감동이 터져 나온다는 진실에 주목합니다.

예수의 '원망 절규'는 구체적인 역사 현실에서 폭력적 악으로 부당하게 고통당하는 사람들이 이른바 '침묵하는 신'에 일종의 배신감으로 원망하면서 느끼는 그 아픔에 십자가의 예수는 이미 그리고 항상 역지감지易地感之하고 있습니다. "엘리 엘리 라마 사박다니…"의 그 처절한 절규는 저 아우슈비츠 살육 현장이나 일제시대 일본 경찰에 의해 잔인한 고문을 당했던 취조실 현장에서 자연스럽게 터져 나올 수 있습니다. 이들의 외로운 괴로움에 십자가 예수는 이미 동참하셨기에 이 같은 절규를 쏟아낸 것이지요. 그러기에 예수의 '원망 절규'에서 그의 인간적이고 인격적인 사랑의 따스함을 느끼게 됩니다.

이렇게 느끼게 되면서 초대교회를 위협했던 영지주의Gnosticism와 가현설Docetism의 허상적 모습을 확인합니다. 초대교회에는 예수를 신으로만, 초월적 영으로만 보았던 신자들이 있었습니다. 가현설에 따르면 겉으로는 예수께서 사람처럼 보이지만, 그것은 그렇게 보일 뿐이라는 것이지요. 실제로는 신이기에 고통과 고난을 전혀 느끼지 않은 초월적인 영적 존재라는 주장이었습니다. 그러기에 이런 신자들이 예수의 수난 이야기에 관심을 보일 턱이 없지요. 오로지 차원 높은 지식적 깨달음만을 소중하게 여겼습니다. 그래서 도마복음에는 처절한 골고다의 고난, 십자가의 아픔과 죽음에 관한 이야기가 없습니다. 예수님은 결코 그리스 신화에 나오는 무관심의 신이 아닙니다. 신플라톤주의자들의 초월적 이데아도 아닙니다. 우리 약한 인간들처럼 아픔을 함께 느끼며 당신 자신이 매우 예민하게 느끼시기에 다른 이들의 억울한 아픔에는 동고同苦하시는 따뜻한 분이십니다. 우리는 예수의 고난이 본격적으로 시작되는 겟세마네의 기도 장면에서 피와 땀으로 범벅이 된 예수의 인간적 모습을 뚜렷하게 보게 됩니다. 이 시점부터 예수는 폭력(칼)을 철저하게 배제하셨습니다. 그리고 보복과 저주의 대응을 원천적으로 거부하셨습니다. 대신에 철저한 원수 사랑의 동력, 너무 인간적이기에 너무나 자상한 자기 비움의 감동적 힘을 드러내 보여주셨습니다.

세 번째로 예수의 십자가 고난에서 놀랍고 감동이 되는 장면은 막강한 로마군 장교의 고백적 선언입니다. 그는 예수의 고난 과정을 집적 목도했지요. 그것도 사형집행관으로서 남다른 관심을 갖고 예수님의 괴로움 하나하나를 예의주시했던 전도유망한 로마 중대장이었습니다. 그의 뜻밖의 폭탄 같은 고백을 역사 신학적 상상력으로 재구성해보고 싶습니다. 그날, 그가 받았던 충격을 이렇게 자기 일기에 적었다고 상상해보셔도 좋겠습니다.

저는 오늘 오후 어릴 때부터 이 시간까지 철석같이 지켜왔던 저의 확신이 와르르 무너지는 체험을 했습니다. 예수 처형의 전 과정을 면밀하게 지켜보다가 그의 고통 대응의 모습을 보면서 일찍이 가정에서, 학교에서 그리고 자란 후에 군대에서 배우고 다져왔던 로마 황제의 신적 절대 권위에 대한 신념이 심각하게 흔들렸습니다. 처음 그의 사형집행관으로 임명되었을 때는 영광스러운 황제의 권위를 보위한다는 보람으로 가슴 뿌듯했습니다. 특히 로마의 식민지 중에서 가장 끈질긴 종교적 열정으로 로마 체제에 저항해 온 팔레스타인 지역에서 반(反) 로마 체제 인물의 사형집행관 역을 맡게 된 것을 큰 영광으로 여겼습니다. 저의 앞날도 훤히 더 밝아질 것으로 여겼지요.

그런데 현장에 와서 빌라도 총독 법정에서 피고인 갈릴리 청년을 처음 보았을 때, 저는 기이한 인상을 받았습니다. 로마의 절대권력에 감히 무모한 도전을 할 인물 같지 않았습니다. 십자가 처형이 선고되었을 때, 그의 표정에서 참으로 큰 바위의 침착함 같은 것을 느꼈습니다. 내 부하들이 상부 명령에 따라 온갖 폭력과 조롱으로 짐짓 그를 괴롭혔으나, 그의 눈빛은 증오의 눈빛이 아니었습니다. 오히려 그것은 연민의 눈빛이었습니다. 심지어 종교 지도자들조차 갖은 험악한 말로 조롱하고 괴롭혔으나, 그는 여전히 침착했고 놀라운 인내심을 보여주었지요.

그런데 정말 저를 깜짝 놀라게 하는 소리가 십자가 위에서 터져 나왔습니다. 육체적, 정신적 고통의 절정에서는 흔히 저주와 악담이 봇물 터지듯 터져 나오기 마련인데, 예수는 그토록 그를 괴롭히는 가해자들을 용서해 달라는 기도를 그의 신에게 간절히 외쳤습니다. 저를 포함한 모든 가해자의 폭력적 행위를 용서해 달라고 간구하는 것은 상상할 수도 없는 충격이었습니다. 정말 혼란스러웠지요. 저의 뼛속 깊이 스며있는 로마인의 자존심, 로마 군대에 대한 자긍심, 황제의 신적 권위에 대한 충성심이 모두 흔들리기 시작했습니다.

온갖 괴롭힘을 견뎌내면서 갈릴리 청년은 '다 이루었다'라고 조용히 말한 뒤, 마침내 운명했습니다. 바로 이때, 땅이 잠시 흔들리는 듯했고 검은 먹구름이 하늘을 뒤엎으면서 햇빛이 잠시 사라진 듯했습니다. 그런데 땅이 흔들렸다기보다는 제 속에 깊숙하게 내면화되어 있던 승리주의 가치관과 황제의 절대 권위에 대한 충성심이 지진보다 더 격심하게 흔들리면서 무너지고 있었습니다. 이 모든 가치관이나 확신은 피 튀기는 전쟁터에서 굳게 다져진 승리주의 확신이었는데, 그것이 맥없이 무너지고 있었습니다. 갈릴리 청년의 고통 대응의 모습에서 너무 큰 충격을 받아 저도 모르게 조용히 외치고 말았습니다.

'이분이야말로 진정 신의 아들이다. 그리고 의로운 분이기에 무죄다!'

저는 저의 이와 같은 저의 소리를 듣고 소스라쳐 놀랐습니다. 그 순간, 엄청난 '실수'를 저질렀음을 직감했습니다. 혹시 주변의 내 부하가 이 소리를 듣고 상부에 보고라도 한다면, 내 앞날은 오늘로 끝장날 뿐 아

니라 로마의 배신자로 낙인찍혀 중형을 받게 될지도 모른다는 두려움
이 엄습했습니다. 그런데 말입니다. 이 순간, 참으로 희한하게도 저는
그전에는 전혀 느낄 수 없었던 평온한 마음을 느낄 수 있었습니다. 격
전지에서 수많은 적군을 살육한 후, 그 시체 무덤 위에서는 도저히 느
낄 수 없었던 평화의 마음을 느꼈지요. 전투장에서 자랑스럽게 느꼈던
승리감, 우월감에서 피어오르는 오만한 승리의 미소가 아니라 예수의
우아한 패배의 모습, 그 여유 있는 사랑의 모습에서 흘러나온 조용한
평화의 미소가 제 얼굴에 꽃처럼 피어올랐습니다. 이 평온과 평안은
결코 로마 권력이 준 느낌이 아니었습니다. 오히려 로마 권력에 의해
십자가 위에서 처참하게 처형되면서 갈릴리 청년 예수가 보여준 참 평
화였습니다. 그리고 이제는 두려워지지 않았습니다. 정녕 내가 이렇게
변할 줄이야 ….

결국 로마 장교는 갈릴리 예수의 우아한 패배 앞에 무릎을 꿇고
말았지요. 그 막강한 로마 권력이 진정한 사랑 신의 아들 앞에 항복하
고 말았습니다. 후일 사도 바울은 빌립보 감옥에 갇혀 사형이 집행될
날을 기다리면서 예수의 이 모습을 이렇게 표현했지요. 이것은 바로
케노시스 하나님의 모습이기도 합니다.

여러분 안에 이 마음을 품으십시오. 그것은 곧 그리스도 예수의 마음이기도
합니다. 그는 하나님의 모습을 지니셨으나, 하나님과 동등함을 당연하게 생
각하지 않으시고, 오히려 자기를 비워서 종의 모습을 취하시고, 사람과 같이
되셨습니다. 그는 사람의 모양으로 나타나셔서, 자기를 낮추시고, 죽기까지
순종하셨으니, 곧 십자가에 죽기까지 하셨습니다. 그러므로 하나님께서는

그를 지극히 높이시고, 모든 이름 위에 뛰어난 이름을 그에게 주셨습니다. 그리하여 하늘과 땅 위와 땅 아래 있는 모든 것들이 예수의 이름 앞에 무릎을 꿇고, 모두가 예수 그리스도는 주님이시라고 고백하여, 하나님 아버지께 영광을 돌리게 하셨습니다(빌립보서 2:5-11).

바로 예수의 사랑 비움의 그 감동적 모습을 사도 바울보다 훨씬 전에 이방인 로마 장교가 웅변적으로 증언한 셈이지요. 십자가 처형이라는 수치스럽고 낮고 낮은 자리에서 예수님은 부활로 높이 올림을 받게 되었고, 마치 로마 중대장이 로마 권력을 대신하여 갈릴리 예수 앞에 무릎 꿇었듯이 모든 이들이 부활의 그리스도 이름 앞에 무릎을 꿇게 된 것입니다. 여기서 고난의 낮음과 부활의 높음이 하나님의 자기 비움의 사랑에서 뚜렷하게 함께 드러나고 있었습니다. 이것이 바로 감동적이고 변혁적인 복음의 진수입니다. 이것이 또한 공공적 복음의 본질입니다.

이제 마지막으로 예수의 부활이 던져주는 감동적 효력에 주목해 봅시다. 그 효력은 바로 사랑과 평화의 동력입니다. 예수의 부활이 주는 감동은 결코 추상적, 초월적, 관념적, 명상적 개인의 평화나 사사로운 평화가 아닙니다. 또, 그런 사랑도 아닙니다. 그 효험은 예수 처형 후 당국에 의해 체포될까 두려움에 떨며 은밀한 곳에 함께 숨어 있던 제자들에게 부활의 예수께서 친히 찾아오셔서 주신 실체적이고 실천적인 동력이었습니다. 제자들이 공포와 절망 가운데서 떨고 있을 때, 죽었다고 생각한 예수께서 부활의 몸(physicality)으로 그들 앞에 찾아오셨지요. 이 부활의 몸은 갈릴리에 살았던 예수의 육체 재생은 아니었습니다. 그렇다고 으스스한 공포의 유령도 아니었습니다. 놀랍게도 예수의 새로운 몸, 곧 부활의 몸은 평화와 사랑의 효력으로 구체적으로 제자들에게 찾아오신 실체였습니다. 그 신비한 몸은 시간과 공간 안에서 살아 움직이되 그 시공의 장벽을 초월하는 자유로운 힘이었습니다. 그리고 곧 썩어 없어질 인간의 육체가 아니었습니다. 썩지 않는 실체로 영원히 감동을 주는 동력입니다. 평화와 사랑을 실천하신 예수의 부활의 새로운 몸이었습니다. 이 몸이 불안과 공포, 절망과 좌절에 떨며 밀실에 모여 있던 제자들에게 다가오셔서 이렇게 다정하게 말씀하셨습니다. 그것도 여러 번 강조해서 말씀하셨습니다.

너희들에게 평화가 있기를(요한복음 20:19, 21, 26).

그리고 제자들에게 용기와 희망의 숨(氣)을 불어넣어 주셨습니다. 마치 태초에 하나님께서 아담에게 생명의 숨을 불어넣어 주셨듯이 제자들에게도 새로운 성령의 활기를 불어넣어 주시면서 갈릴리에서 그랬듯 용서와 사랑의 실천을 또다시 당부하셨습니다(요 20:23). 특히 부활의 주님께서는 베드로에게 세 번씩이나 사랑하느냐고 물으시고, 세 번씩이나 뿌리 뽑힌 것 같은 외롭고 괴로운 양 돌보라고 당부하셨습니다.

세상 갑들의 못된 갑질로 고통당하는 을과 병, 정丁들을 사랑으로 돌보라고 당부하셨습니다. 로마의 갑들, 예루살렘 성전의 갑들, 헤롯당의 갑들로부터 삼중으로 시달리고 있는 을과 병 그리고 정들의 아픔에 동고同苦하면서 그들을 보살피고 보듬으라고 명령하셨습니다. 그리하여 갑들의 악은 사랑으로 사라지게 하고, 을과 병 그리고 정들의 아픔도 그 사랑으로 사라지게 하라는 따뜻한 당부를 부활의 예수께서 하셨습니다. 그러니 갈릴리에서 시작된 예수의 사랑 지배 운동이 부활하신 예수 그리스도에 의해 더욱 뜨겁게 지속되고 강화되었던 것입니다. 성령 운동이 이러한 역사적 조건에서 뜨겁게 작동하게 된 것은 이미 널리 알려진 역사적 사실이 아닙니까!

이렇게 초대교회에서 사랑 운동, 평화 운동은 지속 강화되었습니다. 초대교회 젊은 집사 스데반은 부활하신 예수의 명령에 따라 산혜드린 세력의 회개를 날카롭게 촉구하다가 그들에 의해 돌로 쳐 죽임을 당했습니다. 그는 돌로 맞아 죽으면서도 벌떡 일어나 자기를 옹호해 주시는 부활의 예수를 보고 이렇게 소리 높여 기도했습니다.

주님, 이 죄를 저 사람들에게 돌리지 마옵소서(사도행전 7:60).

이 외침은 바로 십자가 위의 예수께서 외쳤던 기도와 같습니다. 십자가에서 온갖 고통을 당하시면서 폭력적 가해자들을 용서해 달라고 아바 하나님께 간구했던 바로 그 기도의 외침 말입니다. 스데반 청년은 그러기에 철저한 예수따르미였고, 그리스도따르미였으며, 진정한 평화만드미peacemaker('평화만드미'는 '예수따르미'처럼 필자가 문법에 어긋남을 알면서도 쉽게 부르고자 만든 용어이다)였습니다.

올해로 우리 민족은 지긋지긋했던 일제 식민지 지배의 아픔에서 진정한 해방과 광복의 기쁨을 누리지 못한 채, 더 괴롭고 아픈 분단 70년을 맞고 있습니다. 이 참혹한 분단 고통의 땅에 하나님 평화를 우뚝 세우기 위해서 예수 그리스도따르미들은 예수의 고난과 부활에서 감동적으로 드러난 주님의 선제적 원수 사랑을 몸소 실천해야 합니다. 그래서 예수 그리스도따르미는 이 분단과 전쟁의 땅에서 평화 만드미로 날로 힘차게 거듭나야 합니다. 예수 부활의 능력으로 원수 사랑을 선제적으로 실천하여 한반도 평화를 만들어 가야하고, 또한 그 부활의 동력으로 이 땅(남북 모두)의 을들, 병들 그리고 정들의 아픔을 뜨겁게 제거해 주어야 합니다. 그들의 억울한 아픔이 사라지게 해야 합니다.

해방 직후, 여수에서 손양원 목사의 원수 사랑 실천 이야기―'천벌' 같은 고통을 받고 있던 한센병 환자들을 돌보았던 그의 돌봄 실천―를 백범 김구 선생께서 들으시고 바로 그 선제적 원수 사랑 실천과 밑바닥 인생의 돌봄 실천으로 남북 간의 평화와 조국 통일을 이룩하자고 호소하셨던 것을 기억해야 합니다. 예수 그리스도따르미로서, 또 민족의 지도자로서 백범은 그렇게 호소했습니다. 그러나 당시 많은 교회는 그의 호소를 절박한 민족적 소명과 선교적 명령으로 받아들이지 않았습니다. 그래서 분단이 70년간이나 지속되었습니다. 이제 오늘을 살아가는 모든 예수 그리스도따르미들은 이 호소를 바로 예수님의 호소로 받아들여야 합니다. 그러기에 이것은 결코 한낱 사치한 선택의 문제가 아닙니다. 이것은 바로 그리스도인들의 신앙적 소명이기에 결코 시시한 선택의 문제가 아닙니다. 그것은 엄중한 필수적 '요청'입니다. 분단 민족 구성원으로서, 한국의 예수 그리스도따르미들은 예수의 고난과 부활이 주는 사랑과 평화의 동력을 성령으로 받아 분단된 한반도를 평화와 공의의 한반도로 변화시키는 일에 선제적으로 앞장서야 합니다. 우리의 진정한 정체성이 바로 이러한 실천에서 감동적으로 드러날 것입니다. 그때 우리는 비로소 세상을 밝히는 공공적 복음의 빛이 되고, 세상을 살맛 나게 하는 감동적이고 변혁적인 복음의 주인공이 될 것입니다. 그리고 평화만드미가 되어 평화 통일을 마침내 우리 역사 속에서 이루어내야 합니다. 그때 저희 평화만드미에게 부활의 주님은 뜨거운 박수로 격려해 주실 것이요 우리를 친히 이끄시며 만물을 평화와 공의로 새롭게 해주실 것입니다.

부활 예수, 숯불에 생선을 굽다

요한복음 21:10-14

예수께서 이르시되 지금 잡은 생선을 좀 가져오라 하시니 시몬 베드로가 올라가서 그물을 육지에 끌어 올리니 가득히 찬 큰 물고기가 백쉰세 마리라 이같이 많으나 그물이 찢어지지 아니하였더라 예수께서 이르시되 와서 조반을 먹으라 하시니 제자들이 주님이신 줄 아는 고로 당신이 누구냐 감히 묻는 자가 없더라 예수께서 가셔서 떡을 가져다가 그들에게 주시고 생선도 그와 같이 하시니라 이것은 예수께서 죽은 자 가운데서 살아나신 후에 세 번째로 제자들에게 나타나신 것이라(요한복음 21:10-14).

예수 부활 사건은 기독교의 몸이요 마음이요 혼이며 본질입니다. 부활이 없으면 기독교, 교회 그리고 크리스천의 정체성은 무너지고 맙니다. 모든 세상 종교들과의 본질적 다름이 바로 예수 부활 신앙이요 부활에 대한 공동체적 경험과 고백이 교회의 뿌리일 뿐 아니라 그 가지요 열매입니다. 그러기에 다른 사상과 종교와 심오한 소통을 위해서도 예수따르미들은 자기가 누군지, 어떤 신앙과 신학을 가져야 하는지 먼저 확실히 알아야 합니다. 정체성이 확실해야 화이부동和而

不同의 아름다운 소통이 가능하기 때문입니다.

그런데 이 부활 신앙은 갈릴리에서 시작된 예수의 하나님 나라 운동의 결정적 모멘텀momentum이라 하겠습니다. 예수 운동이 갈릴리에서 시작하여 겟세마네 고뇌에 이르게 되면서 그 동력이 더 뜨거워지다가 골고다의 처절한 십자가의 자기 비움으로 더 힘차게 나아가게 됩니다. 이 고뇌와 고난과 죽음의 과정에서 예수 운동은 세상 문명과 제국의 운동과는 전혀 질적으로 다른 운동으로 강렬하게 역사 속에서 육화되어 나아갑니다. 그것은 힘과 폭력에 의한 새 질서 세우기가 아니라 스스로 비우고 낮추고 패배하고 죽기까지 우아하게 나아가며 새 질서를 세워가는 사랑의 운동이었습니다. 그러기에 예수의 하나님 나라 운동은 왕국, 곧 kingdom 세우기가 아니라 사랑 지배, 곧 lovedom 세우기였습니다. 부활은 바로 이 사랑의 자기 폭발이었습니다.

그런데 1700년의 교회사를 보면 갈릴리 예수의 하나님 나라 운동이 교리화되고 교조화된 부활 신앙과 신학 앞에서 그 동력을 상실해 온 듯합니다. 부활 신앙은 때로 사랑을 통한 평화와 공의의 실현을 개인화시키고 사사화私事化 시키고 추상화시켜 왔습니다. 부활 신앙은 "나 죽어서 바로 천당으로 가는 것"으로 잘못 인식되었습니다. 예수의 사랑 지배는 역사적 실천이며 공동체적 과제이며 세속의 폭력적 권세(문명이나 제국)에 대한 본질적 대안입니다. 그 대안의 동력이 교리화된 부활 신앙으로 상실된 듯합니다. 갈릴리 예수님은 사랑 지배 또는 사랑 나라가 저 구름 위에 존재하는 초월적 실재가 아니라고 하셨습니다. 아빠Abba 하나님의 사랑이 땅에서 이뤄질 수 있도록 기도하고 노력하라고 당부하셨지요. 죽어서 내 존재가 실체 없는 영으로, 하늘로, 천당으로 수직, 상승하는 것에 만족할 것이 아니라 아빠의 사랑 뜻이, 평화 뜻이, 공의의 뜻이 새 예루살렘이 하늘에서 내려오듯 우리의 역사 현실에 내려 올 수 있도록 부활한 주님과 함께 헌신하는 것이 바로 부활 신앙의 요체입니다.

부활 신앙에 대한 또 다른 도전은 골고다 십자가의 그 아픈 고난 없이 다만 종교적 깨달음으로 복음의 역동적 진리에 이를 수 있다는 일종의 '영지주의적 신앙'입니다. 십자가 고난 없는 종교적 깨달음만으로 복음의 본질, 곧 사랑 지배의 기쁨에 이르기 어렵습니다. 모든 복음서가 고난 얘기와 부활 증언을 그토록 소중히 여기는 이유를 이해해야 합니다. 특히 지난 백여 년간 우리 민족이 겪은 부당한 고통과 고통의 역사 속에서 부활의 그 변혁 동력을 제대로 이해해야 합니다.

그래서 저는 부활하신 예수께서 그리스도로 높임을 받게 되었으나, 결코 초월적 심판자로 군림하지 않으시고 갈릴리 예수보다 더 따뜻하고, 더 자상하고, 더 인간적인 모습으로 절망과 좌절에 빠진 제자들에게 다가오셨음을 증언하고 싶습니다. 말할 수 없는 십자가 고초를 겪으셨기에 부활의 예수님은 더 감동적인 치유의 카리스마로 절망한 제자들에게 더 따뜻하게 다가오셨습니다. 부활의 예수님의 그 멋지고 참된 사랑의 인간적 모습을 밝히 드러내고 싶습니다.

예수 운동은 무상의 치유를 통해 그리고 열린 밥상공동체 프로그램을 통해 깨어지고 짓눌리고 차별받았던 사람들에게 하나님 사랑을 직접 체험하게 하셨습니다. 그리고 새로운 존재로 벌떡 일어서게 하셨습니다. 곧 새로운 사랑 공동체를 펼쳐 보였습니다. 구원의 기쁨, 은총에 대한 감사가 넘쳐났지요. 그런데 이런 해방운동은 갈릴리에서 예루살렘으로 올라가게 되면서 위선적, 폭력적 권세와 부딪히게 됩니다. 예수께서 나귀 새끼를 타고 예루살렘에 들어가셨지요. 참으로 소탈하고 겸손한 평화의 '메시아' 모습으로 입성하셨지요. 결코 위협적인 무장 행군이 아니었습니다. 그런데 예루살렘 성전의 권력 세력은 이것을 두려워했습니다. 질시하고 불온시했습니다. 그런데 예수께서는 예루살렘 성전에 들어가시어 성전 숙정을 단행했지요. 하나님과 소통하는 경건한 성전이 경제적 탐욕과 권력의 부패마당으로 변질되었기 때문이지요. 그래서 예수님은 도적 소굴같이 추악해지고 썩어빠진 성전을 청소하시려 했지요.

이 사건으로 예수는 죽음의 골고다로 향해 나아가게 됩니다. 자기들의 권력만으로는 모자란다고 생각했는지 위선적 예루살렘 성전의 권력은 그들의 식민 종주국인 로마의 권력과 법을 간교하게 활용합니다. 로마 형법을 동원하여 예수를 십자가에 처형하도록 온갖 궤휼과 조작을 서슴지 않았습니다.

이런 절체절명의 위기에서 갈릴리 예수의 선택은 참으로 특이합니다. '바보스럽게' 감동적입니다. 그 특이함이 바로 기독교 신앙의 원래적 가치라 하겠습니다. 예수님은 절대적 폭력을 제도적으로 활용한 권세자들의 벌거벗은 힘 앞에서 그 권력과 폭력과는 전혀 다른 대응을 짐짓 선택하셨지요. 권력자들 입장에서 보면 정말 멍청한 바보의 선택임이 틀림없었습니다. 그 선택은 복음서에 뚜렷이 여러 모양으로 증언되고 있습니다.

첫째, 수제자 베드로가 칼을 뽑아 성전세력의 졸개를 내리쳤을 때 예수님께서 베드로의 용기를 칭찬하시기는커녕 크게 나무라셨습니다. 칼 쓰는 자는 칼로 망한다는 진리를 깨우치셨지요. 갈릴리 예수의 하나님 나라는 결단코 칼의 힘으로 이뤄질 수 없음을 단호하게 말씀하셨죠. 그러기에 중세 십자군 동원이 예수님의 뜻과 얼마나 반대되는지 대번에 알 수 있습니다. 증오와 폭력은 억울한 고통을 심화시키며 죽음을 향한 악순환만 날뛰게 할 뿐입니다. 예수님의 선택은 오히려 그 칼에 의해 순하디순한 어린양처럼 우아하게 죽는 것이었습니다. 그런데 그 죽음은 결코 허무한 끝이 아닙니다. 다만 시작일 뿐입니다. 엄청난 감동의 새것이 시작하게 될 뿐입니다.

둘째로 빌라도가 예수님께 "당신이 유대인의 왕이요?"라고 물었습니다. 예수님께서는 내 나라는 당신 부하들처럼 무력으로 싸워 쟁취하는 그런 나라가 아니라고 대응하셨지요. 폭력으로 싸워 세워 놓은 왕국이 아님을 천명하셨지요. 예수님께서는 진리를 증언하기 위해 세상에 왔다고 말씀하셨습니다. 그렇다면 진리는 무엇입니까. 진리는 자유케 하는 힘입니다. 나누고 낮추고 내려놓음으로써 모두가 더 알차게 채워지는 존재fuller being로 나아가게 하는 자유의 힘입니다. 빌라도의 왕국은 무력과 폭력 그리고 그것에 기초한 법률 체제의 힘이지만, 갈릴리 예수의 왕국은 사랑 지배임을 예수께서 설파하셨습니다. 그의 육신의 목숨이 경각에 달린 위기 상황에서 이 같은 선택을 참으로 우아하게 그리고 당당하게 분명히 밝히셨습니다.

셋째로 정말 흥미롭고도 감동적인 선택의 효험이 예수 사형집행관의 고백에서 드러나고 있습니다. 로마군 장교가 로마 황제의 권위로 예수의 처형과정을 직접 엄격하게 집행하면서 예수의 죽음을 소상하게 살펴보았습니다. 그 결과, 그는 정말 깜짝 놀랄 '반체제적 발언'을 토해냈습니다. 당시 로마제국은 황제를 신으로 숭상하는 이데올로기를 통치 수단으로 활용했지요. 황제는 '신'이요 '신 중의 신'이요 '신의 아들'이요 '그리스도'요 또한 '메시아'였습니다. 오늘날 예수께 붙이는 기독교 신자들의 통상적 존칭들은 사실 예수 당시에는 로마 황제가 독점했습니다. 누가 감히 그 존칭을 도용할 수 있겠습니까. 도용하는 행위는 심각한 국가반역죄가 될 수 있는 반국가적, 반체제적 반역 범죄 행위였습니다. 그런데 당시 예수따르미들은 갈릴리 목수의 아들 예수를 하나님의 아들, 메시아, 그리스도라고 감히 '불경스럽게' 불렀습니다. 하기야 예수 따르는 사람들이 그렇게 부르는 것은 예수 운동권에서 보면 너무나 당연한 일이지요. 그런데 예수 사형을 집행했던 로마제국의 실무 장교가 예수가 처형당하시는 순간, 그 모습을 직접 목도한 후 너무나 감격한 나머지 이렇게 고백했습니다. 진실의 자기 고백이라 하겠습니다.

> 진실로 이 분은 하나님의 아들이었다(마가복음 15:39).

> 이 사람은 참으로 의로운 사람이었다(누가복음 23:47).

여기 의롭다는 뜻에는 무죄라는 뜻이 포함되어 있습니다. 도대체 로마 장교가 어떻게 감히 예수 같은 '반체제 인물'에게 로마 황제의 그 '존엄한' 칭호를 사용할 수 있단 말입니까? 로마 중대장의 고백은 예수의 선택이 보여주는 그 놀라운 힘, 변혁의 힘을 웅변적으로 증거하고 있습니다. 예수님께서 폭력에 폭력으로 대응하시다가 처형당했다면 이 사형집행관은 오히려 한낱 테러리스트를 제거한 뿌듯함을 만끽했을 것입니다.

사실 예수의 선택, 바보 같은 선택, 우아하게 죽는 선택이 골고다 십자가 위에서 그의 목숨이 넘어가는 순간까지 지속되었기 때문에,

부활은 십자가의 처절한 '패배'의 순간순간 속에서 이미 잉태되고 있었습니다. 만에 하나 예수의 천사 군대가 내려와 무기로 맞서 싸워 성전 권력 세력과 로마 군병들을 쳐부숴 이겼다면 예수 부활은 아예 처음부터 터져 나올 수 없는 일이 되고 말지요. 그렇다면 예수는 그저 힘차게 싸워 이긴 장군이나 세상 영웅의 하나로 남을 수는 있을지 모르지만요. 그런데 예수님의 그 철저한 자기 비움이, 그 우아한 패배와 죽음의 선택이 하나님으로 하여금 그를 옹호하고 일으켜 세우게 하신 것입니다. 예수 부활은 바로 하나님의 사랑 선택이요 그것은 하나님의 적극적인 변호와 정당화입니다.

그렇다면 부활하신 예수님이 어떤 모습으로 제자들에게 다가오셨는지 주목해 볼 필요가 있습니다. 부활의 소중한 메시지가 거기에 있기 때문입니다. 본문을 보면 부활하신 예수님께서는 전에 제자들에게 일렀듯이 제자들보다 먼저 갈릴리로 가셨습니다. 왜 그랬을까요? 이곳에서 예수님이 제자들을 처음으로 하나님 나라 운동으로 불러내셨기 때문이겠지요. 거기서 그들의 생업을 그만두게 하고 예수 운동에 참여하라고 소명하셨습니다. 그런데 십자가 처형 후 총체적 멘붕 상태에 빠진 제자들을 주님께서 직접 그곳에 가시어 기다리고 계셨지요. 다시 말하면 예수 운동을 포기하고 절망과 좌절 속에서 원래 생업인 고기잡이 일로 되돌아간 제자들에게 예수님께서는 하나님 나라 운동이야말로 결코 포기해서는 안 될 사명임을 새롭게, 뜨겁게 깨우쳐 주시기 위해 그들이 돌아올 것을 미리 아시고 먼저 가시어 그들을 기다리신 것입니다. 정말 이제부터 본격적으로 하나님 나라 운동을 시작하자고 용기를 주기 위해서지요.

예수님은 제자들이 가슴 깊이 품었던 민족 광복의 꿈이 자기의 십자가 처형으로 산산이 깨어졌음을 깊이 이해하셨고, 그 깨어짐을 통해 그들이 엄청난 허탈감과 아픔을 겪었음을 잘 알고 계셨습니다. 제자 중에는 출애굽의 해방이나 바빌론 포로 생활에서의 해방을 바라고 예수 운동에 참여한 사람들도 있었습니다. 그런데 십자가 처형을 보며 그 꿈은 처참하게 박살 났지요. 주님은 그들의 고뇌, 아픔, 절망을 역지사지, 역지감지易地感之하셨습니다. 그래서 먼저 갈릴리로 가셨다고 생각합니다. 부활 예수께서는 제자들이 절망하여 갈릴리로 내려갈 때의 그 심정과 심경을 누구보다 잘 아셨습니다(엠마오로 내려가는 다른 제자들에게 나타난 부활 예수의 친절한 깨우침을 생각해 보세요).

그뿐이겠습니까. 절망하여 터벅터벅 고향에 돌아온 그들은 내키지 않지만 어쩔 수 없어 다시 그물을 잡고 갈릴리 호수로 나아갔지요. 그런데 종일 그리고 밤새도록 애썼으나, 고기 한 마리도 잡지 못했습니다. 이제 그들은 정신적 공황에 더하여 경제적 곤경에 맞부딪치게 되었지요. 일용할 양식조차도 구할 수 없게 되었습니다. 정말 총체적 위기에 빠지게 된 셈이지요. 춥고 배고프고 서럽고 허탈했을 것입니다. 정말 내일이 두려웠을 것입니다. 지금 춥고 배고파도 내일이 있다는 소망이 있으면 지금의 아픔을 얼마간 견딜 수 있을 터인데 말입니다. 사방으로 절망, 궁핍 그리고 좌절의 벽에 갇힌 딱한 처지가 되었습니다. 한 마디로 모두 멘붕 상태에 빠지게 되었습니다.

바로 이때였습니다. 이들의 귀에 어떤 소리가 들려왔습니다. 어떤 이가 허튼소리 하는 듯했습니다. "무얼 좀 잡았소?"라고 묻더니 덮어 놓고 배 오른쪽에 그물을 던져 보라고 일렀습니다. 누군지 모르나 그 음성에서 제자들은 범접할 수 없는 그 어떤 힘을 느낀 듯합니다. 여기서 우리는 부활하신 예수님의 일거수일투족에 새삼 주목할 필요가 있습니다. 왜냐하면 동작 하나하나가 부활 예수의 본질과 진심을 뚜렷하게 드러내 보여주기 때문입니다.

먼저 제자들은 부활 예수를 알아보지 못했음에 주목합시다. 항상 그들과 함께 기거했던 갈릴리 예수의 모습과 달랐기 때문이겠지요. 부활 예수의 모습은 그전 예수의 육체와는 무엇인가 달랐습니다. 그렇다고 그 다름이 환상이나 환영은 결코 아니었습니다. 환영, 환상 또는 유령 같은 모습에는 그 어떤 따뜻함, 인간적인 배려 그리고 그 실체적 효험이 없습니다. 그런데 부활의 예수께서는 아파하는 이들에게 너무나 따뜻하게 보듬어 주고 보살펴 주시는 다정한 인간적 터치touch를 보여주십니다. 그물을 어디에 던져 보라고 자상하게 일러 주심이 그러합니다. 너무나 따뜻한 인간적 실체로 절망한 제자들에게 다가오셨지요. 흥미롭게도 3년 전(또는 1년 전) 갈릴리호숫가에서 예수님께서 제자들을 호출하셨을 때는 그물 던지기를 그만두고 자기를 따르라고 명령하셨는데, 지금은 친절하고 너무나 따뜻하게 그물을 어디에 던질지 일러 주셨습니다. 그렇다고 갈릴리 예수와 부활의 예수는 결코 다른 두 존재가 아닙니다. 부활 이후 주님께서는 더 다정하게 사랑의 실천자로, 더 따뜻한 역사적 존재로 다가오셨습니다. 사랑 지배가 보다 구체화되고 있는 감동의 순간이지요. 이점에 예수따르미들은 주목해야 합니다.

둘째로 부활의 예수께서는 호숫가에 숯불을 피워 놓으셨습니다. 그리고 그 위에 생선과 빵을 굽고 계셨습니다. 친히 밥상을 차려 놓고 계셨지요. 그전에 갈릴리에서 가졌던 밥상은 예수님께서 친히 차리신 것이 아니었지요. 초청인이 마련했겠지요. 최후 만찬도 주님께서 직접 빵을 굽지는 않으셨지요. 그런데 부활 하신 주님께서는 친히 숯불을 피우시고, 친히 빵을 구우시고, 친히 생선을 구우셨습니다. 그리고 상을 직접 차리셨습니다. 진실로 참 목회가 무엇이며 목자의 돌봄이 무엇인지 친히 보여주셨습니다. 그렇습니다. 부활의 예수는 강론하거나 토론하거나 말로만 위로하거나 추상적 담론을 펼쳐내는 분이 아니었습니다. 춥고, 배고프고, 서럽고, 멘붕 상태에 빠져있던 제자들에게 친히 숯불을 피워 구운 생선과 빵으로 따뜻한 상을 차려주셨습니다.

그것도 너희들 이리 오너라, 와서 함께 먹자 하는 식의 초청이 아니었습니다. 부활의 예수께서는 친히 자기 손으로 구운 생선과 빵을 손으로 집으시고 제자들에게 다가가셨습니다. 마치 멀리 험한 곳에 갔다 오는 남편을 위해, 먼 길에서 온갖 고생을 하고 집으로 돌아오는 자식을 위해 정성껏 음식을 마련하는 아내와 엄마의 정성과 같다고 할까요. 저는 이것이 바로 진정한 예수님의 밥상공동체라고 믿고 싶습니다. 부활한 예수의 이 자상한 베풂이야말로 참된 예수의 성만찬이라고 부르고 싶습니다. 성만찬은 한낱 종교적, 교리적 의식, 의례가 아닙니다. 절망, 좌절, 분노, 서러움 이 모든 것을 사랑으로 극복해내는 사랑 나눔의 실천입니다. 부활의 예수께서 바로 이 같은 성만찬을 멘붕에 빠진 제자들에게 베푸셨습니다. 그러고 나서 부활의 주님께서 베드로에게 세 번씩이나 "내 어린 양 떼를 먹이라"고 당부하셨습니다.

여기서 어린양은 상처받기 쉬운 양을 말한다고 생각합니다. 우리 주변에는 상처받고 절망에 빠진 사람이 많습니다. 저도 예외가 아닙니다. 지난 두 번의 대통령 선거 후 저는 멘붕에 빠졌습니다. 너무나 많은 분의 절망을 역지사지, 역지감지 하지 않을 수 없었기 때문이지요. 그런데 최근 몇 달간 남북관계가 너무나 가슴 아프게도 아슬아슬하게 위기 국면으로 빠져들고 있습니다. 서로 발악하듯 힘으로 대결하는 한반도 정세를 보며 마음이 상하고 아팠습니다. 또한 기독교 장로 대통령의 재임 기간에 조국의 평화가 이토록 멀어진 것에 대해서 가슴 아팠습니다. 그런데 최근 교회 안에 서로 우아하게 지려는 예수 공동체의 흐름이 거칠게 흐트러지는 것을 보고 마음이 또 아팠습니다. 멘붕이 삼중으로 저를 급습하는 듯했습니다. 그럴수록 갈릴리 예수가 사무치게 그리웠습니다. 부활 후 절망의 땅 갈릴리에 먼저 가시어 그곳에서 숯불을 피워 놓으시고, 제자들에게 가장 필요한 '생선과 빵'을 친히 구워 당신의 손으로 직접 갖다주시는 엄마 같은 부활 예수가 사무치게 그리웠습니다.

부활하신 주님의 사랑의 보살핌과 보듬어 주심만이 우리로 하여금 온갖 상처와 아픔에서 건져주심을 믿습니다. 신학적 담론이나, 추상적 명상이나, 정교한 종교의식이 우리를 좌절과 절망에서 해방시켜 주는 힘이 결코 아닙니다. 오로지 부활의 예수 그리스도만이 사랑의 새 하늘과 새 땅, 평화와 공의의 새 예루살렘을 우리의 역사 현실에서 우뚝 세우는 힘임을 믿습니다. 그러기에 저는 모든 기도와 명상을 부활하신 예수 그리스도의 이름으로 드리고 싶습니다. 갈릴리 하나님 나라 운동이 예수의 부활을 통해 그 사랑의 동력이 더욱더 높아지고 더 넓혀진다는 진리를 믿고 증언하고 싶습니다. 그래서 그런 예수따르미로 계속 죽을 때까지 살아가렵니다. 육체의 죽음이 결코 끝장이 아니라 새 존재의 탄생과 새 세계의 창조로 이어진다는 것을 믿고 그것을 기쁘게 고백합니다.

끝으로 이렇게 갈릴리호숫가에서 제자들과 아침을 함께 하시면서 부활의 예수가 베드로에게 간곡하게 일러주신 말씀의 깊은 뜻을 헤아려보겠습니다. 부활하신 예수는 자기를 세 번씩이나 부인했던 베드로에게 자기의 어린 양 떼를 돌보고 먹이라며 세 번이나 거듭 당부하셨습니다. 부활하신 주를 믿고 제자들이 반드시 해야 할 일은 어리고 약하고 힘없는 양들을 정성으로 보살피는 공동체적 사랑 실천입니다. 이것은 바로 사랑 지배 질서, 곧 하나님 나라의 새 질서를 힘 모아 따뜻하게 세우라는 당부입니다. 좌절과 절망 속에 빠져있는 어린 양을 위해 숯불을 피우라는 권면입니다. 그 위에 생선과 빵을 구우라는 명령입니다. 부활의 예수를 믿고 죽어 혼자 천당 가는 것이 중요한 것이 아닙니다. 멘붕 상황에서 추상적 담론을 펼치는 것이 중요한 일이 아닙니다. 그 아픔을 치유할 구상적이고 몸에 와 닿는 숯불을 피워 따뜻한 공동체를 만드는 것이 중요합니다. 그리고 그 숯불 위에 친히 생선과 빵을 구워 사랑의 손으로 아파하는 이들에게 함께 나누는 일이 소중합니다. 이것이 소중한 공동체 치유입니다. 그럴 때 사랑 질서가 여기서 다시 태어날 것입니다. 끊임없이 태어날 것입니다. 바로 이것이 부활의 힘입니다. 저는 이 힘을 믿습니다. 그러기에 부활의 그리스도 예수의 그 이름은 그저 한낱 이름에 불과한 것이 아니라 바로 새 질서, 새 역사, 새 하늘과 새 땅 그리고 새 예루살렘을 우리 속에서 아름답게 일구어내는 감동적 새 창조의 힘임을 고백합니다. 이제 상처받고 괴로워하며 외로워하는 자매와 형제를 위해 우리 모두 따뜻한 숯불을 피웁시다. 그 위에 생선과 빵을 구웁시다. 이 땅에 하나님 나라를 멋있게 세우기 위해 말입니다.

부활 예수의 그 인간적 모습
— 교회 안에 부활의 예수가 없다

마태복음 6:9-13, 요한복음 21:15-18

그러므로 너희는 이렇게 기도하여라. 하늘에 계신 우리 아버지, 그 이름을 거룩하게 하여 주시며, 그 나라를 오게 하여 주시며, 그 뜻을 하늘에서 이루심 같이, 땅에서도 이루어 주십시오. 오늘 우리에게 필요한 양식을 내려 주시고, 우리가 우리에게 죄 지은 사람을 용서하여 준 것 같이 우리의 죄를 용서하여 주시고, 우리를 시험에 들지 않게 하시고, 악에서 구하여 주십시오. 나라와 권세와 영광은 영원히 아버지의 것입니다(마태복음 6:9-13).

그들이 아침을 먹은 뒤에, 예수께서 시몬 베드로에게 물으셨다. "요한의 아들 시몬아, 네가 이 사람들보다 나를 더 사랑하느냐" 베드로가 대답하였다. "주님, 그렇습니다. 내가 주님을 사랑하는 줄을 주님께서 아십니다." 예수께서 그에게 말씀하셨다. "내 어린 양떼를 먹여라." 예수께서 두 번째로 그에게 물으셨다. "요한의 아들 시몬아, 네가 나를 사랑하느냐" 베드로가 대답하였다. "주님, 그렇습니다. 내가 주님을 사랑하는 줄을 주님께서 아십니다." 예수께서 그에게 말씀하셨다. "내 양떼를 쳐라." 예수께서 세 번째로 물으셨다. "요한의 아들 시몬아, 네가 나를 사랑하느냐" 그 때에 베드로는, 예수께서 "네가 나를 사랑하느냐" 하고 세 번이나 물으시므로, 불안해서 "주님, 주님께서는 모든 것을 아십니다. 그러므로 내가 주님을 사랑하는 줄을 주님께서 아십니다" 하고 대답하였다. 예수께서 그에게 말씀하셨다. "내 양 떼를 먹여라. 내가 진정으로 진정으로 네게 말한다. 네가 젊어서는 스스로 띠를 띠고 네가 가고 싶은 곳을 다녔으나, 네가 늙어서는 남들이 네 팔을 벌릴 것이고, 너를 묶어서 네가 바라지 않는 곳으로 너를 끌고 갈 것이다"(요한복음 21:15-18).

오늘날 기독교의 가장 심각한 문제가 있다면 저는 그것이 바로 '예수 없는 기독교'라고 생각합니다. 예수를 믿고 따르기에 열심히 교회에 출석하는 크리스천들이 실은 예수 그리스도가 안 계신 교회를 다니고 있습니다. 하기야 이런 슬픈 현실은 한국기독교 안에만 있는 것이 아닙니다. 세계적인 최고의 성서 신학자 톰 라이트N.T. Wright는 '복음서에서 잊힌 얘기'라는 부제를 달고 매우 날카로운 신학적 성찰을 한 문제작『하나님은 어떻게 왕이 되셨나』(2012)를 세상에 내놓았습니다. 사복음서 모두가 감동적으로 증언한 갈릴리 예수가 실종되어버린 사도신경의 문제를 기독교의 심각한 문제로 신랄하게 지적했습니다. 그런데 한국교회 지도자들이나 신학자, 특히 복음주의 교회 지도자 중에 이 같은 예수 실종을 그렇게 안타까워하는 분들이 거의 없는 듯하여 매우 안타깝습니다. 그래서 저는 2008년에『예수 없는 예수교회』라는 책을 부끄럽고 답답한 심경으로 세상에 내놓았습니다.

한국교회에서 역사적 예수만이 사라진 것이 아니라 부활의 예수,

곧 그리스도도 안 계신다는 사실을 알리면서 세상으로부터 온갖 비난과 조롱을 받는 한국교회를 흔들어 깨우고 싶습니다. 역사의 예수도, 부활의 그리스도도 부재不在하신다는 것은 바로 예수 그리스도의 하나님 나라 운동, 하나님 나라 선교 그리고 하나님 나라 복음이 모두 사라졌다는 뜻이 아닐까요? 기독교가 이른바 개독교로 변질된 것도 참으로 걱정스럽지만, 그보다 더욱 저를 슬프게 하는 것은 예수도, 그리스도도 모두 교회 안에 계시지 않고 하나님 나라 복음도 한국기독교와 교회에서 찾아보기 힘들다는 사실입니다. "우리는 모든 악으로부터 우리를 해방하여 새 사람으로 일으켜 주시는 예수 그리스도를 믿습니다"라는 신앙고백은 우리의 주님 되시는 예수 그리스도와 함께 새 질서, 새 구조를 만들어가겠다는 결단으로 이어집니다. 이 복음의 핵심과 본질을 다시 새롭게 깨닫기 위해 우리는 먼저 한국교회에서 왜 예수와 그리스도가 안 계신지 그리고 왜 하나님 나라 운동이 실종되었는지를 회개하는 마음으로 성찰해야 합니다.

먼저 예수와 그리스도 간의 단절이 가져온 신학적, 신앙적 문제점부터 간단히 살펴봐야 합니다. 하기야 이 단절은 예수와 바울 간의 단절과도 연관되고, 하늘과 땅 간의 분리와도 연관되며, 하나님 나라와 죽어서야 간다고 믿는 천당 간의 괴리와도 연관됩니다. 그러나 무엇보다 예수가 그리스도에서 분리되고, 그리스도가 예수로부터 단절된 것이 오늘 한국기독교의 심각한 문제입니다. 먼저 한국교회의 역사와 현실에서 이 단절의 문제를 살펴볼 필요가 있습니다.

19세기 말 주로 미국 선교사들로부터 전승된 기독교 복음에는 예수와 그리스도 간의 단절이라는 문제보다는 일종의 '몽매한 일치'가 두드러졌습니다. 소박하게 말하자면 예수는 이름이고 그리스도는 성으로 인식한 듯합니다. 이 소박하고 몽매한 동일성은 초기 선교사들의 근본주의적 신학과 신앙에서 비롯되었습니다. 그들은 대체로 19세기에 풍미했던 자유주의 신학을 거부했습니다. 하기야 19세기 서구 자유주의 신학에 대한 비판과 반발에는 근본주의 신학 이외에도 성서 비평(고등비평)에 의한 고차원의 진보적 비판도 있었습니다. 특히 20세기 초, 실존주의적 성서해석은 역사의 예수에 관한 역사 탐구를 단절시켰습니다. 희한하게 진보적인 성서 비평도 근본주의 신학과 함께 역사적 예수에 대한 탐구를 포기하게 하거나 불필요한 것으로 여기게 했습니다. 불트만Bultmann은 실물 예수의 말씀과 삶, 그의 성품과 의식 등을 과학적으로, 객관적으로 재구성해 낼 수 없다고 보았습니다. 그렇다면 사복음서가 증언하는 예수의 모습은 무엇인가요? 그것은 위기에 봉착했던 초대교회가 삶의 자리에서 조명해 본 부활 예수의 모습이 반영된 것으로 생각했습니다. 초대교회 공동체가 체험했던 부활의 그리스도에 대한 신앙고백으로 복음서를 해석한 것이지요. 불트만은 이런 신앙고백(케리그마)을 객관적 역사 사실로 환치할 수 없다고 본 것입니다. 그 결과 반세기 동안 서구 성서신학의 역사적 예수 탐구는 중단된 셈입니다. 이런 역사 예수 탐구의 중단이 가져온 심각한 역사적 후유증으로 우리는 히틀러와 같은 구조적 악 앞에서 교회가 무력했다는 사실에 새삼 주목해야 하고 반성해야 합니다.

그런데 초대 한국 선교사들의 영향을 받은 한국교회는 처음부터 성서 비평은 위험한 반反신앙적 접근으로 보아 배격했습니다. 근본주의 신학과 신앙의 관점에서 복음서는 일점일획도 틀릴 수 없는 객관적 역사적 진실로 확신했습니다. 곧 예수와 그리스도가 동일하다고 문자주의 신앙으로 수용했지요. 역사와 신앙고백을 몽매하게 혼돈했습니다. 그런데 이 같은 이해는 하나님 나라 운동이 본질적으로 지니고 있는 역사적 변혁성을 부적절한 것으로 무시했습니다. 예수와 그리스도 모두가 탈역사화되고 사사화私事化되고 말았습니다. 이 같은 몽매한 미분화 인식에서는 감동적인 역사 변혁 실천이 나올 수 없습니다. 이러한 몽매함과 연관해서 우리는 한국교회 분열사分裂史에서 어이없는 일이 발생했음을 눈여겨보고 반성해야 합니다. 갈릴리 예수의 역사 실천 동력과 그리스도의 차원 높은 실천적 역동성을 모른 채, 교단 분열 과정에서 예수와 그리스도는 분열되고, 가슴 아프게도 예수와 그리스도 간에 반反복음적 증오와 투쟁이 펼쳐졌지요. 분열 과정에서 예수 이름을 먼저 차지한 교단에 대항하여 분열된 다른 반쪽은 그리스도 이름을 독점적으로 활용할 수밖에 없었지요. 예수교 장로교와 기독교 장로교는 1953년 6·25전쟁의 참화 속에서 가슴 아프게도 분열될 수 없고 되어서도 안 되는 예수 그리스도를 반반씩 잘라 소유하게 되었습니다. 그 후 성결교단도 장로교 분열의 그 위선적 길을 따라갔습니다. 그런데 흥미롭게도 더 보수적인 장로교단이 역사적 예수를 가져가고, 상대적으로 더 진보적인 교단이 부활의 그리스도를 가져갔습니다. 하기야 예수와 그리스도 간에는 그 역사적 진보성과 실천적 변혁성에 있어 본질적 차이는 없습니다. 상식적으로는 많은 사람이 갈릴리 예수는 진보적 실천에 앞섰다고 보고 부활의 그리스도는 신비하고 영적인 존재로 봅니다. 그런데 복음서를 총체적으로 하나님 나라 운동의 실천적 관점에서 보면 부활의 그리스도가 갈릴리 예수 못지않게, 아니 더욱더 감동적 실천의 동력을 보여주고 있습니다. 복음서는 부활의 그리스도는 더 따뜻하고, 더 품어 인도해주시고, 더 인간적인 점이 넘치는 사랑의 메시아이심을 증언해 줍니다. 부활 예수의 영성이 얼마나 더 공공적이고, 더 감동적이고, 더 변혁적인가를 증언하고 싶습니다. 저는 이 점을 좀 더 부각시키고 싶습니다.

예수 복음이 본질적으로 갖는 공공성과 감동성 그리고 변혁성에 주목하면서 복음서를 읽어 보면 갈릴리 예수의 메시지와 그의 실천은 십자가 고난과 처형을 거치면서 그 공공성과 변혁성이 더 강렬하게 드러납니다. 그런데 처형 후 사흘 만에 부활한 그리스도의 현현에서는 놀랍게도 이 같은 공공적 변혁의 동력이 더욱 감동적으로 나타남을 확인하게 됩니다. 한마디로 갈릴리 예수의 하나님 나라 운동의 감동적 동력이 실체로 부활한 그리스도의 모습에서 더욱 뚜렷하게 나타나는 것입니다. 그러기에 예수를 그리스도에서, 그리스도를 예수에서 추상적으로, 신학적으로 떼어 놓을 수 없습니다. 이 점을 확인해 보기 위해 갈릴리 예수의 대표적인 하나님 나라 비전(또는 메시지) 하나와 부활의 그리스도 메시지 하나를 특별히 부각시켜 보겠습니다.

먼저 예수의 기도, 즉 주기도문은 그의 하나님 나라 운동의 핵심을 짧게 그러나 강렬하게 드러내 보입니다. 예수 메시지가 갖는 전복적인 진보성(또는 급진성)이 이 기도에서 뚜렷하게 나타납니다. 예수의 이 전복적 비전은 크게 두 부분으로 구성되어 있습니다. 전반부는 하나님과 인간 간의 바람직한 관계를 드러내기 위해 먼저 당시 유대인들의 잘못된 하나님 인식과 그 오용을 지적합니다. 여기도 크게 두 가지 메시지를 던지고 있지요. 첫째는 하나님의 이름이 더럽혀지고 있는 현실을 안타까워하는 예수의 마음을 읽을 수 있습니다. 아바

Abba 하나님은 사랑 그 자체이기에 그 이름이 거룩히 여김을 받아야 마땅한데도 실제로는 하나님의 이름이 정치 종교적 이데올로기로 변질되어 버린 당시 종교 상황을 예수는 개탄하셨습니다. 신의 이름이 이데올로기로 변질되면 한마디로 오웰Orwell의 소설『1984』에 나타나는 극심한 언어의 도착이 일상화됩니다. 끔찍한 구조악의 위선적 자기 치장의 추한 모습을 보게 됩니다. 거짓과 진실을 분별해주는 이성적 능력이 구조적으로, 문화적으로 마비되어 버립니다. 이를테면 사랑성省이라는 국가기구가 고문이라는 폭력을 제도적으로 전담하게 되지요. 진리성省이라는 국가 이데올로기 기구가 뻔뻔스럽게 거짓을 날로 유포하게 됩니다. 풍요성省이라는 국가 경제기구가 노동 착취를 합리화하게 되지요. 이 같은 위선적 전체주의적 억압과 착취 구조 아래에서 밑바닥 인생은 '빅브라더'가 지시하는 대로 '아멘, 할렐루야'를 외치듯 열망하게 되고 마침내 그들은 가축화되고 말지요. 바로 이 같은 비극이 하나님 이름이 불경스럽게 오용되는 현실이기에 갈릴리 예수님은 그의 기도문에서 하나님 이름의 이데올로기적 변질을 극복하라고 당부하셨지요. 하나님 이름이나 예수 그리스도의 이름은 결단코 이데올로기적으로 왜곡되어 변질되어서는 안 됩니다. 그것으로부터 자유로워야 합니다. 그의 이름은 실천의 본질입니다. 허위의식의 겉치레가 결코 아닙니다. 그래서 시편 기자도 "그의 이름을 위하여 의義의 길로 인도하시나이다"(시편 23편)라고 고백했지요. 하나님은 이름이면서도 바로 공의와 샬롬의 변혁으로 이끄는 실천적 동력이지요. 그래서 우리에게는 그 이름이 그토록 소중한 것입니다.

전반부 주기도문에서 또 다른 소중한 메시지가 있습니다. 그것은 하나님 이름이 바로 변혁의 동력이 된다는 위의 메시지와 긴밀히 연결된 것입니다. 그것은 하늘의 뜻이 반드시 우리의 땅, 우리의 역사 현실에서 이뤄져야 한다는 메시지입니다. 하나님 나라는 우리가 죽어서 가는 천당이 아니라 오히려 하나님의 뜻이 이뤄지고 있는 하나님의 사랑 지배(lovedom)가 우리가 지금 살아가고 있는 역사 현실 속에서 이뤄져야 함을 말하고 있습니다. 이를 위해 우리는 힘써 함께 노력해야 합니다. 하나님과 예수 이름의 실천적 동력은 언어 도착이 정치적으로 심각하게 제도화되어있는 현실에서는 이 도착을 바로잡는 하나님의 일과 하나님의 선교로 이어져야 합니다. 민주주의 이름으로 민주주의가 죽어가고 정의의 이름으로 정의가 짓밟히고 평화의 이름으로 잔인한 전쟁을 부추기는 우리의 현실에서 하나님 이름과 예수 그리스도의 이름으로 이 같은 구조악의 지배를 극복해 내야 합니다. 예수 이름과 부활의 그리스도 이름이 함께하여 예수 그리스도의 이름이 될 때, 그 이름이 뿜어내는 변혁 에너지는 엄청납니다. 사도행전 3장에서 베드로가 회당입구에서 구걸하고 있던 지체 장애인 걸인에게 준 메시지가 무엇이었습니까. 사도들에게 알량한 돈 몇 푼 받고 싶어 했던 그 걸인에게 베드로는 사랑의 눈빛으로 그를 쳐다보며 이렇게 말씀하지 않았던가요.

은과 금은 내게 없으나 내게 있는 것을 그대에게 주노니 나사렛 예수 이름으로 일어나 걸으시오(행 3:6).

자본주의 체제에 깊이 동화되어있는 우리는 베드로의 이 같은 변혁의 감동적 명령을 이해하기가 참으로 힘듭니다. 금과 은의 힘으로 태연하게 자본주의적 갑질에 익숙하게 살아온 크리스천들은 이 이름, 곧 역사적 예수인 나사렛 예수의 이름의 힘으로 이 장애인을 총체적으로 변화시킨 사실의 참뜻을 우리 상황에서 항상 곱씹어 봐야 할 것입니다. 금과 은의 부스러기를 받고 평생 장애인으로 구걸하는 처지를 근본적으로, 급진적으로 바꿔버린 이 총체적 변혁의 감동이 바로 주기도문의 핵심적 메시지입니다. 이때 베드로는 이미 부활의 그리스도를 체험했기에 나사렛 예수, 곧 부활의 그리스도임을 온몸으로 확신하고 있었습니다. 그에게 예수, 곧 그리스도입니다. 그리스도 예수의 이름이 주는 역사 변혁의 힘을 그는 기쁘게 복음 사역으로 실천했던 것입니다.

주기도문의 후반부는 인간과 인간 간의 바람직한 관계를 중심으로 아바Abba 하나님의 뜻을 구현하는 구체적 실천 프로그램을 언급하고 있습니다. 먼저 일용할 양식에 감사하는 프로그램이지요. 이 권고에는 깊은 뜻이 숨어있습니다. 광야 40년의 고난 순례 과정에서 이스라엘 백성들은 매일 만나를 받아먹었습니다. 만나는 일용할 양식이었습니다. 그런데 그것은 하루 이상 쌓아둘 수 없었습니다. 축적하는 순간 그것은 썩게 되어 있었습니다. 축적을 미덕으로 삼는 자본주의 본질의 빛 아래서 보면 이 권면은 참으로 우리를 부끄럽게 하는 메시지입니다. 우리는 축적 탐욕이 인간을 근원적으로 비인간화시킨다는 진실에 새삼 주목해야 합니다.

다음 메시지는 우리에게 엄청난 메타노이아(회개)를 촉구하는 예수의 메시지입니다. 채권자가 채무자의 빚을 탕감해주듯이 하나님께서 저희의 죄와 빚을 용서해 주시고 탕감해달라는 청원 메시지입니다. 크리스천들이 채권자인 갑으로 채무자인 을에게 갑질하는 한

주기도문을 입에 담을 수 없습니다. 우리의 경제적 갑질을 뉘우치고 버리지 않는 한 우리의 기도는 무의미합니다. 하나님의 용서를 받으려면 우리는 먼저 우리의 을에게 하는 온갖 갑질을 그만두는 결단부터 내리고 당장 실천해야 합니다. 그만큼 우리의 하나님은 우리끼리의 공의와 평화를 소중히 여기시지요. 그래야 하나님 나라가 우리 안에서 비로소 펼쳐지게 됩니다.

주기도문에서 드러나는 예수의 하나님 나라 운동은 또한 유혹의 극복과 밀접하게 연관되어 있습니다. 이 유혹은 예수님을 광야에서 유혹했던 사탄의 유혹이기도 합니다. 특히 이 세상에서 지도자가 되려는 크리스천들에게 이 유혹 극복은 참으로 적절하고 절박한 메시지입니다. 교만과 독선과 힘에 의한 제압으로 세상을 이끌려는 지도자는 결코 하나님 나라를 세울 수 없음을 주기도문은 명확하게 강조합니다. 그 흔한 돌로 값진 빵(재화)을 만들고 싶은 물량 제일주의나 세상을 높은 곳에서 호령하여 천하를 자기 앞에 무릎 꿇게 하고 싶은 지배제일주의나 하나님의 카리스마를 빙자한 종교 주술적 지배욕에 함몰하게 되면, 마침내 사탄의 지배 질서에 항복하게 되고 맙니다. 주기도문은 이 진리를 장엄하게 깨우쳐 줍니다.

그런데 이 사탄의 유혹은 바로 구조악의 유혹이기도 하지요. 악의 구조적 민낯을 예수따르미들은 항상 꿰뚫어 볼 수 있어야 합니다. 누가복음에 보면(8장 26-39절) 예수께서 거라사 지방 무덤가에서 참으로 비참했던 정신질환자를 만났습니다. 예수님은 그에게 다가가서 "네 이름이 무엇이냐?"고 물으셨습니다. 왜 물으셨을까요? 그저 그를 고쳐 주면 되지 왜 이름을 물으셨을까요? 역사의 예수는 인간을 괴롭히는 사탄의 구조적 본질임을 드러내 보이시기 위해서 고의로 물으셨습니다. 그 정신질환자는 자기 이름이 로마군단이라고 대답합니다. 당시 천하를 폭력적 승리주의로 지배했던 팍스로마나의 민낯, 그것도 그 제도화된 구조적 폭력지배의 정체를 그대로 드러내 보여주셨습니다. 이것은 하나님의 사랑 지배, 공의 지배 그리고 평화 지배와 선명하게 대조되는 사탄의 군사적 폭력지배임을 폭로하셨습니다. 그러기에 구조적 악에서 우리를 해방시켜 주시는 예수님의 선교는 결단코 관념적, 명상적, 신학적 탐구활동에 그치지 않습니다. 그리고 예수님의 축사(귀신 쫓는 일) 치유행위는 개인적 정신질환의 치유만이 아닙니다. 그 질환의 뿌리에 깊이 스며있는 사탄의 구조악을 제거하는 총체적 치유였습니다.

이렇게 역사의 예수가 추진했던 하나님 나라 운동은 구조적 악에서 개인만 일으켜 세워주시는 것으로 끝나는 것이 아니라 그 악의 세력을 무력화시키는 놀라운 힘을 드러내는 공공적, 감동적, 변혁 운동입니다. 그렇다면 나사렛 예수가 십자가 처형을 당하신 후 사흘 만에 부활하셨는데, 부활의 예수, 곧 그리스도로 격상된 부활 예수도 이 하나님 나라 운동을 계승하고 지속하셨던가요. 부활의 그리스도는 영적인 존재이신데, 구태여 세상의 구조악을 축출하는 이른바 하나님 나라 운동에 얽매일 필요가 있었을까요?

이제 말씀의 핵심으로 들어가 봅시다. 우선 부활 예수의 존재는 과연 몸의 실체를 지니고 있는가 하는 문제부터 잠시 살펴봅시다. 예수 제자들과 초대교회는 과연 예수의 부활을 어떻게 해석했는지 주목해야 합니다. 지난 2천 년 가까이 제도 교회는 예수 부활을 제대로 파악하지 못한 면이 있다고 지적하는 신학자들이 많습니다. 톰 라이트N.T. Wright가 이 점을 가장 안타깝게 생각하는 대표적 성서 신학자입니다(2008년 그가 출간한 *Surprised by Hope: Rethinking Heaven, the Resurrection, and the Mission of the Church*는 좋은 길잡이가 됩니다). 초대교회에서도 부활 예수를 실체에서 분리된disembodied 영의 존재로 잘못 보았던 분들이 적지 않았습니다. 예수를 처음부터 영적 존재로 보았던 분들이 있었지요. 겉으로 보기에는 사람처럼 보이지만, 실은 예수는 신적인 영성의 존재이기에 육체의 아픔에서 완전 자유롭다고 믿었지요. 이것이 가현설Docetism의 예수입니다. 이런 예수는 이미 탈역사되고, 탈실체화된 예수 인식이지요. 이들에게는 십자가 고난은 아무 의미 없는 사건이지요. 일종의 쇼show에 불과하다고 볼 수도 있습니다. 예수 고난의 의미가 우리 가슴에 와닿을 수가 없습니다. 그래서 변혁의 감동적 동력이 될 수 없습니다.

이 같은 예수의 탈실체화 움직임은 역사 속에서 악을 변혁시키는 일을 과소평가하거나 아예 기피하는 움직임으로 쉽게 연결됩니다. 여기에 영지주의 영향이 작동하게 됩니다. 세상은 악하기에 이 세상을 떠나 천당에 가서 영원히 주님과 함께 거하는 것이 구원의 종착이라고 믿게 됩니다. 구원은 여기 역사 속에서 만물을 새롭게 재창조하시는 하나님의 일에 동참하는 일이 아니라, 이 세상에서 피난하여 피안으로 올라가는 것이라고 믿는 믿음은 영혼불멸설을 강조했던 플라톤 사상과도 상통합니다. 그래서 신플라톤주의 사상과 영지주의 사상이 초대교회를 혼란시킨 것도 사실이지요. 그렇다면 복음서가 증거하는 부활 예수, 곧 그리스도는 과연 육체를 떠난 탈실체화된 영적 존재였을까요? 그래서 부활 예수는 하나님 나라 운동에 전혀 무관심했을까요?

여기서 우리는 초대 예수따르미들이 가졌던 몸의 부활에 대한 신앙적 판단을 제대로 이해해야 할 필요가 있습니다. 도대체 몸의 부활 또는 부활 예수의 몸은 어떤 것일까요. 무엇보다 먼저 부활 예수의 몸은 실체physicality입니다. 그렇다고 썩어 없어지는 우리 육체의 몸은 결단코 아닙니다. 그러기에 부활, resurrection은 몸의 재생을 뜻하는 resuscitation과는 본질적으로 다릅니다. 나사로의 부활은 썩어질 몸이 잠시 소생했으나 결국 또다시 죽어 썩어질 몸이었지요. 그런데 예수 부활은 몸의 부활이지만 이 몸은 썩지 않은 몸입니다. 썩지 않는다는 뜻으로 또는 죽지 않는다는 뜻으로 영의 몸 또는 영의 실체로 표현할 수 있겠습니다. 그러나 이런 표현이 플라톤적인 영혼 불멸의 영과는 다릅니다. 가현설적인 영과도 전적으로 다르지요. 부활의 몸은 썩지 않기에 썩을 우리 육체의 몸보다 더 견실한 실체physicality를 지니고 있습니다. 실체성, 공간 점유성, 실천성, 감동성, 공공성 그리고 변혁성을 모두 지니고 있지요. 그러니까 역사 변혁성은 부활 이후에도 예수 삶에서 더 강렬하게 작동합니다. 바로 이 점을 우리는 요한복음에서 확인해 볼 수 있습니다.

요한복음 20장 26절에서 29절을 보면 참으로 흥미로운 증언이 나옵니다. 절망했던 제자들에게 부활 예수의 모습이 부활 이전 예수(역사 예수)보다 더 따뜻하게 보살피시고, 더 품어 인도하시는 엄마와 아빠 같은 모습임을 확인하게 됩니다. 베드로는 자기 고백의 뜻을 깨닫지 못했기에 예수를 세 번이나 모른다고 거짓말했습니다. 도마의 응답에 대해 부활의 몸이 되신 예수는 그때나 오늘이나 우리에게 이렇게 축복을 내려 주시며 깨우쳐 주십니다. "너는 나를 보았기 때문에 믿느냐 나를 보지 않고도 믿는 사람이 복이 있다." 이 말씀을 듣고 보니까 역사의 예수 모습도 부활의 예수 몸도 눈으로 직접 보지 못한 우리가 이천 년 전의 예수 제자들보다 더 큰 축복을 받을 수 있음을 새삼 깨닫게 됩니다.

지금 우리가 진정 도마보다 더 큰 축복을 예수 그리스도로부터 받으려면 적어도 도마처럼 그리스도의 모습에서 역사의 예수를 볼 수 있고, 또 역사의 예수 모습에서 그리스도의 영광스럽고 더 품어 보살펴 주시는 사랑의 그리스도를 볼 수 있어야 합니다. 그러기에 우리 중에서 혹시나 역사적 예수에게는 부활의 따뜻한 영이 없고, 부활의 예수는 순전히 영적 존재이기에 역사 변혁에는 관심이 없는 존재라고 생각한다면 참으로 안타까운 일이지요. 그런 신자는 하나님 나라 펼침의 기쁨을 우리 역사 현실 속에서 온몸으로 느낄 수 없기 때문입니다. 부활의 예수께서 이 하나님 나라 펼침을 얼마나 소중히 여겼는지를 힘주어 다시 말하고 싶습니다. 예수가 승천하시기 전에 수제자 베드로에게 당부한 지엄한 권면의 뜻을 나누겠습니다.

요한복음 마지막 장인 21장에 주목해봅시다. 놀랍게도 부활 예수와 제자들이 마치 지난날처럼 함께 아침을 먹었습니다. 식사 후 그리스도께서는 베드로에게 참으로 진지하게 세 번씩이나 자기를 사랑하느냐고 물으셨습니다. 제자들은 주님께서 친히 차려주신 아침밥을 먹고 부활 예수는 실체가 없는 유령이 아님을 확인한 뒤라 예수님을 진짜 메시아요 하나님의 아들임을 새삼 깨닫고 기뻐하고 있을 때였습니다. 예수 그리스도는 수제자에게 세 번씩이나 사랑하느냐고 물으셨습니다. 불과 얼마 전에 예수를 세 번 모른다고 비겁하게 부인했던 터라 베드로는 매우 민망하고 송구스러웠겠지요. 세 번 모두 베드로는 자기가 주님을 사랑하는 것은 물론, 그 사실을 부활의 주님께서 친히 알고 계신다고 대답했습니다. 그가 그렇게 대답할 때마다 부활의 주님은 이렇게 권면하셨습니다. "내 양 떼를 먹이라." 도대체 이 명령의 뜻이 무엇일까요. 이 명령이 하나님 나라 세움과 펼침과는 무슨 관계가 있을까요. 이 권고가 2천 년이 지난 오늘 기독교 공동체에 주는 의미는 무엇일까요. 이 명령이 오늘 분단된 조국 땅에서 한국교회에 주는 선교적 의미가 무엇일까요.

여기 "내 양 떼"는 누구를 뜻하는지 예수 당시 상황과 오늘 우리 상황에서 심각하게 성찰해봐야 합니다. 왜냐하면 거기서 예수 그리스도의 몸 된 교회, 특히 부활의 몸이 되는 교회가 나아가야 할 방향을 찾을 수 있기 때문입니다. 베드로의 대답을 들은 예수 그리스도께서는 '그래, 그래야지. 나를 정말 사랑해야지. 너는 나를 세 번씩이나 부인했으니, 이제부터는 정말 나를 사랑해야지' 이렇게 말씀하시지 않고 세 번씩이나 내 양 떼를 돌보고 먹이고 사랑하라고 하셨습니다. 역사의 예수나 부활의 예수는 자신을 항상 이 양 떼와 동일시하시고 그들과 공감하셨고 동고하셨지요. 그들과 역지사지하셨고 역지감지 하셨고 나아가 역지식지易地食之하셨지요. 이것이 바로 '지극히 보잘 것없는 자'에게 베푼 사랑이 바로 나에게 한 것이라고 하신 예수의 말씀과 같은 뜻이지요. 꼴찌the last와 지극히 작은 자the least와 동고 하시는 예수 그리스도의 참된 모습을(마 25:31-45) 우리는 부활 이전이나 그 이후나 한결같다는 진리를 놓치지 말아야 합니다.

여기서 양 떼의 특징을 이해하기 위해 먼저 예수 당시의 정치·경제·문화가 심각하게 양극화되었음에 주목해야 합니다. 로마 권력, 헤롯 권력 그리고 성전 권력에 의해 삼중으로 착취당했던 당시 꼴찌들과 지극히 작은 자들이 바로 예수 그리스도의 벗이요, 양이었습니다. 아니 그들이 바로 예수 자신이었습니다. 마태복음의 최후심판 얘기에서 확인하듯 심판 주는 그 자신이 주리셨고 목마르셨고 나그네 되시고 헐벗게 되셨지요. 그리고 병들게 되시고 나아가 감옥에 갇히게 된다고 하셨습니다. 바로 이런 놀라운 메시지 속에서 이른바 '높은 기독론High Christology'은 '낮은 기독론Low Christology'과 다른 것이 아님을 확인해야 합니다. 부활의 그리스도가 갈릴리의 예수임을 다시 명심해야 합니다. 놀라운 것은 부활의 예수께서 수제자 베드로에게 꼴찌와 지극히 작은 자들을 돌보고 사랑하라는 명령은 하나님의 아들로 등극한 이른바 '높은 그리스도'께서 '낮고 천한 자 그래서 힘 있는 자들에 의해 고통당하는 낮은 자들'을 먹이는 '낮은 그리스도'가 되신다는 비유의 실체를 잊지 말아야 합니다.

그리스도의 양 떼를 먹이는 일은 실체가 없는 영혼이 해낼 수 있는 일이 결코 아닙니다. 이것은 육체의 몸보다 더 실체적인 영의 몸으로 실천해내는 일이지요. 곧 부활의 몸은 저 구름 위에서 실체 없는 영혼으로는 해낼 수 없습니다. 육체에서 분리된 불사의 영혼은 예수의 양 떼를 돌보지 못합니다. 그러기에 우리는 구체적인 역사 현실 속에서 부활 그리스도의 명령을 따르고 실천하려고 노력해야 합니다. 이 현실 속에는 악의 세력에 의해 고통당하는 양 떼가 있기 마련입니다. 이 악의 세력을 예수의 십자가 사랑, 곧 선제적 원수 사랑 실천으로 무력화시켜야 합니다. 아니 무력화보다 한 차원 높은 발선화發善化를 이룩해야 합니다. 그래야 원수의 악이 선으로 변합니다. 이 같은 변화는 악의 변화이면서 동시에 우리 자신 속에 있는 악도 선으로 변화시킵니다. 여기에 발선은 당사자 개인을 아름답게 변화시킬 뿐만 아니라(새사람으로 일어서게 되는 변화), 구조적 변화, 곧 평화와 공의의 새 질서를 세우는 일로 이어집니다. 이때 양과 양 떼를 괴롭힌 악은 모두 변화되어 새로운 몸의 존재로 거듭나 비로소 새 질서에서 함께 기뻐할 수 있습니다. 이것이 바울이 말한 발선의 효험이 아니겠습니까(롬 12:20-21).

첨가하여 부활과 연관된 기독교 전통 중 심각한 오해 하나를 이야기하고 싶습니다. 대체로 기독교 신자들은 예수 부활로 죽어서 해체되는 영혼의 존재로 천당에 들어가 그곳에서 부활의 주님과 영원히 행복하게 지낸다고 믿습니다. 이 상태를 완벽한 구원상태로 믿습니다. 이런 신앙은 성서적 신앙이 아니라고 톰 라이트N.T. Wright는 단언합니다. 예수께서 골고다 십자가 고난을 앞두고 제자들에게 위로하시며 하신 말씀에도 이러한 것이 있습니다. "너희는 마음에 근심하지 말아라. 또 하나님을 믿고 또 나를 믿어라. 내 아비 집에 거할 곳이 많도다 …"(요 14:1-2). 이 말씀을 전통적 교회는 죽어서 가는 천당으로 생각합니다. 그리고 십자가에 달린 강도 한사람에게 예수님께서 오늘 나와 함께 낙원에 갈 것이라 말씀하셨는데 전통교회는 이것을 또한 예수님과 함께 천당에 가서 그곳에서 영생 복락을 누리게 된다고 가르치고 있습니다. 이것이 구원의 축복이라 가르쳤습니다. 그런데 이것은 결코 성서적 메시지가 아니라고 톰 라이트는 역설합니다. 예수의 하나님 나라는 신자들이 사후에 올라가서 그곳에서 영원히 사는 탈역사적 천당이 아닙니다. 파라다이스는 잠시 쉬는 곳일 뿐 영원히 사는 하나님 집이 아닙니다. 그러한 하나님께서 부활의 그리스도에게 땅과 하늘 모두를 다스리는 권위를 주셨습니다. 그래서 하나님의 명령에 따라 하나님 아들 그리스도가 당신의 백성과 손을 잡고 만물을 새롭게 하시기 위해 하늘에서 땅으로 내려오십니다. 이때 그리스도의 백성은 그리스도처럼 썩지 않는 부활의 몸으로 땅으로, 역사 속으로 내려와 만물을 새롭게 하시는 하나님의 일을 동역자로 일하게 될 것입니다. 이때 하늘과 땅은 하나가 되는 것이지요. 마치 신랑과 신부가 만나 하나가 되듯 말입니다. 이 하나 되는 일, 곧 하나님 나라가 이 땅에서 완성되는 과정일 것입니다. 이것은 결단코 육체에서 분리된 영혼, 곧 실체가 없는 존재의 향연일 수 없습니다. 매우 구체적이고 실감 나는 인격적이면서도 역사적 변혁의 기쁨이 확산하고 심화하는 하나님 나라 잔치의 기쁨입니다. 뜻이 하늘에서처럼 땅에서 완성되는 그러한 총체적 잔치의 기쁨이지요. 이것이 종말론의 완성이 아니겠습니까. 역사 예수, 부활의 그리스도, 승천한 그리스도가 하나님 백성과 함께 모두 실체적 부활의 몸으로 종말적 희망을 역사 속에서 완성하는 일이 바로 오늘 교회의 가장 중요한 사명이 아니겠습니까. 이것이 주기도문의 비전이 이뤄지는 것이 아니겠습니까!

공의가 큰 강물처럼 흐르고 평화가 단비처럼 내리는 하나님 사랑 지배가 마침내 이 땅에서 이뤄져서 구원이 완성되고, 창조 세계가 원래의 아름다움을 회복하는 것 아니겠습니까! 창조와 구원이 아름답게 만나 완성되는 것 아니겠습니까! 이 사명을 위해 부름 받은 공공적, 감동적 그리고 변혁적 공동체가 바로 교회 아니겠습니까!

사랑 안에서 삶과 죽음은 하나입니다
빌립보서 1:20-21, 고린도전서 15:36-37

나의 간절한 기대와 소망을 따라 아무 일에든지 부끄러워하지 아니하고 지금도 전과 같이 온전히 담대하여 살든지 죽든지 내 몸에서 그리스도가 존귀하게 되게 하려 하나니 이는 내게 사는 것이 그리스도니 죽는 것도 유익함이라(빌립보서 1:20-21).

어리석은 자여 네가 뿌리는 씨가 죽지 않으면 살아나지 못하겠고 또 네가 뿌리는 것은 장래의 형체를 뿌리는 것이 아니요 다만 밀이나 다른 것의 알맹이 뿐이로되(고린도전서 15:36-37).

그리스도 예수 안에서 참다운 공동체는 삶과 죽음의 경계선을 뛰어넘는 힘을 갖고 있습니다. 이미 세상을 떠난 교우들과의 영적 코이노니아도 우리의 회상 속에서 따뜻하게 살아 움직입니다. 이 시간 우리는 그분들이 육신으로 우리와 함께 있을 때, 새길공동체에서 서로 나눈 사랑과 헌신을 기억하려 합니다. 이런 회상을 통해 복음이란 죽음의 공포를 이겨내는 기쁜 소식임을 확인하고 싶습니다.

요즘 저는 아침에 일어나자마자 창문을 열고 아파트 단지의 앞마당에 있는 은행나무 잎이 얼마나 더 떨어졌는지를 조심스럽게 살펴봅니다. 젊었을 때는 길에 쌓인 노란 은행나무 잎을 보며 "아, 가을은 참 아름답구나!"라고 감탄했지요. 그런데 지금은 흩어져 있는 나뭇잎들을 보면서 "저것이 바로 내 모습이구나!" 하고 조용히 탄식합니다. 하기야 우리 인생은 장독 위에 잠시 머물고 있는 먼지와 같지요. 바람이 불면 휙 날아 없어지고 맙니다. 성서도 우리 삶이 잠시 풀과 꽃같이 아름답게 보이지만, 풀은 어김없이 마르게 되고 꽃은 반드시 떨어지게 되어 있음을 증언합니다. 그러나 우리는 또한 아빠Abba 하느님의 사랑은 영원하심을 예수 그리스도를 통해 확인하지요.

이 사랑은 회상의 힘을 지니고 있습니다. 사랑이 있는 곳에는 항상 아름다운 회상이 살아 움직입니다. 지난 일이 한낱 낡은 기억의 대상으로 끝나는 것이 아니라 오늘 우리의 삶을 새삼 되돌아보게 하며 보다 밝고 맑은 내일을 추구하게 하지요. 그러기에 사랑의 반대는 증오가 아닙니다. 증오는 때때로 사랑의 변형이기에 회상의 힘을 갖고 있지요. 정말 무서운 것은 회상을 어렵게 하는 잔인한 무관심과 망각이고 바로 사랑의 반대입니다. 회상의 능력을 잃어버리는 것이 정말 두렵습니다. 그래서 치매가 가장 무서운 질병입니다. 사랑하는 이도 알아보지 못하고, 사랑의 관계도 무참하게 깨뜨려 버립니다. 심지어 자기 자신도 잃어버리게 되지요. 나아가 사랑의 하느님도 망각하게 되지요. 예수님을 우리의 삶 속에서 지워버리기도 합니다.

저는 기독교와 교회가 오랫동안 역사의 예수를 망각해왔음을 새삼스럽게 얘기하고자 합니다. 우리 곁을 떠난 교우들을 회상하는 이 시간 갈릴리 예수의 궁극적 관심이 무엇이었는가를 다시 한번 기억하고 조명하고 싶습니다. 그것은 바로 사랑의 아빠 지배, 또는 아빠 하느님의 사랑 지배를 이 시공간(역사) 속에서 누룩처럼 번지게 하는 일이 우리 예수따르미의 너무나 절박한 소명이라 믿기 때문입니다.

예수님의 신관(神觀)은 정말 파격적이었습니다. 무서운 보복의 신이 아니라 엄마와 아빠 같은 인자하고 자상하신 하느님이지요. 우리는 갈릴리 예수의 이 같은 파격적 하느님 이해를 그의 비유들에서 확인하게 됩니다. 탕자의 비유와 선한 사마리아인의 비유에서 예수가 부각한 파격적으로 너그러우신 하느님 모습을 잠시 살려 봅시다.

탕자의 비유를 보면 탕자의 아버지는 당시 유대 가부장적 문화의 전형적 아버지와는 너무 다릅니다. 부친이 사망해야만 부친의 재산을 분깃으로 상속받을 수 있는 데도 망나니 둘째 아들은 그 분깃을 먼저 요구합니다. 그것은 부친의 사망을 원한다는 뜻이지요. 정말 불효자식입니다. 그런데 이 아버지는 그것을 파격적으로 허락합니다. 아버지는 탕자를 징벌하려 하지 않지요. 그리고 그 자식에게 자신을 사랑하라고 강요도 하지 않습니다. 예수님의 아빠는 자기를 사랑하라고 일방적으로 강요하는 하느님이 아니었습니다. 불효막심한 탕자를, 처참하게 실패해서 돌아온 불효자식을 오히려 무조건 사랑으로 껴안는 아빠였습니다. 심판받아 마땅한 자식을 더 강렬하게 품어 용서하시는 사랑의 아빠 하느님이시지요. 항상 탕자의 귀환을 애타게 기다렸던 아빠의 마음은 조건부 사랑이 아니라 조건 없는 한없이 넓고 깊은 사랑을 보여줍니다. 이런 아빠 하느님의 사랑이 다스리는 새로운 질서를 갈릴리 예수님은 우리 가운데서 세우려 하셨습니다. 이것은 기존 제도에 대한 엄청나게 새로운 대안 질서였습니다.

선한 사마리아인의 비유는 어떠합니까. 유대 율법에 따르면 하느님 사랑(愛神)과 이웃 사랑(愛隣)을 실천해야 비로소 영생을 얻게 됩니다. 그런데 갈릴리 예수는 이 비유에서 이웃 사랑은 원수 사랑까지를 포함하는 넓고 깊은 사랑임을 증언합니다. 자기와 가까운 동질적인 존재만이 이웃이 아닙니다. 자기를 경멸하고, 차별하고, 억압하는 존재라도 그가 곤경에 처해 있으면 조건 없이 가까이 가서 자기 몸처럼 그를 돌보는 행동이 바로 이웃 사랑입니다. 한마디로 예수의 사랑은 애신愛神의 수준과 애린愛隣의 수준을 뛰어넘는 사랑, 곧 애적愛敵 (원수 사랑)의 파격적 수준에 이르는 사랑이지요. 강도 만난 불행한 유대인을 이웃으로 볼 뿐만 아니라 평소 사마리아인을 그토록 능멸하고 억압했음에도 바로 그 유대인에게 이웃으로 행동하는 파격적인 사마리아인의 사랑이 바로 예수의 사랑이요 아빠 하느님의 사랑임을 이 비유가 웅변적으로 증언합니다. 예수님은 바로 이 같은 사랑 지배를 꿈꾸었고 그 꿈을 실천했습니다.

예수님의 산상 설교에서도 예수님의 비전은 뚜렷하게 나타납니다. 여기서 예수님의 흥미로운 삼단논법에 주의할 필요가 있습니다. 팔복 중에 가장 큰 복은 하느님의 자녀가 되는 축복입니다. 누가 그 축복을 받게 되나요. 평화를 만드는 자 아닙니까!(마 5:9) 그런데 마태복음 5장 43절에서 45절까지 보면 흥미로운 예수의 대안적 인식이 나타납니다. 전통은 애신愛神하고 애린愛隣하면서 원수는 미워하라고 가르치지만, 예수님은 그것만 가지고 안 된다고 단호하게 선언하지요. 자기를 핍박하는 원수를 사랑하는 수준까지 이르지 못하면 아빠 하느님의 자녀가 될 수 없다고 하셨지요. 이 메시지는 예나 지금이나 충격적 선언이라 하겠습니다.

이 두 말씀을 이어보면 예수님의 논리는 분명합니다. 평화를 만드는 사람이 하느님 자녀가 되고, 원수를 사랑하는 사람이 아빠 하느님의 자녀가 된다는 것이지요. 여기서 평화 만들기와 원수 사랑은 논리적으로 연결됩니다. 원수 사랑을 통해서 참 평화를 세울 수 있고, 이들이 바로 하느님의 자녀가 되는 가장 큰 축복을 받게 된다고 설파하셨지요. 하느님 자녀는 자연스럽게 하느님 아빠의 사랑을 받는 존재가 아닙니까! 구태여 애신愛神을 강조한다고 해서, 또 애린愛隣을 소리 높여 외친다고 해서 구원받고 영생에 이르는 것이 아니라 구체적으로 원수를 사랑함으로써 참 평화를 만드는 자에게 아빠 하느님은 당신의 자녀가 되는 축복을 내리시게 되지요. 영생의 선물이 바로 그 축복이 아니겠습니까! 삶과 죽음을 뛰어넘는 기쁨을 온 존재로 느끼는 그 축복 말입니다. 그러니까 하느님 사랑과 이웃 사랑을 아무리 외쳐댄다 해도 원수 사랑을 실천하지 않을 때, 아니 원수를 더 미워할 때 하느님의 축복은 이미 저 멀리 사라진 것 아니겠습니까! 이것이 예수님의 하느님 나라 복음이라면, 분단된 우리 조국 상황에서 북한을 주적으로 증오하는 것을 신앙과 신학의 차원에서 옹호하는 한국 기독교인들은 과연 예수님의 복음에 충실한 분들일까요?

이제 사도 바울의 복음을 갈릴리 예수 운동의 빛 아래서 한 번 살펴볼 필요가 있습니다. 먼저 우리가 주목해야 할 점은 예수 운동을 역사 현실에서 성공적으로 추진하는 일이야말로 지극히 어렵다는 사실입니다. 그래서 초기 예수따르미들은 막강한 로마 권력체제 안에서 온갖 고난과 역경을 겪었고, 때로는 처참한 죽음을 경험했습니다. 제 명대로 못 살았지요. 아빠 하느님 사랑을 실천하려는 예수따르미들은 예나 지금이나 능멸과 억압에서 자유롭지 못합니다. 사도 바울의 삶이 또한 그러했습니다. 그러나 온갖 역경 속에서도 그는 아빠의 사랑을 체험했고 선포했습니다. 비록 그는 갈릴리 예수를 직접 만나지 못했지만, 예수님의 제자들 못지않게 예수 운동, 예수 비전, 예수 꿈을 잘 이해했다고 생각합니다. 하기야 그의 신학적 예수 이해는 주로 예수의 죽음에 대한 독특한 신학적 이해이기도 하지만, 그는 역사의 예수 말씀의 본질, 곧 사랑 본질을 결코 놓치지 않았습니다. 고린도 교회에 보낸 그의 주옥같은 사랑 편지(고린도전서 13장)는 우리를 영원히 감동시키는 복음의 메시지가 아닙니까. 그는 이 사랑 예찬에서 사랑의 카리스마가 가장 강력한 것임을 웅변적으로 고백하고 있지 않습니까! 산을 옮길만한 신앙의 카리스마도, 모든 비밀을 다 알아내는 지식의 카리스마도, 예리한 예언의 카리스마도, 자기 몸을 불사르는 순교의 카리스마도 사랑이 없으면 아무것도 아니라고 고백하지 않았습니까!

이같이 막강한 사랑의 효험을 매일 매일 체험했던 바울은 그 어떤 괴력도 이 사랑에서 우리를 떼어 놓을 수 없음을 또한 감동적으로 증언하고 있지 않습니까!(롬 8:31-39) 죽음도 삶도, 천사들도 권세자들도, 그 밖의 어떤 피조물도 우리를 그리스도 예수 안에 있는 하느님의 사랑에서 끊을 수 없다고 장엄하게 선포했습니다. 여기서 제가 주목하는 표현은 바로 죽음입니다. 죽음도 우리 연약한 인생을 아빠의 그 사랑에서 떼어 놓을 수 없습니다. 그렇습니다. 바울은 참수당하기 전, 감옥에서 빌립보 교우들에게 보낸 편지에서 다음과 같이 고백했습니다. 죽음에 대한 놀라운 인식입니다.

나에게 사는 것도 그리스도니, 죽는 것도 유익하다(빌립보서 1:21).

여기 유익하다는 것은 영어로 소득, 이익을 뜻하는 'gain'입니다.

죽는 것이 추상적으로 '보람 있다'가 아니라 죽음이 구상적으로, 구체적으로, 또는 몸에 와 닿게 이익이 된다는 고백이지요. 예나 지금이나 장사에서 이익을 얻는 것은 구체적으로 즐거운 일 아닙니까. 바울은 죽음도 그렇게 유익하다고 고백했기에 죽음과 삶 중 하나를 선택해야 한다면 무엇을 먼저 선택할지 고민이라고 고백했지요. 도대체 이렇게 행복한 고민이 세상 어디에 있을까요! 우리 같으면 천 번, 만 번 삶(生)을 택하지요. 그런데 바울은 죽음(死)도 삶(生)만큼 가치 있는 계기요 은혜라고 확신했습니다. 죽으면 즉각 천당 간다고 떠들어 대는 신자들도 지금 당장 천당 가는 것을 택하라고 하면 주저할 것입니다. 왜냐하면 말은 그렇게 하면서도 삶(生)이 훨씬 더 소중하고 유익하다고 확신하기 때문이지요. 어떤 영국의 고등학교 3학년 학생이 케임브리지와 옥스퍼드에 동시에 합격했다는 통지를 받았다고 합시다. 그 학생의 고민은 정말 행복한 고민이 아니겠습니까. 그렇다면 바울의 고민은 이보다 훨씬 더 깊은 행복의 고민이 아닐 수 없지요. 예수따르미의 행복은 사실 이 같은 바울 사도의 고민 수준에 이르게 될 때 비로소 최고 수준에 이르는 것이 아닐까요.

그런데 바울의 이 같은 기쁨은 아직도 하느님의 사랑 나라의 그 완벽한 모습이 드러나지 않은 역사 현실에서 나온 것임을 기억해야 합니다. 아직도 제도와 문명이 갖는 사탄적 힘이 위협하는 현실 가운데 있으면서도 그는 주저하지 않고 하느님 사랑 안에서 갖게 되는 기쁨을 고백했지요. 그렇다면 아빠 하느님 사랑이 완전히 드러나는 상황(뜻이 하늘에서 이루어진 상황)에서는 어떨까요? 그 기쁨은 훨씬 더 신비하고 깊고 클 것입니다. 바울은 이렇게 시어詩語로 표현했습니다.

우리가 지금은 거울을 보는 것 같이 희미하나,

그 때는 얼굴과 얼굴을 대하여 볼 것이요.

지금은 내가 부분적으로 아나,

그 때는 주께서 나를 아신 것 같이 내가 온전하게 알리라(고린도전서 13:12).

여기 얼굴이 누구의 얼굴이겠습니까. 인자하게 빛나는 아빠 하느님의 그 환한 얼굴 아니겠습니까. 예수 그리스도의 아름다운 미소 짓는 얼굴이 아니겠습니까. 비록 바울이 "희미한 상태", "부분적으로만 아는 상태"에 처해 있었어도 온갖 고난과 역경을 이겨내는 복음의 삶을 살았음을 주목해야 합니다. 이 같은 바울의 험난했던 삶을 그의 죽음에 대한 인식과 믿음의 빛 아래서 보게 되면 더 올곧게 그의 복음 운동이 이해되지요. 도대체 죽음은 그에게 무엇이었을까요? 그는 죽음을 땅속에 심어진 씨앗으로 보았습니다. 아빠의 사랑 안에서는 죽음이 비참한 종말이 아니라 새로운 존재의 시작이었습니다. 땅속에 뿌려진 씨앗의 모습은 전혀 다른 새로운 모습으로 변형되지요. 씨앗이 스스로 비우면서 그것이 거목으로 신비하게 변하게 된다고 믿었지요. 마치 번데기가 화려한 나비처럼 변모하듯 말입니다. 그러기에 바울에게는 죽음은 새로운 변화, 더 아름답고 더 신비한 변화로 나아가는 문이라 하겠습니다. 그리스도 예수 안에서 새로운 존재의 모습으로 변화하여 아빠와 서로 마주 보면서 소통하는 엄청난 기쁨을 누리게 되지요. 그래서 죽음은 비참하거나 무서운 끝장이 아니라 새로운 영적 삶의 시작이라 하겠습니다.

저는 이 죽음의 유익함을 깨닫고 죽음의 새로운 시작의 기쁨을 깨닫는 것을 제2 복음의 기쁨이라 부르고 싶군요. 바울은 이 제2 복음의 기쁨을 열악한 역사 조건 속에서 깨닫고 전파했습니다. 갈릴리 예수의 죽음을 새롭게 해석하면서 죽음의 공포를 사랑의 기쁨으로 대체한 셈이지요. 이른바 속죄론의 기쁨도 따지고 보면 이것을 다르게 표현한 것입니다. 중요한 것은 바울의 제2 복음이 제1 복음이라 할 수 있는 예수 운동, 곧 하느님 나라 운동에서 비롯된다는 깨달음입니다. 하느님 나라를 죽어서 가는 천당으로 단순하게 비하해서는 안 되지요. 우리의 역사 현실 속에서 하느님의 사랑 질서를 세워나가야 하고, 이 과정에서 평화와 공의의 열매를 맺게 하는 예수 운동, 곧 제1 복음 운동에 항상 헌신해야 합니다. 이 같은 예수따르미의 헌신이 때로는 독선과 탐욕의 세상 권세로 인해 견디기 힘든 고통을 겪게 하더라도 예수따르미들은 오히려 죽음이 주는 은혜로운 기회에 동참한다는 소망과 믿음으로 그 고통과 고난을 이겨내야 합니다. 다시 말하면, 제1 복음을 구현하는 우리의 예수 운동은 그 어떤 역경 속에서도 제2 복음이 주는 소망 속에서 더욱 신나게 지속되지요. 죽음도 유익하다는 믿음과 죽음은 말할 수 없이 아름다운 새 존재의 삶으로 인도하는 은혜의 문임을 믿는 소망 속에서 우리는 끈질기게, 신나게 사랑 나라의 실현을 위해 헌신할 수 있고, 또 있어야 합니다. 제1 복음 운동은 부활하신 예수 그리스도와 손잡고 추진하는 운동이기에 (collaborative eschaton) 때론 넘어지고 힘들다 하더라도 기쁘게 그 운동을 지속시킬 수 있습니다. 더욱이 육신의 몸의 끝장이 영의 몸의 시작으로 이어진다는 제2 복음의 신앙은 우리로 하여금 사나 죽으나 하느님의 사랑 나라를 위해 더욱 열심히 일하게 해주는 힘입니다.

이제 우리 곁을 떠나 아빠 하느님과 얼굴을 맞대고 소통하고 있는 우리 교우들의 흐뭇한 모습을 상상해봅시다. 그들은 죽어 망각의 블랙홀로 허무하게 사라진 것이 아니라 뜻깊게 그리스도 예수 안에서 영의 실체로 살아 있음을 감사해야 합니다. 우리도 언젠가 이들처럼 신앙적 회상의 대상이 될 것을 내다보며 감사하고 기뻐해야 할 것입니다. 말씀 증거를 마무리하면서 이미 소천하신 교우님들이 우리에게 남긴 아름다운 모습들을 새삼 떠올리며 그들이 우리 곁에 있을 때 저는 그들의 아픔을 충분히 동고同苦하지 못했음을 고백하고 싶습니다.

"한 박사님 너무 아파요. 저를 꼭 안아주세요."

췌장암의 그 혹독한 고통 속에서 신음했던 서문자 자매님은 병실을 찾은 저에게 기도보다 그리스도 예수의 사랑을 요구했습니다. 그를 꼭 안으면서 이렇게 기도했지요.

"주님, 자매님에게 주님의 고난에 동참할 수 있는 영의 힘을 주옵소서. 저희도 자매님과 동고 할 수 있는 사랑의 힘을 주옵소서."

얼마 후에 병실을 떠나면서 저는 무력한 허무감을 느꼈습니다. '저 신음 소리를, 저 고통을 덜어주지 못하고 이렇게 병실을 떠나는구나' 하는 자괴감을 느꼈지요. '주님, 저희는 무력하나 주님께서 직접 자매님을 꺼안아 주시고 고통을 덜어 주십시오' 하고 계속 기도했습니다.

우명미 자매님도 암과 혈투하며 아파했습니다. 한 번은 병원에 가서 빌립보서 1장 21절을 읽어주었습니다. 죽는 것도 유익하다는 메시지를 죽어가는 자매에게 알리는 것은 얼마간 잔인할 것 같기도 했습니다. 그때 우명미 자매님은 이렇게 증언했어요. "한 박사님, 저는 이제 죽음에 대해서는 마음이 정리되었습니다. 두렵지 않아요. 다만 태어난 지 얼마 안 되는 손주를 사랑할 수 있는 시간이 없다는 것이 아쉽고 안타까워요" 하면서 눈물을 흘렸습니다. 손주 사랑 속에 하느님 사랑이 녹아 있었으니 자매님의 안타까움은 참으로 아름다웠습니다.

우리가 손주를 사랑하는 만큼 이웃과 원수도 사랑할 수 있다면 하느님 나라가 우리 속에서 누룩처럼 번지게 될 것임을 또한 깨달았습니다.

이남연 형제, 그는 가난했지만, 봉사에는 넉넉했습니다. 교회 구석 구석마다 그 형제의 체취를 느낄 수 있었지요. 살아있을 때 온갖 궂은 교회 잡일을 몸으로 해냈지요. 이남연 형제는 자기 몸이 병들어 고생하면서도 남의 건강을 걱정해 주셨습니다. 한양대병원에 입원해서도 이 말을 반복했어요. "한 박사님, 오래 사셔야 해요. 그렇게 하려면 한 박사님 자신의 소변을 마셔보세요." 이 같은 주문은 엉뚱했지만, 그 마음은 너무 아름다웠어요. 사실 몇 번 내 소변을 마셔보려고 하다가 결국 못했습니다. 그러나 그의 사랑의 마음은 저희 가슴속에 지금도 살아 있지요. 결국 저는 그의 사랑의 마음을 마신 셈입니다.

김정순 장로, 영락교회가 낳은 걸출한 인물 중 한 사람이지요. 다른 한 사람은 조국 통일을 위해 가시밭길을 친히 가신 홍동건 목사님입니다. 일찍이 교사, 교감, 교장을 지내시면서 학생들의 인권을 존중했지요. 나라의 민주화를 위해 헌신했습니다. 그는 미국으로 건너가서도 조국의 민주화와 통일을 위한 운동에 뛰어들었고 뉴욕의 목요기도회 운동에서 기둥 역할을 하셨지요. 미남이요 멋쟁이 신사였습니다. 민주화 과정에서 귀국하여 다시 교장역을 받았을 때 영락에 가지 않고 우리 새길공동체로 나오셨습니다. 과로로 쓰러지시어 병원에서 여러 달 고생했습니다. 병실을 찾을 때마다 그는 퀭한 눈으로 "한 박사님, 남북관계가 어떻게 됩니까, 언제 평화가 올까요?"를 물었습니다. 그는 고향이 평안도였기에 평화에 더 관심이 컸지요. 냉전 근본주의가 강한 큰 교회의 장로였지만, 그는 냉전 근본주의를 일찍이 극복하고 평화의 사도 예수따르미가 되었지요. 평화에 대한 그의 열망과 기도가 하루 속히 분단 조국에서 이뤄지길 바랄 뿐입니다.

이남수 형제님, 남에 대한 배려가 너무 강해서 그리고 자기의 딱한 모습을 남에게 보여주지 않으려는 마음에서 병문안을 별로 탐탁하게 여기지 않으셨습니다. 그도 고통으로 매우 고생하셨지요. 그렇게 아픈 중에도 새길공동체의 사랑을 몸소 느끼시기 위해 여러 번 주일에 오셨습니다. 그는 도무지 말이 없으면서 그 무언의 깊은 곳에는 따뜻한 사랑이 항상 흘렀지요. '없는 듯 계시면서' 새길공동체의 구석구석을 알뜰하게 돌보셨습니다. 돌아가시기 전 크리스마스이브 때, 저는 전화로 위로되지 않을 줄 알면서도 전화를 했습니다. 그 전화 소통이 무슨 힘을 주었겠습니까. 다만 도움 되지 못하면서도 전화할 수밖에 없는 안타까움을 함께 나누고 싶었습니다.

손일현 선생님은 저의 대학 선배님이십니다. 언젠가는 허심탄회하게 대화하게 될 것을 기대했는데, 그만 너무 급작스럽게 소천하셨지요. 선배님과 따뜻한 대화 한 번 나누지 못한 것이 못내 아쉽고 아픕니다.

이제 이런 회상을 통해 아쉬움을 가슴 깊이 담아내며 여러분들에게 꼭 상기시키고 싶은 말이 있습니다. 이 시간 우리는 먼저 가신 형제자매들을 회상하고 있지만, 조만간 우리도 회상의 대상이 될 것입니다. 회상의 대상이 되기 전, 우리 가운데서 하느님 나라가 누룩처럼 번지게 하는 일에 최선을 다해야 할 것입니다. 우리 공동체 안에서 서로 우아하게 지려는 사랑의 움직임이 항상 뜨겁게 솟아 올라와야 합니다. 남의 결점은 작게 보고 내 결점은 크게 보면서 겸손해지는 흐름이 항상 우리 속에서 뜨거워져야 합니다. 남에게 양보하지 않고는 견딜 수 없는 마음으로 서로 소통하시기 바랍니다. 그리하여 우리가 주님을 면대면으로 볼 수 있기 전에도 불완전한 우리 공동체 안에서 서로 사랑으로 소통한다면 주님의 사랑을 뜨겁게 함께 체험할 수 있을 것입니다. 우리에게 남은 짧은 시간을 주님의 영원한 사랑에 잇대어 삽시다. 그 사랑의 깊이와 넓이, 그 오묘함에 항상 감격하며, 감동하며, 감사하면서 살아갑시다. 그러할 때 우리는 시간 속에서 영원을 체험할 수 있으며, 죽음도 두려운 것이 아니라 유익한 기회요 은총임을 고백할 수 있게 될 것입니다. 주님의 영원한 사랑 안에서 삶과 죽음이 아름답게 하나임을 깨닫게 될 것입니다.

| 4부 |

예수따르미, 더 예수답게

온전한 사람 되기 — 예수따르미 공동체

철든 교회 — 증언과 공감의 공동체

가장 좋은 길 — 사랑이 없으면 아무것도 아닙니다

처음처럼, 더 예수답게

온전한 사람 되기
— 예수따르미 공동체

요한복음 5:1-9

> 그 후에 유대인의 명절이 되어 예수께서 예루살렘에 올라가시니라 예루살렘에 있는 양문 곁에 히브리 말로 베데스다라 하는 못이 있는데 거기 행각 다섯이 있고 그 안에 많은 병자, 맹인, 다리 저는 사람, 혈기 마른 사람들이 누워 [물의 움직임을 기다리니 이는 천사가 가끔 못에 내려와 물을 움직이게 하는데 움직인 후에 먼저 들어가는 자는 어떤 병에 걸렸든지 낫게 됨이러라] 거기 서른여덟 해 된 병자가 있더라 예수께서 그 누운 것을 보시고 병이 벌써 오래된 줄 아시고 이르시되 네가 낫고자 하느냐 병자가 대답하되 주여 물이 움직일 때에 나를 못에 넣어 주는 사람이 없어 내가 가는 동안에 다른 사람이 먼저 내려가나이다 예수께서 이르시되 일어나 네 자리를 들고 걸어가라 하시니 그 사람이 곧 나아서 자리를 들고 걸어가니라 이 날은 안식일이니(요한복음 5:1-9).

역사적 예수 탐구는 열린 마음, 창발적 발상, 정직한 용기를 요청합니다. 그러기에 열린 경건성, 열린 실천성을 강조하기에 이르렀습니다. 예수따르미의 삶은 피곤하며 외롭고 괴로운 삶일 수 있기에 그리스도의 능력을 더욱 사모하게 되는 것입니다. 다시 한번 예수의 경이적인 선교적 행적에 주목해야 합니다. 요한 공동체가 부각시켰던 예수는 역사적 예수와 거리가 멀다고 합니다만, 본문에 나타난 신앙의 그리스도의 시각에서 본 예수님의 말씀과 행적은 역사적 예수의 전복적subversive이고 대안적alternative인 삶에 아주 가까운 듯합니다. 본문에 나타난 예수의 모습에서 당시 위선적 종교 제도에 대항하여 치열하게 맞서셨던 예수의 삶을 확인하게 됩니다. 그리고 참으로 감동적인 해방의 말씀, 온전케 하는 말씀을 만나게 됩니다.

이제 본문의 상황을 잠시 살펴봅시다. 청년 예수는 당시 경건한 유대인들이 지켰던 명절을 잘 지켰습니다. 예루살렘 주위 80리 안에 거주했던 모든 성인 남자 유대인은 유월절, 오순절, 장막절 같은 민족의 명절에는 반드시 예루살렘에 올라와 성전에서 경건하게 예배드려야 할 법적 의무를 지녔습니다. 예수께서도 그 의무에 따라 행동한 듯합니다. 그래서 예루살렘에 올라오셨습니다. 그런데 안식일을 맞아 예루살렘에 올라오신 예수께서는 규례에 따라 마땅히 성전으로 발길을 옮겼어야 했는데 엉뚱한 곳으로 걸음을 내디뎠습니다. 그는 성전으로 향하지 않고 베데스다 연못으로 가셨습니다. 그곳에는 온갖 종류의 중환자들이 죽치고 있었습니다. 병을 앓고 있는 지체 부자유자들, 심각한 죄인으로 낙인찍힌 자들이 우글거렸습니다. 게다가 그곳에서는 아비규환의 처절한 경쟁이 벌어지곤 했습니다. 천사가 연못물을 움직이게 할 때, 그들은 필사적으로 그곳에 뛰어들려고 살벌하게 경쟁했습니다. 이것보다 더 추악하고 험악한 곳이 또 어디 있겠습니까. 거룩한 예루살렘 성전과는 너무나 대조적인 베데스다 연못가의 처참한 모습이었습니다. 예수님은 그곳에 가서서 놀라운 기적의 치유 활동을 하셨습니다. 그런데 이 치유행위가 바로 안식일을 범한 범법행위였고, 율법을 어기는 파계破戒 행위였습니다.

이 같은 예수님의 행적이 오늘 우리에게 무슨 의미가 있을까요. 이 사건에서 무슨 교훈과 힘을 얻을 수 있을까요. 특히 어떤 대안적 공동체를 만들어가려면 이 사건에서 어떤 대안적 비전을 얻을 수 있을까요. 우리가 풀어야 할 첫 번째 수수께끼는 왜 명절의 안식일에 예수는 예루살렘 성전으로 가시지 않으셨을까 하는 것입니다. 성전에는 하나님이 거하신다는 지성소가 있습니다. 그러기에 이집트 바로 왕의 학정에서 당신의 백성을 해방시켰던 사랑과 정의의 하나님이 거하신다는 성전으로 먼저 가는 것이 마땅했습니다. 그런데 예수님은 그곳에 먼저 가시지 않으셨습니다. 왜 그랬을까요. 그곳에 사랑과 정의의 하나님은 계시지 않는다는 판단 때문일 것입니다. 하나님은 사랑입니다. 그것도 엄마 자궁의 사랑입니다. 그런데 예루살렘 성전, 제도 교회는 이 같은 사랑과 거리가 멀었습니다. 그곳에는 사랑을 받아야 할 사람들, 억울하게 고통당하는 사람들이 도무지 주인 행세를 할 수 없었습니다.

성전의 주인은 대제사장, 제사장들, 레위인들이었습니다. 그들은 관료적 권위주의는 지녔으나 체휼의 사랑은 없었습니다. 그들은 여리고 언덕에서 강도를 만나 너무나 억울하게 빼앗기고 두들겨 맞아 거의 죽게 된 사람에게 가까이 가기는커녕 종교적으로 불결하다고 믿어 그를 피한 위선적 정결주의자들이었습니다. 그러기에 사마리아 사람 같은 혼혈의 불결한 사람들이나 억울하게 고통당했던 민중은 성전 밖에서 신음할 수밖에 없었습니다. 바로 성전 밖의 암울한 현장 가운데 가장 슬픈 현장이 베데스다 연못이었습니다.

하나님의 마음은 성전 밖 북쪽에 있는 베데스다 연못가에 있었습니다. 그러기에 예수님은 그곳으로 발길을 옮겼습니다. 그곳에는 몸이 아픈 사람들(disease에 걸린 사람들)과 마음이 아픈 사람들(illness를 앓고 있는 사람들)이 모여 있었습니다. 그리고 가장 처참한 경쟁이 때때로 광풍처럼 휘몰아치면서 그 경쟁에서 패배한 인간들이 우글거리고 있었습니다. 힘없고 절망한 군상들의 찌든 모습으로 가득 찬 연못이었습니다. 한마디로 히틀러 추종자들이 인간쓰레기로 믿어 쓸어 없애려 했던 존재들이 그곳에 모두 모여 있었던 셈이지요. 예수께서 가야 할 곳이 그러한 곳이고, 예수께서 계셔야 할 곳도 그러한 곳이었습니다. 그곳이 바로 하나님 사랑의 기적이 일어나야 하는 곳이었습니다. 그러기에 예수가 활동하시는 절망의 마당에는 예루살렘 성전보다 더 소중한 사랑의 공동체가 들어설 수 있는 것입니다.

만일 예수께서 세상에 다시 오신다면, 과연 오늘의 교회로 발길을 옮기시겠습니까? 우리는 이 질문을 진지하게 우리 자신을 향해 던져야 할 것입니다. 한국 크리스천은 이 질문을 끊임없이 던져야 할 것입니다. 예수님께서 베데스다 연못으로 가시어 무슨 말씀을 하셨습니까. 무슨 행위를 하셨습니까. 무엇보다도 예수께서 그 많은 억울한 사람 중에서도 가장 딱하고 비참했던 한 지체 부자유자 환자에게로 나아가셨습니다. 38년간 몸은 병균으로 무너졌고, 마음은 종교적 정죄로 허물어진 한 주검 같은 인간을 향해 가셨습니다. 왜 그에게 가셨을까요? 그에게 가장 절박했던 것이 사랑의 치유였기 때문입니다. 그런데 예수님은 그에게 다가가 너무나 뻔한 질문을 했습니다.

"형제여 낫기를 원하십니까?" 싱겁고 뻔한 질문을 던졌던 예수님의 참뜻은 무엇이었을까요. 환자 자신이 낫고자 하는 의지가 없다면 사랑의 기적은 일어나지 않는 법입니다. 38년간 갖은 고초를 다 겪고, 매번 경쟁에서 탈락했던 이 낙오자 같은 인간에게도 꺼져가는 등불 같은 희미한 소망과 의지가 남아있어야만 나음의 기적이 일어날 수 있기 때문입니다. 희망이란 불씨가 조금이라도 살아있어야만 기적의 불이 붙게 되어 있습니다. 38년간 심하게 꺾인 상한 갈대 같은 인생에 꺼져가는 희미한 소망의 불씨가 남아있음을 확인하신 예수께서는 비록 그가 그 희망을 갖고 있긴 하지만, 그것을 불붙일 수단과 힘이 없음을 아시고, 놀라운 기적의 명령을 내리셨습니다.

여기서 우리는 과연 오늘의 교회가 가장 절망적이고 힘없는 사람들을 향해 그 문을 활짝 열고 있는지를 물어야 합니다. 그리고 가장 절망하고 있는 사람들에게서 희망의 불씨를 살려내려는 관심이 있는지 물어야 합니다. 아름다운 대안 공동체의 참모습을 여기서 쉽게 알아낼 수 있기 때문입니다.

병이 나아 온전한 존재로 거듭나기를 원한다는 얘기를 들은 예수께서는 세 마디 명령을 내리셨습니다.

"일어나십시오"
"침상을 손으로 잡으십시오"
"걸어 나가십시오"

이 세 마디는 시저가 남의 땅을 정복한 뒤 장엄하게 선포했다는 그의 세 마디 말과는 너무나 뚜렷이 대조됩니다.

"왔노라, 보았노라, 이겼노라."

시저의 감탄은 수많은 사람에게 다가가 그들을 보고 죽인 뒤, 그 시체 더미 위에서 나온 끔찍스럽고 잔인한 승리의 감탄이었습니다. 처참한 떼죽음을 보고 한 말이었습니다. 그런데 주님의 말씀은 죽어가는 사람을 살리면서 하신 차원이 다른 말씀이셨습니다. 한마디 한 마디의 뜻을 되새겨 봅시다. 왜냐하면 그 안에서 대안 공동체의 비전을 찾을 수 있기 때문입니다.

첫째, 일어나라고 했습니다. 사람만이 직립直立할 수 있습니다. 직립해야 일을 해낼 수 있습니다. 이때까지 동물처럼 밑바닥만 쳐다보고 살아온 삶을 이제 청산하라는 뜻입니다. 일어서야 비로소 눈높이의 현실을 볼 수 있고, 나아가 하늘을 우러러볼 수 있습니다. 동물은 하늘을 우러러보지 못합니다. 사람다운 사람, 사람 냄새나는 존재만이 하늘을 쳐다볼 수 있습니다. 우리의 몸은 일어서 있지만, 과연 우리의 마음과 정신은 하늘을 우러러보고 있습니까. 실제로는 땅의 것들, 돈, 권력, 이권에 눈이 어두워 하늘을 향해 쳐다보기보다는 일시적 만족을 위해 땅만 쳐다보고 있지 않습니까. 오늘의 교회들은 어떠합니까. 말로는 하늘을 쳐다보는 듯하나 실제로는 이 땅에 어떻게 하면 더 큰 교회, 더 많은 교회, 더 부유한 교회를 세울까 궁리하고 있거나 그 것을 탐하지 않습니까. 일어나 하늘을 우러러보는 대안 교회를 세워야 합니다.

둘째, 침상을 들라고 했습니다. 이때까지 그를 뒷받침 해주었던 침상은 실제로 그에게는 주인과 같았습니다. 그것에 의존하지 않고서는 하루도 살아낼 수 없었습니다. 그것은 그의 존재의 물적 토대였습니다. 그런데 그것을 이제는 손으로 잡고 들라고 명령했습니다. 주객을 바꾸란 명령입니다. 혁명적 명령입니다. 주인 노릇 했던 물적 토대를 한낱 수단으로 바꾸라는 것입니다. 이제는 주인이 바로 사람 자신임을 선포하신 것입니다. 침상은 신의 손안에 있게 되었습니다. 자기가 그것을 좌지우지할 수 있게 된 것입니다. 인간존재를 수단으로 전락시키는 온갖 물적 토대로부터 인간을 해방시켜 사람다운 사람, 온전한 사람, 사람 냄새나는 인격적 존재로 우뚝 서라고 명령하셨습니다. 과연 한국교회가 제도의 틀이라는 침상에서 벗어날 수 있습니까. 교회를 지탱시켜준 제도와 금력 그리고 이데올로기로서의 교리로부터 자유로울 수가 있습니까. 공동체 구성원 하나하나 모든 제도의 주인으로 인식하고 주인으로 행동할 때, 비로소 아름다운 대안 공동체가 될 수 있습니다.

셋째, 걸어가라고 했습니다. 온전한 사람이 되려면 이제 직립하여 하늘의 뜻(하나님 나라의 의)을 되새기면서 주인이 되어 좀전의 자기처럼 사람답지 못한 삶을 사는 사람들을 위해 예수 사랑의 기적을 나누어주라는 뜻입니다. 그렇게 하려면 남들에게 나아가야 합니다. 여리고 언덕에 쓰러져 있는 깨어진 인간들을 향해 걸어가야 합니다. 사람이로되 사람 대접받지 못하는 인간들을 향해 발길을 옮겨야 하고, 그들과 함께 사랑과 소망을 나눠주어야 합니다. 그런 목적을 가지고 걸어가야 합니다. 이 세상 여기저기에 있는 베데스다 연못가로 가서 절망과 고통의 땅을 희망과 기쁨의 마당으로 전환해야 합니다. 오늘의 선한 사마리아인의 삶을 살라는 명령입니다. 과연 한국교회는 그렇게 걸어 나가는 교회인가를 스스로 물어야 합니다. 과연 북한의 어린이를 향해 걸어가고 있습니까. 동티모르의 학살 현장을 향해 문을 열고 있습니까.

오늘 한국교회를 보면 당당히 직립하기보다는 교주에게 계속 옆드려 있기를 좋아하는 교회가 아닙니까. 또 엎드려 있으라고 강요하는 교주와 성직자의 교회가 아닙니까. 이제껏 안정을 보장해주었던 거적때기 같은 침상에 계속 안주하고 있는 교회가 아닙니까. 과연 그것을 손으로 잡아 치워버리고 있습니까. 그것이 제도든지, 교리든지, 헌금이든지 그것에 의존해 자족하지 않습니까. 그리고 과연 한국교회가 나라 안팎에 널려 있는 오늘의 베데스다 연못을 향해 문을 활짝 열 뿐만 아니라 그곳을 향해 걸어 나가고 있습니까. 아니면 제자리에 앉아 더 높은 바벨탑을 쌓고 있습니까. 교회 울타리를 더 높이면서 교리의 담장도 더 두텁게 하지 않습니까. 바로 이 같은 물음에서 우리는 정직하게 새로운 도전을 받아내야 합니다. 우리가 억울한 고통을 당하는 비인간화된 사람들을 위한 공동체는 될 수 있지만, 그들의 공동체를 만들 수 있는가를 정직하게 스스로 물어야 합니다. 즉, 우리가 절망한 인간들을 위한 교회church for the hopelessness는 될 수 있지만, 그들의 교회church of the hopelessness가 될 수 있는지를 진지하고 정직하게 물어야 할 것입니다. 이것은 우리의 정체성을 세우는데 필요한 도전이기 때문입니다. 우리는 우리의 한계에 대해 정직할 필요가 있습니다. 그리고 그 부족함을 겸손하게 시인하면서 성령의 힘을 간구해야 할 것입니다. 여하튼 적어도 우리는 베데스다 연못을 향해 나아가는 그들을 위한 공동체는 되어야 할 것입니다. 이것이 우리가 새삼 확인해야 할 우리의 정체성일 것입니다. 사람 냄새나는 공동체, 온전한 인간을 위한 공동체가 되어야 합니다.

예수께서 우리의 현실 세계로 다시 오신다면 제도 교회를 향해 이렇게 외치실 것입니다. 종교적 교리와 값싼 축복 속에 편하게 주저앉아 있는 모습을 보시고 벌떡 일어나라고 명령하실 것입니다. 종교 제도 속에서 온갖 기득권이라는 침상에 편안히 누워 즐기는 종교지도층을 향해 그 침상을 손으로 들라고 명령하실 것입니다. 그 침상을 내동이 치고 교회 밖으로 나와서 처절한 비인간적 경쟁에서 낙오된 인간들, 억울한 고통을 당하고 있는 사람들을 인간답게 하고 온전케 하는 일에 앞장서라고 명령하실 것입니다. 종교적 동물 아니, 동물적 종교인으로 자족하는 신도들을 향해 이제는 종교 냄새, 교리 냄새, 신앙 냄새 그만 피우고 사람다운 사람 냄새, 하나님 형상의 향기, 곧 자기를 비워 남을 채우는 사람의 향기를 풍기는 온전한 인간이 되라고 명령하실 것입니다. 스스로 이 같은 향기를 지녀야 비로소 다른 사람들을 온전케 해줄 수 있기 때문입니다.

이것이 안식일 주님께서 내리신 명령입니다. 우리는 이 우렁찬 명령의 소리를 들을 수 있는 영의 귀를 가져야 할 것입니다. 귀가 있는데 들어도 깨닫지 못하는 교인들은 바로 이 소리를 들어 깨달아야 합니다. 이 귀를 가질 때, 이 땅의 교회가 비로소 올곧은 대안 공동체로 아름답게 자라면서 마침내 예수따르미의 공동체로 나아가게 될 것입니다.

철든 교회
— 증언과 공감의 공동체

고린도전서 9:19-23

> 내가 모든 사람에게서 자유로우나 스스로 모든 사람에게 종이 된 것은
> 더 많은 사람을 얻고자 함이라 유대인들에게 내가 유대인과 같이 된
> 것은 유대인들을 얻고자 함이요 율법 아래에 있는 자들에게는 내가
> 율법 아래에 있지 아니하나 율법 아래에 있는 자 같이 된 것은 율법
> 아래에 있는 자들을 얻고자 함이요 율법 없는 자에게는 내가 하나님께
> 는 율법 없는 자가 아니요 도리어 그리스도의 율법 아래에 있는 자이나
> 율법 없는 자와 같이 된 것은 율법 없는 자들을 얻고자 함이라 약한
> 자들에게 내가 약한 자와 같이 된 것은 약한 자들을 얻고자 함이요 내
> 가 여러 사람에게 여러 모습이 된 것은 아무쪼록 몇 사람이라도 구원하
> 고자 함이니 내가 복음을 위하여 모든 것을 행함은 복음에 참여하고자
> 함이라(고린도전서 9:19-23).

오늘의 한국 사회, 한국교회의 모습을 총체적으로 생각하면서 우
리 스스로 되돌아보며 결의를 새롭게 다듬기 위해서 증언교회와 공
감교회의 모습과 특징을 이해할 필요가 있습니다. 자기중심적 확장

과 파송의 열정에 불타는 전도 지향적 교회와 아주 대비되는 자기 비움의 증언교회를 더욱 새롭게 이해해야 합니다. 오늘 대부분 한국교회는 교회의 주요 역할이 전도, 파견, 확장 등을 강조하는 십자군식 전도와 선교에 있다고 생각합니다. 십자군 전도식 확장을 강조하는 교회는 대체로 다음과 같은 몇 가지 특성이 있습니다.

신자의 우수성을 확신합니다. 믿지 않는 사람은 미개한 존재라고 생각해서 어떻게 하든지 그들을 구원받은 우수한 존재, 곧 개명한 존재로 전환하려 합니다. 게다가 구원의 방주로서 개명한 조직체인 교회는 그 자체가 신성한 위계질서를 가졌다고 믿습니다. 교회조직과 운영을 신성시하는 만큼 그것은 속된 밖의 세상에서 닫힌 채로 존속하기 쉽습니다. 바로 이 같은 교회조직을 지성소 같은 것으로 믿기에 하나님을 그곳에 꼭 가두어두려고 합니다. 교회 밖에서 일하시는 하나님보다 거룩 거룩한 곳에 항상 머물러 있기를 좋아하시는 하나님을 더 크게 강조합니다. 그러기에 이 같은 전도교회는 대단한 열성을 지니고, 구원받지 못한 미개한 죄인들을 개조시켜 구원의 방주인 교회 안으로 끌어들이는 일에 경쟁적으로 앞서가려 합니다. 선교사 파견에 큰 힘을 쏟는 까닭이 여기에 있습니다. 그들은 채울수록 더 채워야 한다는 강박관념에 잡혀있습니다. 그런데 이런 교회는 그토록 열성으로 교화시켜놓은 이방인을 때때로 크게 실망하게도 합니다. 아니 그들을 지옥의 자식으로 추락시키기도 합니다(마 23:15). 예수님께서 바로 이 같은 전도 열정을 크게 꾸짖기도 했습니다. 대체로 한국교회, 특히 양적 팽창을 최고의 자랑으로 여기는 교회일수록 전 교인을 이와 같은 십자군식 전도에 열성적으로 참여시킵니다. 제가 미국에서 유학했던 1960년대 초, 미국 남부 메이킨 시에 있는 큰 백인 교회에 간 적이 있습니다. 그때 아프리카에서 온 유학생 몇 명이 슬픈 얼굴로 교회 밖에서 서성거렸습니다. 저는 그 까닭을 물었습니다. 그들은 이렇게 대답했습니다. "이 교회에서 전액 장학금을 주어서 미국에 유학 오게 되었고 오늘까지 이 교회에 감사하는 마음으로 다녔지요. 그런데 갑자기 인종 문제로 우리가 교회에 들어가는 것을 장로님들이 막았습니다. 기가 찹니다. 자기들이 장학금을 주어 불러놓고서 이제는 흑인이니까 교회에서 예배를 볼 수 없다고 쫓아내니…" 이같은 백인 교회는 저 멀리 아프리카로부터 유학생을 전도하여 장학금까지 주면서 교회 안으로 끌어들였다가 인종차별을 정당화하면서 그들을 쫓아낸 것입니다. 이것이 오늘의 위선적 십자군 교회라고 하겠습니다. 이 유학생들의 마음속에는 반미反美의 감정, 증오가 싹트고 있었습니다.

어느 개신교의 '무례한' 전도를 소개한 글을 보았습니다. 예의와 상식을 무시하면서 무리하게 이웃을 괴롭히는 전도 행위를 꼬집는 글이었습니다. 철이 엄마는 평소에 아주 착실하고 건전하며 예쁜 사십 대의 여성입니다. 그런데 전도할 때는 갑자기 그 착실함과 예의 바름이 사라지고 예의와 상식을 저버린 채 무례한 행동을 서슴없이 행한다고 했습니다. 이웃 사私생활의 고요를 사정없이 깨뜨리기도 합니다. 그러면서 "구원받지 않으면 영원한 형벌을 받는다"라고 거침없이 위협하기도 합니다. 철이 엄마는 이웃에게 퍽 친절합니다. 그런데 그 친절함도 이제는 전도를 위한 것으로 보여 그녀가 친절할수록 그것은 역겹고 위선적인 몸짓으로 받아들여진다고 했습니다. 그럴수록 그녀는 더욱 극성스러워집니다. 그녀는 이웃의 거부를 사악한 핍박으로 여기기도 합니다. 이럴수록 무례한 전도는 더 강해지기도 합니다. 한 마디로 철이 엄마는 자기 자신을 겸손히 되돌아보면서 남의 입장과 형편을 살필 수 있는 철든 어른의 예의 바른 행위를 하지 못하고 있습니다. 자기중심적, 십자군식 밀어붙이기 전도에 그녀는 열광하고 있습니다. 그렇다면 성서는 과연 이와 같은 전도 행위를 올바른 복음 전파 전략으로 가르치고 있을까요?

여기서 우리는 본문으로 돌아가야 합니다. 사도 바울은 우리에게 어떤 복음 전략을 가르치고 있는지 살펴볼 필요가 있습니다. 여기서 우리는 참된 증언과 공감의 교회의 한 모형을 찾아볼 수 있습니다. 우리는 먼저 사도 바울의 놀라운 선교와 전도의 융통성을 확인하게 됩니다. 한 사람이라도 더 복음으로 인도하기 위해 그는 정말 엄청난 자기 초월의 능력을 발휘합니다. 대체로 성숙한 인간일수록 자기 성찰과 자기 초월에 성실합니다. 이것은 곧 자기중심주의의 포기를 뜻합니다. 자기 입장을 떠나야 합니다. 자기 입장을 견고하게 고수할수록 성숙한 인간이 될 수 없습니다. 유치한 자기 집착은 동물보다 못한 짓입니다. 자기를 떠나야 비로소 자기의 모습을 보다 정확하고 공평하게 볼 수 있어서 자기 성찰이 가능하게 됩니다. 이와 같은 자기 성찰은 곧 남의 입장에 서서 보려는 생각으로 이어집니다.

남의 입장에 서서 보아야 자기 모습도 정확히 보이고 자기를 반성하는 동시에 남의 딱한 사정, 외로움과 괴로움을 깊이 이해하게 됩니다. 바로 이와 같은 행위는 남과 더불어서 함께 기뻐하고, 함께 슬퍼하는 마음으로 이어집니다. 수준 높고 교양 있는 사람이란 바로 이와 같은 공감하는 사람을 뜻합니다. 참된 개종은 이처럼 함께 아파하는 행위에서 자연스럽게 이루어지는 법이지요. 바람직한 전도 행위도 이같이 자기 초월과 남의 입장에 서기를 거치면서 예의를 갖춘 공감

행위empathy-sympathy지요. 이것이 바로 선교적 공감共感입니다. 공감empathy과 헤아림sympathy을 통한 이웃과 깊은 교감이 이루어지면서 복음에 함께 참여하게 됩니다.

세상이 복잡해지면서 직업과 직분이 더욱 다양해지기 마련입니다. 그만큼 남의 입장에 선다는 것, 남처럼 된다는 것이 그렇게 쉽거나 단순하지 않습니다. 그런데 사도 바울이 살았던 시대는 우리 시대보다 더 단순한 농경사회였습니다. 그러나 직분과 직업이 단순하기는 하나 그들 간의 장벽이 워낙 높아서 그것을 제거한다는 것이 지금보다 훨씬 더 어려웠습니다. 이를테면 자유인과 종 사이의 벽, 유대인과 이방인 사이의 벽, 가진 자와 못 가진 자 사이의 벽, 강한 자와 약한 자 사이의 벽 그리고 남자와 여자 사이의 벽은 너무 높고 두터워서 도무지 허물 수 없는 것으로 인식되었습니다.

그런데 사도 바울은 복음을 위해 이와 같은 장벽을 허물기로 작정했습니다. 그것은 한 사람이라도 더 그리스도 예수께 인도해 오기 위해서였습니다. 복음을 위해, 한 사람이라도 더 얻기 위해 그는 과감히 이 계급의 벽, 인종의 벽, 성차별의 벽, 정치·경제적 벽을 허물기로 작정했습니다. 이와 같은 과감한 행동을 위해 그는 먼저 자기의 입장을 버리기로 했습니다. 이것이 장벽 허물기의 시작입니다.

고린도전서 9장 19절에서 그는 이렇게 고백합니다. "비록 나는 자유인이며 아무에게도 매여있지 않지만, 가능한 한 많은 사람을 얻기 위해서 나는 스스로 나 자신이 모든 사람의 종이 되려고 합니다." 사도 바울은 그리스도 예수 안에서 얻은 소중한 자유인의 자유로움을 포기하기로 했습니다. 그는 스스로 종이 되려고 했습니다. 왜 그랬을까요? 그래야 종과 같은 많은 사람을 복음에 초대할 수 있기 때문입니다. 이와 같은 행위는 결코 자기중심적이고 무례하고 철없는 돌진 행위가 아닙니다. 숭고한 자기 초극, 곧 자기 비움을 이룩하려는 자랑스럽고 성숙한 전도 행위입니다.

또한 사도 바울은 유대인들을 대할 때는 유대인처럼 행동했습니다. 그는 철저한 유대 율법주의자의 삶을 다메섹 도상에서 이미 버렸습니다. 그런데도 그는 유대인을 그리스도 예수의 자유와 은총으로 초대하기 위해 짐짓 유대 율법 준수자처럼 행동했습니다. 실제로 디모데와 디도에게 할례를 베풀었습니다. 우리는 그의 이 같은 행위를 위선적인 것으로 매도할 수 있습니까. 결코 아닙니다. 그가 철저하게 버렸던 위선적 율법주의 삶을 되찾은 것이 아니라, 오히려 그 위선적 삶의 족쇄에서 유대인을 해방시키려고 그들의 입장에 서서 유대인과 깊은 대화를 한 것입니다. 이것은 유대인을 멸시하거나 협박하는 것이 아니라 그들의 삶의 자리에서 깊은 교감을 하는 중에 그들 스스로 복음을 수용하게 하려는 자기 초극적 결단입니다.

유대인과 정반대 입장을 가진 이방인들과는 어떠했습니까? 사도 바울은 아테네 선교에서 온갖 우상을 믿는 헬라인들과 격의 없는 대화를 했습니다. 그는 십자군적 열정을 가지고 헬라인들을 향해 일방적으로 마구 공격하지 않았습니다(행 19:37). 그는 이방인들을 복음으로 인도하기 위해서 스스로 유대 율법을 무시하는 사람처럼 행동했습니다(고전 9:21). 그렇다고 그가 하나님의 율법과 그리스도의 율법에서 결코 자유로운 것은 아니었습니다. 그리스도의 율법에 매이면서도 이방인들에게는 이방인의 역할 마스크를 쓰고, 이방인처럼 그들과 대화하고 사귄 것입니다.

사도 바울은 인간과 사회가 만든 온갖 직분과 역할의 마스크를 쓰는 것을 마다하지 않았습니다. 남의 역할의 마스크를 쓴다는 것은 곧 그의 인격과 삶으로 들어가 그와 얘기하고 사귄다는 뜻입니다. 그러기 위해서는 자기를 잠시라도 버려야 합니다. 위대한 연기자는 자기에게 맡겨진 배역을 철저히 이해하고 그 속으로 들어가서 그 배역의 성격과 인격을 재연해야 합니다. 그러기 위해 자기 원래의 성격은 잠시 버려야 합니다. 복음의 증거도 바로 이 같은 배역 연기를 요구합니다. 배역 연기는 곧 자기 초극을 요구합니다. 자기 초극을 못하는 사람은 훌륭한 연기자가 될 수 없습니다. 바울의 전도 전략은 곧 일류 배우의 전략과 같습니다. 바울은 관객을 감동하여 변화시키는 출중한 연기자였습니다. 단순히 남을 흉내 내는 연기자가 아니라 관객을 높은 수준의 존재로 격상시켜주는 변혁의 연기자였습니다.

> 종을 만나면 종처럼 연기하고,
> 유대인을 만나면 유대인처럼 행동하고,
> 이방인을 만나면 이방인처럼 연기하여 마침내
> 이 모든 이들을 복음 잔치의 주인으로 초청합니다.

특히 여기서 주목할 일은 사도 바울이 약한 자에게는 스스로 약한 자가 되었다는 사실입니다. 몸이 연약한 자에게는 그의 건강을 나눠줌으로 그를 건강하게 만들어 구원 잔치에 초청했습니다. 마음(영)이 약해서 우왕좌왕하는 이에게는 자기의 영, 또는 기氣를 나누어주었습니다. 자기의 기가 넘쳐도 그는 기고만장의 교만에 빠지지 않고, 오히려 기가 빠져나간 약한 상태를 자랑했습니다(고후 12:9-12, 롬 15:1-2). 마치 예수님의 힘과 기가 항상 그것을 필요로 하는 사람들에게 열려 있어 믿음을 갖고 있기만 하면 그것을 빼어갈 수 있듯이 말입니다. 열두 해 동안 혈루증에 걸린 여인이 예수의 옷자락을 만져 예수의 기를 얻어 그녀의 병을 낫게 하듯 말입니다. 사도 바울은 이렇게 남을 위해 자기를 비우면서 스스로 약한 존재가 되는 것을 오히려 자랑했습니다.

복음을 알리는 행위는 기고만장의 십자군 행위가 결코 아닙니다. 그것은 남을 무시하는 무례한 행위도 아닙니다. 남의 기를 꺾는 행위는 더더욱 아닙니다. 남을 협박하는 행위는 정말 아닙니다. 오히려 남의 힘과 기를 세워주고, 남의 소망과 꿈을 이뤄주는 자기 비움의 행위입니다. 이것이 바로 증언과 공감의 행위입니다. 이것이 바로 산상 교훈에서 말하는 마음이 가난한 자가 받게 되는 축복입니다. 영이 가난하다 함은 기가 빠진 자에게 기를 나눠주는 겸손한 공감자를 뜻합니다. 남을 위해 자기의 기를 꺾는 자가 하늘나라의 주인이 됩니다. 영이 바로 기氣입니다. 그렇다면 예수님의 십자가는 무엇을 뜻하겠습니까?

하나님 자신이 스스로 우리 죄인들의 구원을 위해 자기의 힘과 기를 모두 꺾어 우리에게 그 기를 내어주신 거룩한 행위가 바로 십자가 아닙니까. 예수는 십자가 위에서 아주 연약한 자로 처형되었지요. 그분이 십자가를 군기처럼 휘날리면서 미개한 인간의 구원을 위해 미개 지역에 마구 쳐들어간 적은 전혀 없습니다. 마치 서양 제국주의자들이 미개한 아프리카대륙에 문명의 빛을 던져준다는 미명으로 돌진했듯이 말입니다. 그러기에 십자군 전도와 예수의 십자가에 달리심은 전혀 상관없는 일입니다. 아니, 정반대의 일이라고 말해야 합니다. 오늘 교회 첨탑에 예외 없이 십자가가 세워져 있는 까닭은 교회가 십자군이 되라는 뜻이 결코 아닙니다. 오히려 주님께서 피와 살을 모두 내어놓았듯이 교회가 가진 모든 것을 구원을 바라는 모든 인간을 위해 반드시 내어놓으라는 명령입니다.

우리는 열린 교회요 증언과 공감의 교회가 되어야 합니다. 그렇다면 누구와 먼저 공감해야 할까요. 누구의 배역을 먼저 맡아 해야 합니까. 우선 지극히 작은 자들을 위한 교회이어야 합니다. 비록 그것이 지극히 작은 자의 교회church of the least는 될 수 없다 하더라도 그들의 입장에 서려는 공동체가 되어야 할 것입니다. 그러나 자기 초극을 위해 끊임없이 애쓰는 교회는 정말 아름다운 교회입니다.

둘째로 꼴찌the last를 위한 교회, 꼴찌와 공감하는 교회가 되어야 합니다. 먼저 된 자가 나중 되고 나중 된 자가 먼저 된다는 뜻은 참 희망이 육화肉化되는, 구체화되는 공동체를 뜻합니다. 그러기에 이 세상에서 꼴찌나 나중된 자들, 곧 변두리 인생들이 희망을 느낄 수 있게 하는 공동체로 나아가야 합니다. 하지만, 나중된 자가 되기에는 먼저 된 자들이 너무 많습니다. 그럴수록 우리 스스로 실존적 한계를 극복하려고 몸부림치는 애씀이 각자의 공동체에서 육화되어야 합니다. 예배 의식과 사귐 속에서 그러한 몸부림이 깊이 새겨 있어야 하고, 은혜롭게 나타나야 합니다.

우리가 철이 엄마를 닮아서는 안 되겠지만, 그녀의 부지런함에 대해서까지 비판할 수 있을는지요. 우리는 이 시점에서 형을 교묘하게 속여 장자 상속권을 탈취한 뒤 오로지 양적 확장과 물량적 성공의 길을 치달았던 야곱이 얍복강 가에서 천사와 씨름한 뒤 새사람으로 거듭났던 사건을 회상할 필요가 있습니다. 야곱은 이스라엘이라는 새로운 이름으로 새 존재가 되었을 때, 허리를 다쳐서 절뚝여야만 했습니다. 하지만 절뚝거리며 걸어가는 야곱의 모습은 참으로 아름답습니다. 자기가 속인 형의 아픔을 자기 아픔으로 여기면서 새로 거듭나는 모습이기 때문입니다. 얍복강 가에서의 사건 이전에 잘 나가던 야곱의 그 날쌘 달림의 모습보다 얍복강 가에서의 씨름 이후에 야곱의 절뚝거리는 측은한 모습이 더 아름답게 보입니다. 그는 절뚝거리면서 더욱 열심히 새 삶을 걸어갔습니다. 이 열심이 우리의 열심이 되어야 합니다.

자기 비움을 통해서 자기 속은 남들로 더욱 꽉 채워져야 합니다. 채우기만 하려는 것은 탐욕이지만, 채우지도 못하고 비우기만 하려는 것도 위선일 수 있습니다. 우리는 비우기 위해서라도 채우는 열성을 가져야 합니다. 사도 바울의 그 숭고한 선교적 융통성, 그것도 복음이라는 원칙 위에 확고하게 서 있는 그 엄청난 선교의 융통성을 배우고 육화해야 할 것입니다. 이것이 바로 증언교회와 공감교회의 사명입니다.

공감의 십자가는 있어야 하나, 오만한 십자군의 십자군기는 필요 없습니다. 자기 비움의 십자가는 있어야 하나, 남을 무시하는 십자군기는 없어져야 합니다. 자기 기氣를 꺾고 남의 기氣를 살려주는 십자가의 사람은 필요하나, 철이 엄마의 철없는 전도의 십자가는 이제 꺾여져야 합니다. 사랑과 믿음과 소망의 십자가가 높이 세워지면서 그 십자가의 놀라운 자기 비움의 효험이 공동체 안에서 육화되어야 합니다. 참된 신앙이란 자기를 빈 그릇으로 만드는 은총의 힘입니다. 그 빈 그릇에 영원한 것을 채워 담아내는 겸손한 힘입니다. 이 힘으로 우리의 공동체를 질적으로나 양적으로 키워가야 합니다. 사도 바울의 그 놀라운 자기 비움의 융통성이야말로 바로 이 같은 믿음의 본보기입니다. 이 본보기를 따라 열심히 달려갈 때 교회는 철이 들어갈 것입니다. 우리 모두 그리스도 예수 안에서 철이 들어야 하겠습니다.

가장 좋은 길
― 사랑이 없으면 아무것도 아닙니다

고린도전서 12:31-13:3

> 너희는 더욱 큰 은사를 사모하라 내가 또한 가장 좋은 길을 너희에게
> 보이리라 내가 사람의 방언과 천사의 말을 할지라도 사랑이 없으면
> 소리 나는 구리와 울리는 꽹과리가 되고 내가 예언하는 능력이 있어
> 모든 비밀과 모든 지식을 알고 또 산을 옮길 만한 모든 믿음이 있을지
> 라도 사랑이 없으면 내가 아무 것도 아니요 내가 내게 있는 모든 것으
> 로 구제하고 또 내 몸을 불사르게 내줄지라도 사랑이 없으면 내게 아무
> 유익이 없느니라(고린도전서 12:31-13:3).

요즘 우리는 무한 경쟁이 무한 탐욕을 부추기면서 엄청난 재앙을
가져오게 된다는 사실을 새삼 깨닫게 되었습니다. 낙관적 "역사의 종
언"은 끝장나야 할 작금의 상황에서도 경쟁과 승리의 가치가 국가권
력 주체와 시장의 강자들에 의해 소리 높여 외쳐지고 있습니다. 이런
때, 예수따르미들은 갈릴리 예수께서 엄혹했던 로마 지배의 질서 속
에서 진실로 이룩하고자 하신 선교적 비전이 무엇이었는지 다시 한
번 성찰해 보아야 합니다.

한마디로 그것은 하나님 나라 세우기였습니다. 여러 가지 지혜의 말씀과 비유 등으로 예수께서는 하나님 나라의 참모습을 드러내 보였지요. 그 가운데 잔치 비유에 주목할 필요가 있습니다. 예수께서는 그 잔치 비유를 통해 말씀하셨을 뿐 아니라 당신 자신이 그 잔치를 친히 베풀어 하나님 나라의 모습을 드러내 보여주셨습니다. 예수의 잔치를 좀 더 잘 이해하기 위해서 먼저 당시 로마제국에서 펼쳐졌던 잔치와 예수 잔치가 근본적으로 다르다는 사실을 기억해야 합니다. 그리고 또 예수보다 한 발짝 앞서 하나님 나라 운동을 펼쳤던 세례요한의 운동과 예수 잔치 운동 간의 본질적 차이에 대해서도 새삼 주목할 필요가 있습니다.

로마식 잔치는 황제를 절대화하고 신성화했던 상황에서 펼쳐졌던 부강한 자들끼리의 잔치였습니다. 무력으로 변방을 정복하면서 승승장구 그 영토를 확장해 나갔던 로마제국 권력은 그들의 승리를 자축하면서 황제의 신적 권위를 더 높였습니다. 로마 주류 세력의 잔치는 화려했고, 부강했던 만큼 그것 또한 배타적이었습니다. 거기에 빈약한 자들, 패배한 자들, 탈락한 자들, 꼴찌들을 위한 공간과 배려는 없었습니다. 하기야 우리 주변에서 벌어지는 온갖 잔치들, 특히 화려한 호텔 같은 곳에서 펼쳐지는 잔치도 로마식 잔치를 상당히 닮고 있는 것 같습니다. 저는 오래전부터 괴벽 아닌 괴벽을 지니고 있지요. 연말에 여기저기서 잔치 초청장이 오는데 대체로 사양합니다. 특히 동창회나 고향 지역의 유력자들이 초청하는 잔치에는 가지 않습니다. 제가 명문 학교를 나왔기에 더더구나 그런 초청에는 가지 않습니다. 그곳에서는 성공과 출세, 승리와 부강에 대한 예찬 소리가 소음처럼 시끄럽게 저를 불편하게 하기 때문입니다.

예수 잔치는 이 같은 승리주의 자들의 잔치와는 아주 다른 잔치였습니다. 그것과는 너무나 급진적으로 달랐습니다. 왜냐하면 예수의 하나님 나라가 로마 강권 지배체제와 달랐기 때문입니다.

예수는 세례요한이 처참하게 참수당하자, 곧 요한의 개혁 운동과 유사한 것처럼 보이는 운동 깃발을 들었습니다. 그것은 하나님 나라를 선포하는 것이었지요. 그런데 예수의 하나님 나라는 세례요한의 그것과도 사뭇 달랐습니다. 세례요한은 심판 주 하나님이 역사에 기적적으로 개입하여 이 세상을 준엄하게 심판한 뒤 세울 미래의 새 질서가 바로 하나님 나라로 믿었습니다. 그것은 미래의 사건이지요. 인간이 할 수 있는 것은 그날이 오기를 기다리면서 오늘, 여기서 금욕과 금식의 삶을 살아야 한다고 설파했습니다. 한 마디로 세례요한의 새 질서를 위한 운동은 경건한 금식, 곧 단식fasting의 삶을 강조했습니다.

그런데 예수 운동은 금식이 아니라 즐거운 잔치, 곧 연회feasting의 운동이었습니다. 비록 하나님 나라의 그 완벽한 모습은 미래에 나타나겠지만, 지금 여기서 우리가 사랑을 실천할 때 아빠Abba의 나라는 우리 가운데서 누룩처럼 번지게 되고 겨자씨처럼 자란다고 깨우쳐 주셨습니다. 그리고 이 잔치는 로마식 잔치와는 아주 다르게 빈약한 자들, 꼴찌들, 국외자들과 탈락자들이 주인처럼 대접받는 사랑과 환희의 잔치였습니다. 비주류들이 더욱 자유롭게 다른 사람들과 소통할 수 있고, 패배한 자들이 우아하게 고개를 쳐들 수 있는 따뜻한 잔치입니다. 여기에선 꼴찌들이 상석에 앉게 됩니다. 그런데 그 상석에 있는 순간, 꼴찌의 기쁨을 오래 누릴 수 없어 곧 그 자리를 다른 꼴찌에게 스스로 양보합니다. 그러기에 따뜻함과 넉넉함의 기운이 잔치 마당을 가득 채우게 됩니다.

여기서 우리는 예수 잔치가 세례요한과 로마제국의 그것과 달리 기쁨과 자유가 함께 번진다는 사실을 기억해야 합니다. 예수 잔치에 초대받은 사람들은 스스로 자기를 즐겁게 낮추려는 사람들이요 자기를 비워 남에게 기쁘게 종이 되려는 사람들입니다. 자기의 자유를 스스로 줄여 남의 자유를 더 늘려 주려 하지요. 그러기에 그 잔치에서는 정말 아름다운 역설이 현실이 됩니다. 그것은 곧 자기 비움과 내려놓음의 자유에서 오는 기쁨이지요. 자유의 아름다운 역설이지요.

이것을 다르게 표현한다면 서로 상대에게 우아하게 지려고 즐겁게 앞장섭니다. 누구를 사랑하기에 그 사람에게 지고 싶어 자원하게 되는 그런 관계가 펼쳐지지요. 이 사랑의 역설을 이해한다면 자유의 역설도 쉽게 이해할 수 있습니다. 예수 잔치에서는 모두가 자기의 자유를 스스로 즐겁게 제한하면서 남을 더 자유롭게 해주지요. 그러면서 마침내 서로가 더욱 자유로운 주체로 살아가게 되지요. 그곳에서는 스스로 상대방에게 우아하게 짐으로써, 마침내 모두 함께 이기는 기막힌 상승相勝의 기쁨을 맛보게 되지요. 이것이 바로 예수 잔치, 곧 예수의 하나님 나라 비전이요 현실이라 하겠습니다.

여기서 우리는 다음과 같은 질문 앞에 서게 됩니다. 이 같은 예수의 하나님 나라 운동이 초대교회에서도 지속되었던가요. 예수의 십자가 처형으로 이 잔치 운동은 끝장나고 말았던가요. 갈릴리 예수의 운동은 십자가와 부활 사건 이후 변질되고 말았던가요. 초대교회를 세우고 초대교회의 신학을 확립했던 사도 바울은 갈릴리 예수 운동을 추상화시켰던가요. 그래서 그것을 헌신짝처럼 버렸던가요. 이런 질문들 앞에서 저는 감히 예수 잔치의 그 자유와 그 환희는 부활 사건 이후 엄혹한 로마 권력의 탄압 아래서 더욱 성숙하고, 더욱 알차게 진전되었다고 외치고 싶습니다. 그 잔치의 자유는 예수 그리스도 안에서 구원과 속죄의 자유와 기쁨으로 심화되고 확대되었다고 믿습니다. 부활의 그리스도 안에서 새롭게 체험하게 된 평화와 은혜를 감사하고 감격하면서 날로 새로운 존재로 나아가게 되는 자유를 그리고 그 기쁨을 사도 바울은 감동적으로 고백하고 증거했습니다. 그에게는 율법주의의 사슬에서 벗어나 새로운 피조물로 태어나는 자유인의 기쁨이 곧 복음의 핵심이지요. 사도 바울은 비록 갈릴리 예수를 직접 만난 적은 없었지만, 그의 죽음이 갖는 새롭고 깊은 신학적 깨달음을 통해 갈릴리 예수 운동을 새로운 상황에서 한 차원 더 높게 펼칠 수 있었습니다. 그것은 유대 율법주의로부터의 해방이기도 했습니다. 할례나 코셔kosher(유대교 율법에 따라 만든 음식을 가리는 규범)의 제약으로부터 해방이지요. 이런 외양적 율법준수 행위가 갖다주는 기쁨과는 견줄 수 없는 소중한 해방의 기쁨을 그는 부활의 그리스도를 만남으로써 체험하게 된 것이지요. 그 엄혹한 로마 권력의 탄압 속에서도 굳세게, 의연하게, 우아하게 견딜 수 있었던 힘도 바로 그리스도 안에서 체험한 성령의 힘, 자유케 하는 은총의 힘이었습니다. 그 기쁨과 자유가 결코 갈릴리 예수의 잔치의 자유와 기쁨을 내동댕이치는 것이 아니라 오히려 그것을 더욱 감동적으로 심화시키고 확산시켰습니다. 여러 가지 어려운 초대교회 상황에서 바울은 그것을 더욱 아름답게 다듬어 냈습니다.

그런데 그에게 이 잔치의 자유와 구원의 기쁨이 심각한 문제를 던져주었습니다. 그에게 고민이 생겼지요. 그 문제와 고민을 이해하기 위해 먼저 그의 구원신앙이 확고했다는 사실에 주목해야 합니다. 바울은 당시 예루살렘의 모 교회, 또는 본부교회의 주역들보다 더 강하게 예수 그리스도의 복음을 철저하게 아빠 하나님의 사랑과 은혜의 선물임을 확신했습니다. 그 확신만큼 할례 규범이나 음식을 가려먹는 유대 전통이 구원의 조건이 될 수 없다고 믿었습니다. 그에게는 그리스도의 은혜와 믿음이 구원으로 인도하는 길이었습니다. 바로 이 같은 확신 때문에 바울은 당시 가장 영향력이 컸던 예루살렘 모교회의 지도자들, 특히 베드로와 다툰 적이 있습니다. 그냥 다툰 것이 아니라 베드로를 위선자로 질책하기까지 했지요(갈 2:11-14). 바울은 막강했던 예루살렘 교회 지도층(그 최고 지도자는 바로 예수님의 동생 야고보였다)에 대해서 때로 맞서기까지 하면서 부활의 그리스도 안에서 얻은 은혜와 자유의 소중함을 역설했지요.

이 같은 그의 신앙적, 신학적 원칙은 확고했습니다. 우리가 구원 받게 되는 것은 율법을 지킴으로써가 아니라 그리스도의 은혜로 아빠 하나님과 의로운 관계를 맺을 수 있다고 확신했습니다. 그래서 아직도 율법주의 틀에서 벗어나지 못한 것처럼 행동했던 베드로에게 감히 맞서고, 그를 나무랄 수 있었지요.

그런데 여기서 우리는 사도 바울이 고린도 교인들에게 사뭇 다른 태도로 대하는 것을 봅니다. 그것이 무엇일까요. 예루살렘 교회의 거물에 대해서는 자기 원칙을 날카롭고 매섭게 내세웠던 바울이 자기가 세운 교회 안에서는 부활의 그리스도의 복음을 받아드리면서도 아직도 유대 율법주의에서 벗어나지 못한 형제자매들, 우왕좌왕했던 그 연약한 신도들에 대해서는 놀라울 만큼 유연하고 융통성 있게 소통의 가치를 역설했습니다. 아직도 자기처럼 급진적인 신앙, 곧 은혜와 믿음으로 구원에 이르게 된다는 신앙에 이르지 못한 교우들에 대해서는 깊고 뜨거운 교감과 너그러운 소통의 가치 그리고 역지사지易地思之와 역지감지易地感之의 실천을 역설하였습니다. 사도 바울의 목회신앙과 목회신학은 놀랍게도 소통의 신학이기도 하며 그러기에 그것은 따뜻한 예수 잔치의 자유와 환희의 신학으로 이어진다는 것을 잊지 말아야 합니다. 바로 이점을 대신해 바울의 열린 따뜻한 마음을 고린도 교회의 두 가지 문제와 연관하여 살펴볼 필요가 있습니다. 바울의 목회신학은 21세기 우리 한국교회에도 너무나 적절한 메시지를 던져주기 때문입니다.

먼저 우상에게 바친 제물을 먹는 문제를 생각해봅시다. 바울은 원칙적으로는 만물이 모두 하나님의 것인데, 못 먹을 것이 없다고 생각했지요. 그는 우상에게 바친 제물도 개의치 않고 먹을 수 있었습니다. 이런 뜻에서 그의 신앙은 당시 상황에서는 대단히 급진적 자유주의자였습니다. 그런데 교회 안에서는 아직도 율법의 영향 아래 매여 있어서 그리스도 예수 안에서 복음의 자유를 누리면서도 다른 한 편 꺼림칙하게 느끼며 고기를 먹는 분들도 있었지요. 바울은 그들의 곤혹스러움과 아픔을 깊이 동고同苦했습니다. 그래서 이들 약한 신도들의 이런 곤혹스러움과 정체성의 혼란을 악화시키지 않도록 이미 자유롭게 행동하며 앞서가는 신도들에 대해 신중한 메시지를 던졌습니다. 특히 은혜와 믿음으로 자유를 얻어 기뻐했던 자들의 그 자유가 약한 형제자매들에게 걸림돌이 되지 않아야 한다고 안타까워하며 다음과 같이 강조했습니다. 그는 심약한 자의 마음을 따뜻하게 품었습니다.

> 여러분에게 있는 자유가 약한 사람들에게 걸림돌이 되지 않도록 조심하십시오. … 그리스도께서는 그 약한 신도를 위하여 죽으셨습니다(고전 8:9, 11).

나는 어느 누구에게도 얽매이지 않은 자유로운 몸이지만, 많은 사람을 얻으려고 스스로 모든 사람의 종이 되었습니다(고전 9:19).

한 걸음 더 나아가 바울은 모든 것이 다 자유롭다고(허용된다고) 하여 마음대로 행동할 수 있겠지만, 모든 자유가 모두 유익한 것이 아니라고 했습니다. 모든 자유가 다 덕을 세우는 것은 아니라고 말하면서(고전 10:23-24) 이 같은 덕은 새로운 깨달음과 그 지식에서 오는 것이 아니라 사랑 실천에서 온다고 했습니다. 지식은 오히려 사람을 교만하게 하지만, 사랑은 덕을 세운다(고전 8:1)고 깨우쳐 주었습니다. 이 덕이 바로 공동체를 예수 잔치처럼 열려있고 따뜻한 잔치로 변화시키는 힘이지요. 덕이 바로 사랑의 향기요 사랑의 효험이라 하겠습니다. 이 사랑의 힘으로 자기의 소중한 자유를 남을 위한 더 소중한 자유를 위해 스스로 제약할 수 있게 되지요. 남의 종이 되는 수준까지 자기 자유를 즐겁게 제한시킬 수 있지요. 이것은 바로 우아하게 패배하는 힘이기도 하지요. 이 힘으로 공동체가 따뜻해지고 넉넉해지면서 예수의 잔치, 예수의 하나님 나라가 우리 속에 누룩처럼 번지게 되지요. 여기서 우리는 참 자유인 바울의 아름답고 성숙한 모습을 흐뭇하게 확인하게 됩니다. 바울의 깊은 배려와 그 따뜻한 힘을 새삼 오늘의 상황에서 느낄 수 있습니다.

둘째로 바울은 교회 안에 자유롭게 발생하는 은사들 간의 충돌에 대해 마음 아파했습니다. 그리스도 안에서 은혜로 새로운 능력을 얻게 된 신도들이 어떤 뜻에서는 너무 자유로워져 자기의 은혜(카리스마)와 그 능력을 남의 것보다 더 우월하고 소중한 것처럼 주장한 듯합니다. 율법의 속박에서 벗어난 신도들 가운데는 치유의 은사, 기적의 능력, 예언의 은사, 방언의 능력 등을 자유롭게 체험하게 되었습니다. 자기의 카리스마가 남의 것보다 더 중요하다고 주장하게 되면 교회가 잔치공동체의 열린 넉넉함과 관용의 따뜻함을 지켜내고 키워가기가 참으로 힘들게 됩니다. 오히려 분쟁과 혼란이 생길 수 있게 되지요.

바로 이런 상황에서 사도 바울은 교회가 예수 잔치의 마당일 뿐 아니라 잔치 수준에서 한 걸음 더 깊이 나아가 예수의 몸이라고 선포했습니다. 교회에 대한 깊은 신학적 성찰이지요. 예수의 몸은 예수 잔치보다 더 의미가 깊습니다. 존재론적으로나 인식론적으로도 예수 몸은 더 깊은 뜻을 지닙니다. 신학적으로도, 사회학적으로도 몸은 잔치보다 더 적절하고 심오한 표현이요 탁월한 신학적, 신앙적 통찰력입니다.

예수의 몸에는 차이는 있되 결코 차별은 있을 수 없습니다. 머리가 결코 발에게 "너는 쓸데없다"라고 말할 수 없기 때문입니다. 오히려 몸의 지체 가운데 더 약해 보이는 지체들이 더 요긴하다고 했습니다. 덜 명예로운 지체들에게 더욱 높은 명예를 덧입혀주고, 볼품없는 지체들을 더욱더 아름답게 다듬어 준다고 했습니다(고전 12:21-23). 바로 이 같은 바울의 탁월한 해석은 따지고 보면, 하나님 나라 잔치에서 꼴찌가 첫째가 된다는 갈릴리 예수의 말씀에서 비롯된 것이지요. 그러니 역사의 바울 모습에서 역사적 예수 모습을 뚜렷하게 보는 듯합니다. 참으로 은혜롭고 흥미롭습니다.

이제 우리는 사도 바울의 메시지 중 가장 아름답고 감동적인 메시지를 만나게 됩니다. 그는 여러 은사야말로 예수 몸의 여러 지체의 기능과 같다고 보았지요. 비록 그가 그 은사들의 순서를 잠정적으로 매기긴 했으나 그 순서가 중요한 것은 결코 아닙니다. 왜냐하면 제일 약하고 볼품없는 지체가 더 소중한 역할을 해낼 수 있기 때문이지요. 그는 이 은사들보다 훨씬 빼어난 은사를 감동적으로 제시했습니다. 이것이야말로 참으로 뜻깊은 제시입니다. 이 은사가 없으면 다른 모든 은사는 헛것이 되고 마는 정말 소중한 은사를 강조했지요. 바로 이 은사의 소중함을 힘주어 강조하고, 그것을 열심히 구하라고 권면한 뒤 주옥같은 고린도전서 13장의 메시지를 던진 것입니다. 그것은 바로 사랑의 카리스마에 대한 예찬입니다. 흔히들 바울 신학은 믿음으로 의롭게 된다는 이신칭의以信稱義의 신학이나 속죄 신학으로 좁게 규정하여 바울이 갈릴리 예수의 실천적 삶과 사역을 가벼이 여기거나 무시했다고 보기 쉽습니다. 저는 바울 신학의 핵심과 정수와 본질은 예수의 몸을 몸 답게 만드는 힘, 바로 그 사랑의 힘에 대한 그의 신학적 통찰력에 있다고 믿습니다. 이것이 바로 사랑이 갖는 자기 비움의 힘에 대한 그의 신학적 통찰력이지요. 그래서 그는 자기를 비워 남을 채우면서 전체를 온전케 하는 힘, 곧 구원하는 힘이라고 믿었습니다. 이것이 바로 케노시스kenosis의 기독론이기도 하지요(빌 2:5-11). 이런 관점에서 우리는 고린도전서 12장의 마지막 절(31절)에서 13장 3절까지의 의미를 새삼 새롭게 되씹어 볼 필요가 있습니다.

그러나 여러분은 더 큰 은사를 열심히 구하십시오. 이제 내가 가장 좋은 길을 여러분에게 보여드리겠습니다. 내가 사람의 모든 말과 천사의 말을 할 수 있을지라도 내게 사랑이 없으면, 울리는 징이나, 요란한 꽹과리가 될 뿐입니다. 내가 예언하는 능력을 갖고 있을지라도, 또 모든 비밀과 모든 지식을 가지고 있을지라도, 또 산을 옮길만한 모든 믿음을 가지고 있을지라도, 사랑이 없으면, 아무것도 아닙니다. 내가 내 모든 소유를 나누어 줄지라도 내가 자랑삼아 내 몸을 넘겨줄지라도 사랑이 없으면, 내게는 아무런 이로움이 없습니다(고전 12:31-13:3).

바울의 이 감동적인 시어詩語 속에서 저는 당시 초대교회에서 생겼던 여러 현상과 현실을 묘하게 느끼는 듯합니다. 사람의 모든 말과 천사의 말이란 표현은 당시 수사학의 화려한 표현기법을 생각나게 합니다. 예언하는 능력이라는 표현은 당시 혼란스럽게 풍미했던 묵시 종말론적 예언을 생각나게 합니다. 모든 비밀과 모든 지식이란 시어에서는 당시 번지기 시작했던 영지주의적 신학의 흐름을 느끼는 듯합니다. 산을 옮길만한 믿음은 바울의 이신칭의以信稱義의 신앙을 생각하게 합니다. 그의 신앙 강조조차도 사랑이 없으면 아무것도 아니라는 자기 비움의 고백, 그 겸손한 고백을 천둥소리처럼 듣는 듯합니다. 소유를 나누어 준다는 표현에서는 초대교회의 원시공산주의 삶의 한 모습을 떠올립니다. 자기 몸을 불사르는 결단, 그 불타는 정의감은 요즈음 자살폭탄 같은, 결의에 차서 당시 로마 권력에 맞섰던 젊은 열혈 젤롯당을 연상시킵니다. 바울은 이렇게 훌륭해 보이는 모든 카리스마적인 능력과 헌신도 그것이 사랑에 바탕 하지 않을 때, 그것이 사랑에서 우러나오지 않으면 아무것도 아니라고 장엄하게 선언했습니다.

정말 그렇습니다. 마치 0의 숫자가 다른 모든 숫자의 크기를 아무것도 아닌 0으로 되돌리듯, 사랑이 0일 때 모든 능력은 헛것이 되고 맙니다. 아니 한 걸음 더 나아가서 저는 이렇게 외치고 싶습니다. 사랑 없는 정의正義는 오히려 독선의 분노로 이어지며, 사랑 없는 자유는 분쟁의 자유로 이어지며, 사랑 없는 믿음은 광신의 폭력으로 이어지게 된다고 말입니다. 오늘의 현실에서도 우리는 사랑 없는 종교가 악행을 권장하는 것을 보게 됩니다. 노벨 물리학상을 받은 스티븐 와인버그 교수는 이렇게 증언했습니다.

> 종교가 있든 없든 선한 일을 하는 사람과 악한 일을 하는 사람이 있는 법이다. 그러나 좋은 사람이 악한 일을 하려면 종교가 필요하다.

파스칼은 더욱 정곡을 찌르는 증언을 했지요.

> 사람들은 종교적 신념으로 악을 저지를 때 가장 철저하게 그리고 즐기면서 그 악을 저지르게 된다(아멘, 그렇군요! 라고 당장 동의하고 싶어지지 않습니까?).

이것은 사랑 없는 종교가 가장 악마적으로 될 수 있다는 증언이 아니고 무엇이겠습니까. 그러기에 바울 사도는 사랑이 가장 큰 은사요 그 사랑의 은사로 이끄는 길이 제일 좋은 길임을 강조하지 않을 수 없었겠지요. 사랑은 우아하게 짐으로써 함께 이기는 길로 우리를 인도하며 그러기에 사랑은 보복의 악순환을 확실하게 끊어 내는 힘을 지니고 있습니다. 서로 지려는 사랑의 공동체에서 악순환은 발생하지 않습니다. 오히려 선순환이 작동되면서 그것이 하나님 나라의 아름다운 평화의 모습을 마침내 드러내 보일 것입니다.

이 같은 하나님 나라의 평화를 모든 예수따르미들이 체험하게 되길 기도합니다. 그 평화의 은혜를 체험하기 위해서 갈릴리 예수님이

산 위에서 제시해 주신 실천적 지침들, 실천적 힌트에 새삼 주목 합시다. 아내의 결점, 남편의 결점이 보일 때마다 그 결점이 바로 투명한 영의 거울로 변화되게 해야 합니다. 어떻게 그렇게 할 수 있느냐고요. 그 결점을 볼 때, 그 속에서 엄청나게 큰 자기 결점을 먼저 보게 되면 상대방의 결점은 곧 은혜롭고 투명한 영적 거울, 도덕적 거울로 변화될 것입니다. 거울에 비친 자기의 부끄러운 모습을 뚜렷하게 보게 되면서 아내와 남편을 더욱 높여 주고 싶은 마음이 생길 것입니다. "역시 내 아내가 나보다 나아", "역시 내 남편이 훨씬 더 훌륭해"라는 속삭임 소리가 마음속 깊은 데서 조용히 은혜롭게 우러나올 것입니다. 그 소리는 바로 천사가 속삭이는 소리이기도 하고, 갈릴리 예수의 따뜻한 목소리이기도 할 것입니다. 아니, 아빠 하나님의 목소리이기도 하지요. 이때 서로 우아하게 지고 싶은 사랑의 힘이 솟아나게 될 것입니다. 왜냐하면 우리의 하나님 아빠는 항상 스스로 비워 우리에게 다가오시어 우리를 새 존재로 채워 일으켜 세워주시는 사랑의 동력이시기 때문입니다. 갈릴리 예수와 부활의 그리스도는 골고다의 길로 우아하게 성큼성큼 걸어가시면서 우리 모두를 부활의 승리로 인도하시는 사랑의 주님이시기 때문입니다. 성령께서 항상 이와 같은 깨달음을 주시어 우아하게 지도록 힘있게 이끌어 주시기 때문입니다. 우리 모두 서로 은혜롭게 짐으로써 그리스도 예수와 더불어 모두 함께 이기는 기쁨을 누리시길 바랍시다. 이것이야말로 바로 사도 바울이 제시한 가장 좋은 길이 아니겠습니까.

처음처럼, 더 예수답게

누가복음 23:46-47

> 예수께서 큰 소리로 부르짖어 말씀하셨다. "아버지, 내 영혼을 아버지 손에 맡깁니다." 이 말씀을 하시고, 그는 숨을 거두셨다. 그런데 백부장은 그 일어난 일을 보고, 하나님께 영광을 돌리며 말하였다. "이 사람은 참으로 의로운 사람이었다"(누가복음 23:46-47).

처음의 비전

1987년 3월 8일, 정치·경제적 검은 먹구름이 또다시 군사독재의 억압적 폭풍을 몰고 올 듯할 때, 새길공동체는 탄생했습니다. "우리는 세상을 창조하시고, 언제나 새롭게 변혁하시는 하나님을 믿으며, 어둠의 역사 속에서도 새날이 밝아옴을 선포합니다"라는 장엄한 신앙고백을 토해내면서 대안적 신앙공동체를 출범시켰습니다.

1987년은 한국 역사에서 획기적인 변화가 터져 나왔던 해입니다. 이른바 87체제가 탄생했습니다. 밑으로부터의 시민혁명으로 새로운 정치질서가 태동되었습니다. 그러나 이 시민 저항이 봇물처럼 터져 나오기 직전에는 어둠의 권력이 우리를 몹시 떨게 했지요. 전두환 정권은 호헌조치로 민주화의 열망을 잔인하게 짓밟으려 했습니다. 광주학살 사건이 지난 지 7년 가까이 되는 1987년 초, 군사 공포정치를 줄곧 펼쳐왔던 군부독재 정부는 대통령 직선제를 열망했던 민주시민들을 더욱 옥죄고 더욱 핍박하려 했습니다. 이런 엄혹한 역사의 현실 속에서 새길공동체가 태어난 것입니다.

우리의 태어남을 재촉했던 상황적 요인에는 당시 한국교회의 타락과 복음 상실의 현실도 크게 한몫을 했습니다. 군부독재가 추진했던 성장제일주의와 힘에 의한 승리 제일주의 문화가 한국기독교의 번영 신앙에 접목되었습니다. 이른바 반민주적 산업화 세력이 교회로 깊고 넓게 침투했습니다. 그 결과 세계에서 제일 큰 교회, 세계에서 가장 큰 장로교회와 감리교회가 모두 한국에서 '자랑스럽게' 나타났지요.

이와 같은 교회의 물량적 성장을 가능케 해준 번영신학과 신앙은 한 마디로 한국기독교 안에서 한강의 기적을 일으켰습니다. 그런데 그것이 과연 예수님의 하나님 나라 비전에서 나왔을까요? 이 질문 앞에서 몹시 불편해하고 부끄러워하며 의로운 분노를 느꼈던 크리스천도 적지 않았습니다. 그들은 소수자에 불과했으나, 예수 복음을 우리의 어두운 역사 상황에서, 부끄러운 한국교회 현실에서 새롭게 깨닫고 이 복음에 충실한 실천적 삶을 살고자 했습니다. 저는 이때 이렇게 생각했습니다. 한국의 거대 교회의 지도자들을 보며 공생애를 시작하기 전에 갈릴리 예수님께서 광야에서 친히 겪었던 사탄의 시험에 모두 순순히 낙방했던 목회자들이 그렇게 '자랑스럽게 큰 교회'를 세울 수 있겠구나! 하고 말입니다. 사탄의 시험에 낙방했다는 것은 사탄의 제의를 기꺼이 받아들였다는 뜻입니다. 그래서 사탄의 메가

급 유혹을 용기 있게 물리친 분들이 목회하는 교회를 목마른 사슴처럼 끊임없이 찾고 있었습니다. 그런 교회를 찾기 힘들다고 판단한 저는 1987년 초에 새로운 신앙, 신학 공동체를 시작해 보려고 결심했습니다. 이 같은 결심의 배경에는 그럴만한 역사적 사연이 있었습니다. 그 이야기를 잠시 하겠습니다.

저는 여러모로 부족한 사람이라 재직했던 서울대학교에서 두 번씩이나 쫓겨난 아픔이 있었습니다. 첫 번째 아픔은 1976년 2월 말, 유신체제 권력이 유신체제를 비판하고 저항했던 일군의 교수들을 해직시켰을 때입니다. 이때는 주로 기독교 교수협의회라는 반정부 지식인 모임으로 인식된 공동체의 구성원들이 희생제물이 되었지요. 그 후 4년이 흘러 1980년 3월, 우리는 쫓겨난 학생들과 함께 복직되었습니다. 그것은 1979년 10월 26일 유신체제의 우두머리가 부하의 총을 맞아 죽었기에 가능했습니다. 그런데 1980년 5월, 박정희 군사정권을 이어받은 신군부는 또 다른 교묘한 형태의 군사 정변(쿠데타)을 통해 더 잔인하게 국민으로부터 주권을 강탈해 갔습니다. 광주민주항쟁이 이때 터져 나왔는데, 이 항쟁이 일어나기 직전 김대중 씨를 위시한 민주인사들이 신군부에 의해 일망타진당했습니다. 이 당시에 저는 4년 만에 복직해서 두 달 반이 된 시점이었는데 다시 학생을 가르치는 일에 마치 신혼의 단꿈을 꾸는 것 같은 보람을 느끼고 있을 때였습니다. 5월 17일 밤 10시 40분, 중앙정보부 요원들에 의해 연행되어 남산 지하 2층에서 두 달간 지옥 심문을 받았지요. 그 이유는 허망한 것이었습니다. 김대중 씨를 대통령으로 옹립하기 위해 우리 (주로 대학교수, 성직자, 문인, 언론인들)가 국가 변란을 도모했다는 죄였습니다. 권사님이셨던 제 어머님이 5월 12일에 소천하신 지 며칠 지나지 않았던 때였는데, 모친 상가에서 내란음모를 했다는 참으로 허망한 조작으로 신군부 검찰이 우리를 불법으로 연행하고 심문하고 군사 법정에 세웠습니다. 2년 6개월의 징역형을 받고, 그해 11월 저와 민중 신학자 서남동 교수는 형 집행 정지로 일단 석방되었습니다.

이때 저는 미국에 있던 여러분들로부터 신앙적 격려를 받았습니다. 특히 두 분의 헌신적 노력으로 1981년 기적같이 미국의 에모리대학교(저의 모교)의 초빙교수로 갈 수 있었습니다. 한 분은 그 당시 에모리대학교의 총장이었던 레이니James T. Laney 박사입니다. 이분은 해방 직후 미군으로 한국에 와서 한국 정치지도자들의 저격 사건을 조사했던 미군 수사팀에서 일한 분입니다. 이때, 그가 한국 사회와 한국교회에 대해 느낀 바가 매우 컸다고 합니다. 귀국하여 예일대학교 신학부에서 기독교 윤리로 박사학위를 취득한 뒤, 밴더빌트대학교의 신학부 교수로 있다가 곧 에모리대학교 신학대학 학장으로 부임하셨으며, 그 후에 에모리대학교 총장으로 봉직했습니다. 남달리 한국 민주화운동을 직·간접적으로 도와주신 분이지요. 훗날 그는 클린턴 행정부에서 주한미국 대사로 부임했습니다. 저와는 형제같이 가깝게 지냈습니다. 또 한 분은 당시 미국연합장로교 본부에서 중동 담당 총무로 일하셨고, 미국교회협의회에서 사회정의 분야에서 주요한 직책을 갖고 있었던 이승만 목사였습니다. 그는 1960년대 초, 마틴 루터 킹 목사와 함께 흑인 인권 운동에 적극적으로 참여하신 분이십니다. 후일 그는 동양인으로서 최초 미국연합장로교의 총회장이 되셨고, 미국의 NCC 회장도 역임했습니다.

이승만 목사께서 1981년 1월, 한국에 출장을 와서 저의 초라한 모습을 보시고 말없이 저를 껴안고 우셨습니다. 이때 그는 미국으로 돌아가면 레이니 총장과 의논하여 어떻게 해서든 저를 에모리대학교로 초청하겠다고 했습니다. 고마웠으나, 김대중 사건의 공동피고였던 저를 미국에 가게 하는 일은 전혀 가능하지 않다고 생각했기에 속으로는 피식 웃었습니다. 그런데 이승만 목사와 레이니 총장의 공동 노력으로 정말 기적같이 1981년 10월 초 29년 만에 모교에 갈 수 있었습니다. 1년이 지나자, 뉴욕의 신앙 동지들이 제게 미국에 계속 체류하면서 조국의 민주화와 평화통일을 위해 함께 일하자고 권고했습니다. 여권과 비자가 모두 만기가 되었지만, 불법체류자의 신분으로 저는 뉴욕으로 갔지요. 미국연합장로교가 직영하는 수양관(Stony Point Center)에서 사회정의 자문위원 자격으로 체류할 수 있었습니다. 그때 저는 미국 각지를 돌아다니며 민주화, 평화, 통일, 사회정의와 같은 주제로 강연, 강의, 설교, 간증하면서 바쁘게 살았습니다.

1983년 초에 이승만 목사께서 저에게 심각한 제의를 해왔습니다. 얼마간 미국에서 망명객처럼 지내게 될지 모르지만 뉴욕에 있는 유니온신학교에서 M. Div. 학위과정을 이수하는 것이 어떻겠느냐고 제의했지요. Ph. D. 학위는 오래전에 취득했으니, 이제 목회자 신학과정을 밟으며 신학을 공부해 보라고 권고했습니다. 저는 망설이다가 그 제의를 받기로 결심했습니다. 1954년, 전쟁의 상흔으로 우리 민족이 앓고 있던 때, 대학 입학을 앞둔 저에게 신학교에 들어가 훌륭한 목회자가 되기를 원하셨던 어머님의 소망을 저는 떠올렸습니다. 정말 뜻밖의 시간에, 뜻밖의 장소에서, 뜻밖의 신학교에서 50세를 바라보는 나이에 신학 공부를 시작하면서 여러 번 감사의 눈물을 흘렸습니다. 예수 복음으로 사회와 역사를 변혁시키려는 신학적 동력이 충만했던 유니온신학교에서 공부할 수 있다는 것이 저에게는 새로운 도전이었고 은총이었지요. 그런데 한 학기만 더 하면 목회자 과정이 끝날 즈음, 저는 더 놀라운 소식을 듣게 되었습니다. 1984년 8월 14일, 뉴욕 총영사였던 김세진 박사가 전화로 내일 날짜(8월 15일)로 제가 복권·복직된다는 소식을 알려주었습니다. 그때 저는 하나님께서 '목회자가 될 자격은 없지만, 해방신학의 동력은 배울 필요가 있다고 판단하셨구나'라고 생각했지요. 그래서 귀국을 서둘렀습니다.

9월 초에 저는 3년의 망명 생활을 접고 그리운 조국에 돌아왔고, 정말 그리웠던 모교의 연구실로 돌아올 수 있었습니다. 저에게는 조그마한 해방이요 광복이요 희년의 기쁨이었습니다. 그런데 아직도 조국 강토에는 참된 해방과 광복의 기쁨이 오지 않았기에 귀국의 기쁨은 잠시뿐이었지요. 마침, 바로 저의 아파트 앞에는 현대교회가 있었습니다. 귀국하자마자 그 교회 평신도 지도자들이 제게 말씀 증거를 부탁했습니다. 이화여대로부터 해직된 서광선 박사가 그 교회에서 정식 목회자로 몇 년간 일하셨는데, 이대로 복직하시면서 교회를 사임했다고 했습니다. 제게 서울대에서 새 일로 바쁘시겠지만, 뉴욕에서 신학 공부를 하셨으니 매주 설교만 해달라고 부탁했습니다. 이때 저는 속으로 '옳거니, 하나님께서 이런 일을 위해 망명 중에 신학 공부를 시키셨구나' 하는 생각을 하게 되었습니다. 2년 남짓 현대교회에서 정말 신나게 말씀 증거를 했습니다. 제 일생에 참으로 뜻깊고 행복한 경험이었습니다.

2년이 지나는 동안 저는 서울대학교 사회학과 과장으로 일했고, 사회학회 일에도 참여해야 했으며, 무엇보다 당시 선명 야당을 세우려고 애썼던 정치지도자들을 여러 모양으로 돕고 있었기에 눈코 뜰

새 없이 바빴으나, 주일 설교만은 신나게 힘써 준비했습니다. 2년쯤 지난 어느 날, 교회가 속한 노회에서 평신도가 계속 설교하는 문제를 놓고 불편해한다는 이야기를 들었습니다. 그때 저는 즉각 현대교회의 설교를 그만두기로 결심했습니다. 이때 저는 심각한 실존적 선택의 아픔에 직면했습니다. 어느 교회에 나가야 하는가 하는 문제였습니다. 딱히 나가고 싶은 교회가 없었습니다. 그전에 다니던 교회는 이미 분란 조짐이 있었습니다. 며칠간 고심하다가 정말 새로운 대안 신앙공동체를 시작해 보기로 결단했지요. 그런데 그 당시 제가 주중에 할 일이 워낙 많았기에 이 모험에 함께 뛰어들 신앙 동지를 찾지 않을 수 없었습니다.

현대교회에 다닐 때 제가 요청하여 이틀간 역사적 예수 특강을 해주신 한신대학교 김창락 교수가 제일 먼저 머리에 떠올랐습니다. 그때 독일의 성서 신학자 게르트 타이센Gerd Theissen의 역사적 예수 탐구를 들었는데 저에게는 퍽 감동적이었습니다. 그리고 서울대학교 종교학과 연구실에서 길희성 교수를 만났습니다. 마침 서울대학교를 떠나 서강대학교로 옮긴 때였습니다. 그도 제도 교회에 소망을 갖고 있지 않을 듯했습니다. 한 달에 한 번 정도로 가끔 현대교회에 왔지요. 또 한 분이 생각났습니다. 독일에서 사회철학으로 박사학위를 받고 숭실대학교 교수로 부임한 이삼열 박사였습니다. 그는 강원용 박사의 크리스천아카데미 간사로 일했고, 사회변혁과 정치변화에 큰 관심을 쏟고 있는 대학 후배였지요. 이러한 분들에게 전화로 '내가 새로운 교회공동체를 시작할 텐데 도와 달라'고 했지요. 모두 흔쾌히 동조해 주셨습니다. 그래서 저의 구상을 그분들에게 대충 이야기했습니다. 먼저 신앙고백문을 우리 식으로 만들고, 또 창립취지문을 만들어 보자고 했지요. 그리고 말씀 증거는 돌아가면서 맡자고 했지요. 모두 찬성했습니다. 이때 저는 하기 힘든 말인데, 설교에 대가가 없음을 분명히 했습니다. 모두 재능기부, 은혜기부로 설교를 맡아 하기로 했습니다. 또 성가대는 창립주일 전에 고故 이남수 교수께서 조직해 주셨는데 장윤성 형제를 지휘자로 보내주셨습니다.

이 과정에서 무엇보다 중요한 것은 제도 교회의 직제를 답습하지 않기로 하자고 했습니다. 장로, 권사, 집사 등의 직분을 아예 없는 것으로 하고, 모두 서로 자매, 형제로 부르자고 했습니다. 모두 좋다고 했습니다. 예수따르미라는 칭호는 새길이 출범한 뒤 5~6년이 지난 뒤에 제가 그렇게 부르자고 해서 자연스럽게 우리는 서로를 예수따르미로 인식하게 되었습니다.

처음의 모습

처음에는 참신한 모습이 있었습니다. 창립취지문에서 엄숙하게 선언했듯이 선명한 대안적 신앙공동체의 특징을 다음과 같이 정리했습니다. 이것은 제도 교회에 대한 창조적 대안의 모습을 선명히 부각시킨 것이지요.

> … 우리는 섬김 받는 교회에서 섬기는 교회로, 교역자 중심의 교회에서 평신도 중심의 교회로, 제도와 율법주의에 매인 교회에서 은총과 자유의 교회로, 닫힌 교회에서 열린 교회로, 받는 교회에서 주는 교회로, 쌓아 올리는 교회에서 나누어주는 교회로 발돋움하고자 합니다.

세월이 28년 지나고 보니 이와 같은 대안적 특성이 대체로 존중되어 온 것 같습니다만 부족한 점이 한둘이 아닌 듯합니다. 과연 우리가 서로 섬기려는 신앙 열정으로 지금도 신나게 일하고 있는지, 평신도 중심으로 교회의 겉모습은 지키고 있으나, 평신도 중심이 갖는 복음의 헌신이 실제로 있는지, 이를테면 선한 사마리아 비유에서는 제사장이나 레위인은 위선적 삶을 살았지만, 평신도 사마리아인은 참으로 헌신적 자기 비움을 실천했는데, 과연 새길공동체의 주인인 평신도는 사마리아인의 복음적 급진성과 전복성radicality and subversive-ness의 신앙을 갖추고 실천하고 있는지 저 자신에게 물을 때마다 항상 부끄러워집니다. 우리가 율법과 제도에 매인 교회 신자들보다 새길공동체에서 시간과 물질을 더 성실하게, 더 알차게 바치는가를 물으면 정말 부끄러워지지요. 주는 교회와 나누어주는 교회가 되려면 줄 것과 나누어줄 것이 어느 정도 있어야 하는데, 이 일에도 우리가 게으른 평신도로 남아있는 건 아닌가 자문해 보면 저 자신을 꾸짖지 않을 수 없습니다.

그러나 대안적 특징 가운데 한 가지만은 거침없이 자랑하고 싶습니다. 우리가 열린 교회를 지향하는데, 이 열림의 핵심은 공동체의 힘을 나누어 갖는 empowerment권한 분산입니다. 교회의 가장 큰 권력은 어디서나 말씀 증거 강대상의 독점에서 잘 나타납니다. 제도 교회 교역자들은 강대상을 부목사나 장로들에게 열어놓지 않습니다. 평신도들에게는 강대상의 접근이 철저히 차단되어 있습니다. 특히 여성이나 젊은이들에게는 주일 낮 말씀 증거를 할 기회를 전혀 주지 않습니다. 다른 교회 교역자들에게 특히 교단, 교파가 다른 목회자에게 강대상은 더 닫혀 있습니다. 무엇보다 강대상에 서서 말씀 증거를 할 기회와 기쁨이 평신도에게 활짝 열어야 진정 열린 교회가 될 수 있습니다. 새길공동체에서 첫 6~7년은 네 명의 말씀 증거자가 거의 독점적으로 설교권을 행사했습니다만, 지금은 상당히 더 열리게 되었습니다. 정말 제대로 된 평신도 공동체가 되려면 모든 평신도가 말씀 증거를 할 수 있어야 합니다. 그만큼 열린 교회에서는 평신도가 제비 새끼처럼 어미가 물어오는 음식을 수동적으로 받아먹기만 해서는 안 됩니다. 자기가 자신의 삶에서 끊임없이 예수를 따르는 실천적 삶을 살면서 말씀 증거의 소재를 스스로 찾고 만나고 만들어내야 합니다. 하기야 예수님이야말로 참으로 훌륭한 평신도 말씀 증거자요 말씀 실천자였습니다.

지금은 강대상이 상당히 열려있지만, 그 열림의 수준이 계속 높아질 수 있게 하려면 평신도의 신앙적 체험, 신학적 삶도 그만큼 풍부해져야 합니다. 이 점에서 새길공동체는 아직도 많이 부족한 듯합니다. 그러나 최근에 와서 저는 여러 자매, 형제들의 말씀 증거를 듣고 크게 힘을 얻었던 적이 있습니다. 그들의 신학과 신앙의 성찰에서 예수의 복음적 급진성과 전복성이 빛나고 있음을 자주 확인했습니다. 이제 28년이 되었으니 더 많은 공동체 구성원들이 갈릴리 예수의 하나님 나라가 갖는 공공성, 감동성 그리고 변혁성을 자신들의 삶 속에서 육화시키면서 거기에서 말씀 증거의 동력을 찾아낼 수 있어야 하겠지요. 만일 아직도 멀었다면 그 책임의 가장 큰 부분은 새 길을 연 제게 있다고 생각합니다. 왜 그런가? 하면 예수 복음의 공공성과 감동성 그리고 변혁성은 그의 하나님 나라 펼침에서 우러나와야 하는데, 바로 이 하나님 나라 운동에 대해 새길공동체가 지난 28년간 체계적으로 서로 배우지 못했다고 생각하기 때문에 그 책임의 태반이 저에게 있다고 생각합니다.

　새 길이 열린 지 몇 년이 되지 않아 몇 가지 문제가 심각하게 드러나기 시작했습니다. 어린이 교육 문제와 다음 세대를 길러내는 문제를 평신도 교회에서 제대로 다루기 힘들었습니다. 그래서 최소한의 대우를 하면서 전문 교역자를 모시기도 했지만, 교육 문제는 제대로 해결되지 않았습니다. 이보다 더 심각한 문제는 공동체 구성원들이 겪게 되는 심각한 실존적 문제를 교회가 목회 차원에서 제대로 다루고 해결하기가 힘들었습니다. 병들고 아프고, 실패하고 괴로울 때, 공동체가 그들을 제대로 돌봐주어야 하는데, 한계를 느끼지 않을 수 없었습니다. 단순히 곁에 있는 것이 아니라 곁에서 동고同苦하면서 함께 문제 해결을 위해 함께 아파하며 뛸 수 있어야 하는데, 즉 동고주同苦走할 수 있어야 하는데, 이 일을 집중적으로 맡을 일꾼을 공동체 안에서 찾기가 힘들었습니다. 전담자가 있어야 하는데, 이것은 지금도 힘들다고 생각합니다. 처음 몇 년간은 누가 아파서 입원하면 평신도 여러분들이 자발적으로 병원 심방을 했지요. 교우 중에 죽음 앞에서 온몸으로 외로워하고 괴로워할 때마다 저는 평신도 공동체의 한계를 뼈저리게 느꼈습니다. 교회 밖에서 할 일들이 날로 많아지고 심각해질 때는 평신도 교회를 시작했던 저로서는 더 큰 부담감으로 고뇌하지 않을 수 없었습니다.

　공동체 돌봄의 문제가 지적 소통의 차원에서 쉽게 다룰 수 있다면 그렇게 고민할 필요가 없었지요. 그런데 공동체에서는 때때로 전인격적 소통과 공감을 해야 풀릴 수 있는 실존적 아픔과 역사적 아픔이 계속 생기게 마련입니다. 특히 새 길처럼 복음의 공공성과 감동성으로 구조와 역사를 변혁시켜 하나님의 평화와 샬롬의 기운을 교회 안

퓨으로 확산시키려면 더욱더 감동적인 돌봄의 목회가 필요하다고 절감했습니다. 아직도 이 문제는 제대로 풀리지 않고 있는 듯합니다. 이것을 절감할 때마다 저는 외롭고 괴로웠습니다. 과연 이대로 가면 새길공동체가 10년, 20년 후에도 지속될 수 있을 것인가를 걱정하게 됩니다. 그래서 미래위원회가 생긴 줄 압니다. 정말 이 지속성의 문제는 새길의 정체성과 함께 우리가 모두 함께 고민하며 다루어 나갈 공동체의 주요 문제입니다. 예수께서도 바리새인들을 비판하셨으나, 제자들에게 바리새인의 열성을 뛰어넘는 더 큰 열성을 보이라고 촉구하셨음을 잊지 말아야 합니다. 우리가 제도 교회에 대한 복음적 대안 공동체임을 감동적으로 증거 하려면 제도 교회의 제도화된 열성을 뛰어넘는 제도 내외적 성실성과 열성이 더욱더 필요합니다. 우리는 열린 평신도 교회에 다니면서 너무 안일한, 너무 나태해진, 너무 무책임한 신자들이 되어버린 게 아닌가를 진지하게 자기 성찰을 해야 할 것입니다. 그렇다면 28년이 지난 지금, 정말 우리 공동체에 예수다움은 무엇을 뜻하는지 새삼 진지하게 성찰해 보아야 합니다. 앞으로 새길공동체를 더 예수다운 복음 공동체로 뻗어나가기 위해 예수다움의 신학적 함의를 새삼 찾아볼 필요가 있습니다.

예수다움은 무엇인가

예수 복음과 예수 운동의 본질은 예수의 하나님 나라 선포와 그 실천에서 찾아야 합니다. 기독교가 로마 황제 지배체제에 흡수되고 제도화되면서 보편교회의 신조가 기독교 지배이념으로 작동하게 되었습니다. 이 과정에서 갈릴리 예수, 곧 역사의 예수는 실종되고 말았습니다. 이와 같은 사실은 오늘까지 내려온 사도신경에서 극명하게 나타납니다. 이 신조에는 역사의 예수가 너무나 뚜렷하게 보이지 않습니다. 동정녀 마리에서 태어나신 예수는 바로 빌라도에게 고난당하시고 십자가 처형당한 것으로 부각됩니다. 그러니까 성육신 사건incarnation과 십자가 죽으심 사건 사이에는 완전한 빈자리가 남아 있습니다. 성육신 신학과 속죄atonement 간의 빈자리에는 마땅히 사복음서가 증언한 예수의 말씀, 예수의 삶, 특히 그의 급진적 실천의 삶 속에서의 고난과 죽음의 감동적 사건의 증언으로 채워져야 하는데 말입니다. 한 마디로 예수의 하나님 나라 운동이 몽땅 무시된 셈이지요. 하나의 거대한 제국(로마 교황 지배)과 하나의 거대한 보편 교회Catholic Church 유지를 위해서는 탈역사화된 초월적 그리스도로 충분하다고 지배 세력이 믿었기 때문이지요. 그들에게 역사적 예수의 전복적인 급진성의 하나님 나라 메시지는 매우 불편하기에 필요 없었다고 여겼지요. 그래서 성육신 신학과 신앙 그리고 십자가의 속죄 신학과 신앙만으로 가톨릭교회와 개신교회의 지배가 충분하다고 본 듯합니다.

여기에는 20세기 초, 세계적 성서 신학자 불트만Rudolf Karl Bultmann의 영향도 한몫을 했습니다. 그에 의하면 복음서에 나오는 예수의 말씀은 예수의 입에서 직접 나온 말씀이 아니며, 그의 행적도 객관적 역사 서술이 아닙니다. 불트만학파에 따르면 예수의 부활 신앙에 불탔던 초대교회 공동체의 삶의 자리에서 새롭게 재구성한 신앙고백이지요. 이것을 케리그마Kerygma라고 합니다. 초대교회가 당면했던 위기 상황에서 교회공동체가 실존적으로 대응한 고백이기에 역사적 예수를 실증주의적으로 탐구한다는 것은 의미 없는 일이요, 또 불가능하다고 했습니다. 그런데 당시 초대교회 공동체가 해석한 예수의 말씀과 행적의 해석은 신화적인 옷을 입고 있기에 이것을 실존적 관점에서 비신화화시켜서 해석해야 한다고 했지요. 이와 같은 불트만 학파의 영향이 한동안 압도적이었기에 20세기 전반부 약 50년간 역사적 예수 탐구는 중단되고 말았습니다.

비슷한 시기에 또 한 사람의 세계적 성서 신학자였던 슈바이처 Albert Schweitzer는 그의 유명한 역사적 탐구를 통해 역설적으로 예수의 말씀과 행적에 대한 역사적 관심과 연구의 의욕을 떨어지게 했습니다. 슈바이처는 역사의 예수를 철저한 유대 종말 신앙의 관점에서 접근했습니다. 그에 의하면, 갈릴리 예수는 곧 종말이 다가온다고 확신했습니다. 그의 생전에 그와 제자들은 하나님 나라가 도래할 것을 확신했지요. 그런데 현실은 그런 기대와 달랐습니다. 예수는 초조해졌지요. 그래서 하나님의 개입을 촉진하기 위해 그 자신이 예루살렘으로 올라가 악의 세력과 대결하여 죽기로 결심했습니다. 그러면 하나님의 지배가 임하게 될 것으로 믿었다는 것이지요. 그는 이러한 종말론 신앙에 불탔던 역사의 예수는 현대인에게는 참으로 생소한 이방인처럼 여겨진다고 생각했습니다. 그래서 예수에 대한 역사적 탐구를 접었습니다. 대신 그의 위대한 종말론적 사랑 실천을 위해 신학교 교수직을 버리고 의사가 되기로 결심했지요. 의사가 되어 서구 제국주의의 앞잡이 노릇을 했던 구미 교회의 잘못을 바로잡기 위해서라도 아프리카 현지에 몸소 가서 제국주의적 수탈과 억압 대신 예수의 사랑 실천으로 예수 복음을 증거 하기로 결단했습니다. 그래서 그의 역사적 예수 탐구 의욕은 꺾어졌습니다.

그런데 역사적 예수 탐구가 중단된 그 기간에 히틀러와 같은 괴수가 나타났을 때, 서구 교회는 그 괴수의 악행 앞에서 참으로 무력했습니다. 특히 불트만학파의 영향 아래에서 학문적으로 진보적인 신학자들도 히틀러의 잔인한 야수의 횡포에 대해 대체로 침묵했지요. 제도 교회도 대체로 그러했지요. 1950년대에 와서야 불트만의 제자인 케제만은 자기의 스승인 불트만이 결과적으로 가현설적 예수 이해에 함몰되어 역사의 예수가 추구했던 하나님 나라 운동이 갖고 있던 복음의 실천적 동력을 살려내지 못했다고 비판했습니다. 히틀러의 극우 전체주의 앞에 맥을 추지 못했던 진보적 성서신학은 실존주의적 성서해석에 머물고 말았지요. 예수의 전복적 대안 질서 세우기 운동에 공헌하지 못했기에 본회퍼Dietrich Bonhoeffer 같이 악의 세력에 맞서는 예수따르미들을 길러내지 못했지요. 그래서 1950년에 와서야 역사 예수 탐구가 불트만의 제자들에 의해 다시 시작되었습니다. 그러기에 역사 예수 탐구는 추상적이고 초월적인 신학적 탐구로 끝나지 않습니다. 악의 지배를 극복해내려는 실천적 예수를 새삼 주목하게 합니다.

한국교회에 〈예수답게〉와 〈더 예수답게〉를 새삼 강조하는 까닭은 역사 예수의 하나님 나라 구현이 오늘 여기서 우리를 부당하게 옥죄는 악의 지배를 예수의 대응 방식으로 극복하기 위함입니다. 그래서 비록 그것이 불완전한 것이라 하더라도 이 땅에서, 이 역사 현실 속에서 하나님의 샬롬과 공의의 새 질서를 세우려는 것이지요. 그래서 예수 복음이 갖는 공공성과 감동성을 되살려 잘못된 기존의 구조와 역사를 변혁시키고자 하는 것입니다. 그렇다면 예수님은 악의 기존 세력에 어떻게 대응하셨는지 주마간산 격으로나마 일별해 볼 필요가 있습니다.

악의 권세에 대한 예수의 복음적 대응

우선 예수께서 악의 세력에 어떻게 대응하셨는지를 복음서에서 확인할 필요가 있습니다. 예수의 탄생 이야기부터 악과의 대결 이야기로 시작합니다. 그의 성육신 사건은 바로 역사적 악의 지배와의 대결이라는 상황에서 선명하게 이해됩니다. 마태복음은 아기 예수를 죽이려는 헤롯왕의 악마적 권력욕을 부각시킵니다. 누가복음은 로마의 효율적 식민지 수탈, 곧 세금 징수의 배경에서 아기 예수 탄생을 풀어갑니다. 당시 로마제국과 그 제국의 하수인 노릇을 한 헤롯 권력의 비정한 상황에서 아기 예수가 탄생했습니다. 그 권력의 한낱 이데올로기에 불과했던 거짓 평화와 거짓 안정에 대한 진정한 대안으로 아기 예수를 평화의 왕으로 부각시켰습니다. 팍스 로마나Pax Romana의 거짓 평화와 예수의 진정한 평화 간의 긴장은 탄생 사건에서부터 십자가 사건까지 줄곧 계속됩니다. 그런데 두 평화 간의 긴장은 탄생과 처형 사이에서 펼쳐진 다양한 예수의 하나님 나라 운동에서 때로는 긴박하게, 때로는 흥미진진하게 펼쳐집니다. 특히 예수의 하나님 나라 운동이 기존의 권력 구조에 관한 참신하고 감동적인 대안 제시와 변혁적인 대안 실천에서 두드러지게 나타납니다. 사복음서는 모두 이 같은 예수 대안 실천을 증언하고 있습니다. 산 위의 말씀을 이 각도에서 다시 읽어 보시기 바랍니다.

예수 운동은 무엇보다 예수의 무상의 치료행위에서 그 특징이 뚜렷해집니다. 단순한 육체의 아픔을 제거해 주는 것으로 끝나지 않습니다. 질병을 종교적으로, 사회적으로 저주했던 유대 지배문화 자체를 거부하고 변혁시키는 효과를 냈습니다. 예수께서는 죄로 인해 중한 질병에 걸렸다고 믿었던 환자를 치유하시면서 죄로부터의 해방을 선포하였습니다. 육체의 아픔뿐만 아니라 육체의 아픔을 근원적으로 유발시키고 지속시킨 종교 이데올로기의 횡포로부터 환자를 해방시켜 주셨습니다. 그러니까 곧 총체적 치유였습니다. 도전적 치유였습니다. 게다가 치유의 효험을 낫게 된 환자가 계속 주체적으로 지속시킬 수 있도록 환자의 자주적 능력을 고양시켰습니다. "네 믿음이 너를 낫게 했다"고 선언했습니다. 정말 온전한 나음을 통해 병든 자들로 하여금 하나님의 온전한 돌보심의 사랑을 느끼게 했지요. 개인적 나음과 구조적 치유 모두 아울러 베푸신 것이지요. 이 같은 온전한 치유의 과정에서 하나님 나라가 누룩처럼 번지게 됨을 깨우쳐 주셨습니다. 특히 사탄의 권세에 눌려있던 귀신 들린 자들을 치유하실 때, 예수님은 하나님 사랑 지배가 충격으로 다가온다고 하셨지요. 사탄이 번개 떨어지듯 쫓겨날 때, 하나님의 사랑 지배가 이루어진다고 하셨습니다. 예수님은 거라사 지방의 무덤가에서 자기 몸을 잔인하게 해하는 귀신 들린 자가 잔인한 로마군단의 본성과 이름을 가진 귀신이었음을 드러내 보이셨지요. 이 귀신을 쫓아낸 것은 예수 운동이 얼마나 감동적인 대안 행위였으며, 얼마나 급진적이고 전복적 처방임을 곧 알 수 있습니다.

또 하나의 예수 운동의 본보기는 그의 열린 밥상공동체 실천이었습니다. 계급과 성, 인종과 종파의 장벽을 뛰어넘는 식탁공동체를 펼쳤습니다. 예나 지금이나 식탁은 대체로 계급적, 인종적 장벽의 기능을 담당했습니다. 특히 고대 사회나 전통사회에서는 식탁 둘레가 바로 계급 분리선의 구실을 했습니다. 예수님 당시는 더욱 그러했습니다. 그런데 놀랍게도 역사의 예수는 이 벽을 허무셨습니다. 유대인이나 이방인이나, 남성이나 여성이나, 귀족이나 천민이나, 심지어 민족 반역행위를 했던 세리도 참여하게 하는 식탁공동체를 펼쳤습니다. 이 식탁에 둘러앉게 되면 모두가 평등한 존재로, 또 자유로운 존재로 거듭나게 됨을 깨닫게 했습니다. 바로 이 식탁에서 기존의 억압적 지배 구조와 차별적 권력 구조에서 해방되는 기쁨을 함께 나눌 수 있었습니다. 이미 하나님 나라가 이 식탁에 둘러앉은 자매 형제들 속에서 조용히, 그러나 뜨겁게 작동하고 있었습니다. 정말 멋진 새로운 대안 공동체였지요.

이런 하나님 나라의 맛을 예수님과 더불어 직접 체험했던 제자들이 안타깝게도 예수 운동의 진수를 깨닫지 못했습니다. 로마의 평화와 본질적으로 다른 하나님의 평화, 곧 예수의 평화의 소중함을 더 설득력 있게 깨우치게 하려고 주님은 때로는 경구aphorism로, 때로는 비유로, 때로는 이야기narratives를 만들어 들려주셨습니다. 이를테면 산 위의 말씀에는 팔복의 선포가 있습니다. 여러 복 중에 가장 중요한 축복은 하나님의 자녀가 되는 축복임을 선포했습니다. 다른 축복들은 하나님의 자녀가 되면 부수적으로 얻게 되는 복들임을 은근히 깨닫게 했지요. 그 복을 받을 수 있는 자는 바로 평화만드미peacemaker라고 하셨습니다(마 5:9). 그런데 이 메시지의 뜻을 제자들은 제대로 이해하지 못했습니다. 그래서 예수께서는 청중들이 더 확실히 깨닫게 하려고 익숙하게 알고 있는 전통적 가르침과 대조시켜서 이렇게 대안적 처방으로 표현했습니다.

'네 이웃을 사랑하고, 네 원수를 미워하여라' 하고 말한 것을 너희는 들었다. 그러나 나는 너희에게 말한다. 너희 원수를 사랑하고, 너희를 박해하는 사람

을 위하여 기도하여라. 그래야만 너희가 하늘에 계신 너희 아버지의 자녀가
될 것이다(마태복음 5:45).

아마도 이 비교로 하나님의 자녀가 되는 큰 축복을 받으려면 원수 사랑을 실천해야 한다는 것을 잘 깨닫게 되지요. 그런데 제자들이 이것을 깨달았다 해도 심히 불편했을 것입니다. 그래서 주님은 설득력 있게 제자들을 깨우쳐 실천하게 하려고 비유의 이야기를 적절하게 창안해 낸 것 같습니다. 착한 사마리아 비유가 바로 그것입니다. 유대인 종교지도자들은 부당하게 테러당해 죽어가는 동족을 돌보지 않았지만, 유대인의 원수로 차별받았던 사마리아인은 자기의 원수인 유대인이 억울하게 죽어갈 때, 자기의 모든 것을 내려놓고 비우고 자기 계획을 지우기까지 혼신의 힘을 다해 바로 보살폈습니다. 여기서 예수께서는 원수를 선제적으로 사랑했던 사마리아인이야말로 하나님 나라를 펼쳐 보인 복음 실천자임을 깨우치신 것이지요. 정말 실천을 촉구한 대단한 신학적 발상이라 하겠습니다. 여기 사마리아인의 실천에서는 복음의 공공성, 감동성 그리고 변혁성이 모두 작동하고 있습니다.

그래도 제자들은 예수 복음의 본질을 이해하지 못했습니다. 예수가 억압적인 외세와 내세를 모두 쫓아내고 세속적 메시아가 된다면, 그때 가서 세속적 권력하에서 높은 자리 하나라도 맡아 하고 싶어 했습니다. 예수님께서는 이러한 제자의 고집스러운 우둔함과 끈질긴 탐욕을 확인할 때마다 속으로 스산한 실망과 고독의 찬바람을 뼛속까지 느꼈을 것입니다. 그래서 비로소 그는 제자들에게 예수 운동의 핵심은 세속적 집권에 있는 것이 아니라 그 권력자들에 의해 오히려

우아하게 고난당하고 죽임을 당할 때 드러날 것임을 털어놓았습니다. 그래도 제자들은 그것을 깨닫지 못했습니다. 죽지 말고 메시아 왕으로 등극해야 한다고 촉구한 수제자에게 예수님은 '사탄아, 물러가라'고 꾸짖으시며 이렇게 단호하게 선포하셨습니다.

> 누구든지 나를 따라 오려거든 자기를 부인하고 제 십자가를 지고 나를 따라 오너라(마태복음 16:24).

여기서 주님은 모든 예수따르미에게 우아한 사즉생死卽生의 진리를 선포했지요. 당당하고 우아하게 죽음으로써 참 승리에 이를 수 있다는 십자가의 진리, 그 역설적 진리를 선포하셨지요. 그런데도 아직 제자들은 깨닫지 못했습니다. 여기서 우리는 하나님 나라의 왕의 다스림은 세속적 왕, 이를테면 헤롯이나 로마 황제의 강압적 다스림과는 전혀 다른 다스림임을 강력하게 시사했습니다. 체포되고 고문당하고, 능멸 받고 피 흘리며, 자기가 매달릴 그 무거운 사형 틀의 십자가를 자기 어깨로 짊어지고 가면서도 원수 사랑을 실천하는 고난의 종의 모습에서 하나님 왕국이 펼쳐진다는 놀라운 새로운 비전을 제시하시고, 당신이 그 비전을 몸소 실천하셨습니다. 그러기에 예수의 하나님 나라는 Kingdom of God이 아니라 비움과 지움의 Love-dom of God입니다. 여기의 사랑 실천은 황금률적 사랑 계율이 아니며 종교 명상적 행위가 아닙니다. 그것은 처절하게 감동적인 자기 비움의 실천이었습니다. 자기 지움과 자기 내려놓음의 실천이었습니다. 곧 케노시스의 실천이었지요.

이와 같은 감동적 실천에 로마 권력이 드디어 무릎을 꿇게 된 것입니다. 참으로 감동적인 역설입니다. 예수 사형집행관이었던 로마 중대장이 처형당하는 처참한 갈릴리 예수의 죽음을 가까이 자기 눈앞에서 직접 지켜보면서 이렇게 탄성을 쏟아냈습니다.

> 참으로 이 분은 하나님의 아들이셨다(마태복음 27:54).

그 막강했던 로마 황제의 지배를 지탱했던 폭력의 기둥을, 폭력의 기반을 무너뜨리는 힘이 바로 예수의 이와 같은 철저한 자기 비움의 실천에서 터져 나온 것이지요. 사실 예수가 수치스럽게 십자가에 높이 달리신 것은 한 마디로 그의 즉위식과 대관식을 상징한다고 하겠습니다. 십자가에 달려 처형당하시면서 새로운 사랑 지배, 공의 지배 그리고 샬롬 지배의 문을 활짝 여신 것이지요. 이것보다 더 급진적, 더 진보적, 더 감동적, 더 변혁적, 더 공공적 대안을 세상 어디에서 찾을 수 있겠습니까? 어느 정파에서, 어느 종단, 종파에서, 어느 체제와 문화에서 이 같은 감동적 역설의 창조적 동력을 찾을 수 있겠습니까! 이 역설이 영광스럽게 현실화된 것이 바로 사흘 후에 터져 나온 부활 사건이었습니다. 이 사건을 체험했던 제자들은 이제야 스승의 하나님 나라의 본질을 비로소 깨닫게 되었지요. 여기서 우리는 예수 복음에서 십자가와 하나님 왕국이 결코 분리될 수 없다는 진리에 새삼 주목해야 합니다. 끔찍스러운 십자가 처형과 영광스러운 왕관 쓰기는 하나입니다. 다시 말한다면 역사적 예수와 부활의 그리스도가 분리될 수 없는 하나라고 하는 것은 성육신 신앙과 신학(incarnation)이 역사적 예수의 비움 신학과 신앙(kenosis)과 떨어질 수 없다는 말입니다. 그런데 1,700여 년간 성육신과 십자가 신학(또는 속죄론적 신학) 사이에 예수의 역사적 비움의 사건들은 슬프게도 외면당했습니다. 최근 복음주의 신학자로, 21세기의 바르트로 인정받는 톰 라이트N. T. Wright는 최근 저서 『하나님은 어떻게 왕이 되셨나』(How God Became King: The Forgotten Story of the Gospels, 2013)에서 이 문제를 집중적으로 다루고 있습니다. 하여튼 예수의 십자가 처형으로 예수가 사랑 지배 질서의 왕으로 등극하게 된 것입니다. 그래서 역사 예수는 세속의 왕이나 황제처럼, 또는 사이비 종교 창시자들처럼 영광의 대접을 받으며 장수할 수 없었습니다.

2010년 5월, 예언자적 바른 소리로 인해 불교 권력에 의해 봉은사 주지에서 쫓겨나 충북 제천 근처의 한 암자에 은둔해 있는 명진明盡 스님을 위로차 만난 적이 있습니다. 그의 초라한 암자에서 오찬을 함께 하며 두 시간가량 열린 소통을 했지요. 제가 물었습니다. 부처님은 몇 살까지 사셨느냐고 하니 70~80년 사셨던 것 같다고 대답했습니다. 그때 악의 세력이 있었다면 그 옛날 80세까지 사신 것은 정말 이례적이라고 했더니, 부처님은 궁중에서 태어났기에 권력 작동방식에 대해 잘 알고 계셨을 것이고, 그 권력과 맞부딪치는 일은 지혜롭게 삼갔을 것이라고 했습니다. 그래서 제가 하기야 깊이 명상하는 수행자들을 벌거벗은 악독한 권력이 잔인하게 쳐 죽이지는 않았겠다고 했습니다. 그렇다고 명진도 미소 지으며 제 이야기를 경청했지요. 그래서 제가 이렇게 이야기를 했습니다. 말씀과 실천 사이의 격차는 어느 시대, 어느 지도자들, 특히 종교지도자들에게도 나타나는데, 이 격차에는 세 가지 수준이 있다고 했습니다. 가장 낮은 수준은 말씀은 많이 하면서 실천은 아주 작게 하는 경우라고 했습니다. 지도자들의 왈왈□□은 많으나 실천, 그것도 감동적 실천은 적은 경우, 종교는 위선의 극치로 인식되지요. 착한 사마리아 비유에 나오는 제사장과 레위인 같은 자들이 그러합니다. 두 번째 수준은 말씀과 실천이 같지 않은 현실을 항상 반성하고, 그것을 일치시키려고 노력할 때 나타나는 보다 성숙한 수준이라고 했습니다. 종교수련에 열중하는 것이 그것이지요. 불교에서 하안거, 동안거를 통해 말없이 자기의 위선적 삶을 성찰하는 일이 바로 이 수준의 모습이지요. 불교는 이런 점에서 다른 종교들보다 더 적극적으로 말씀과 실천을 끊임없이 합일시키려는 성숙한 종교라고 했습니다. 이런 점에서 불교는 현실적으로 기독교보다 더 성숙한 종교 같다고 했지요. 마지막 가장 높은 수준은 말씀, 곧 왈왈□□은 적게 하고 실천은 가열차게 해내는 수준이라 했지요. 이 같은 격차는 아름다운 격차요 감동적이고 변혁적 동력으로 작동한다고 했습니다. 다만 한 가지 안타까운 것이 있다면 말씀은 적게 하고 실천이 뜨겁고 강한 경우 오래 살지 못한다고 말했습니다.

그래서 제가 명진 스님께 예수가 서른 중턱도 넘지 못하고 처참하게 십자가 극형으로 돌아가시게 되었다고 했지요. 그러나 처형자들의 중심에 자리 잡은 악의 권력을 감동적으로 해체시키면서 우아하게 처형당했다고 했습니다. 역사의 예수가 80세까지 사셨다면 어떻게 되었을까를 그때 잠시 생각해 보았습니다. 그리고 명진을 쳐다보며 제가 이렇게 말했습니다.

> "명진은 이 시대에 이사야 선지자 같은 분입니다. 미가, 아모스 같은 구약의 예언자 같은 분이시지요. 비록 명진은 기독교 신자가 아니지만, 구약에 나오는 예언자의 영감을 갖고 부정하고 억압적인 악의 권력을 질타하는 참된 예언자요 스님이시지요."

그는 이 같은 칭찬에 다소 쑥스러워했습니다. 그래서 저는 이렇게 이야기했습니다.

> "저는 예수님보다 두 배 이상의 긴 인생을 살아온 것을 부끄럽게 생각합니다. 예수님처럼 치열하게 사시면서 말씀은 되도록 적게 하고, 정의와 평화를 실천하는 삶에 진정 온몸과 마음을 바쳤다면, 이렇게 오래 살 수 있었을까 하고 반성합니다. 명진 스님은 저보다 젊기에 더 용기 있게 비우는 실천에 앞서고 있기에 격려하고 싶었습니다 …."

서로 아쉬워하며 그는 강원도 깊은 산골로 들어가려고 저와 함께 암자를 떠났습니다. 그의 모습을 보며 오늘 한국기독교의 타락을 더욱 아프게 느낄 수 있었습니다. 그의 조용한 암자 방에 가득 차 있는 듯한 미가와 아모스의 분노하는 영성을 느끼며 예수다움의 따뜻한 공기를 마신 듯했습니다. 서울로 올라오는 마음은 가벼웠지요. 2010년 5월 초에 있었던 즐거웠던 에피소드였습니다.

새길공동체를 더 예수다운 공동체로 나아가게 하려면

우선 오늘의 한국기독교가 세상의 비웃음의 대상이 되어 개독교로 욕먹게 된 까닭을 새길공동체는 최근 한국의 역사 현실에서 찾아보며 그것을 거울삼아 우리의 잘못을 철저하게 회개해야 합니다. 그일을 우리 공동체가 앞장서야 합니다. 지난 70년간의 분단 상황에서 남북 사이의 증오와 갈등을 불러일으켜 그것으로 한반도의 평화를 더욱 어렵게 하고, 냉전 대결을 부추기면서 정치·경제 민주화를 훼손시키는 주도 세력이 친일 냉전 세력임을 분명히 알아야 합니다. 그리고 무엇보다 이 세력 중심에 기독교 근본주의자들이 단단히 자리잡고 있음을 알아야 합니다. 세속적 냉전 이데올로기가 기독교 근본주의 신앙과 교합하게 되면 무서운 독선적 권력 횡포가 터져 나온다는 것을 잊지 말아야 합니다. 이런 냉전 근본주의 기독교 문화가 분단된 우리 민족의 현실에서 갈릴리 예수의 하나님 나라를 심각하게 훼손시켜 왔습니다. 그것도 예수 그리스도의 이름으로 예수의 복음을 왜곡시켜 왔음을 우리는 매 주일 부끄러워해야 합니다. 이들은 복음의 공공성보다는 사사로운 개인의 출세와 육체의 건강에 더 관심이 있고, 예수 복음의 변혁적 동력보다 교회의 양적 성장과 세속적 번영에 더 관심을 쏟습니다. 참으로 예수따르미들을 답답하게 만듭니다.

그리고 이들은 세속적 권력과 번영에 그토록 탐닉하면서도 신앙은 지극히 초월적이고 이원론적 개인 영성을 강조합니다. 세속적 권력 앞에서 짐짓 초탈한 신앙 입장을 취합니다. 이들은 성육신 신앙을 개인의 속죄신앙으로 직결시키면서 역사 예수의 하나님 나라 세우기에는 무관심합니다. 값싼 이신칭의以信稱義 신앙으로 족하다고 생각합니다. 세상에서 부패한 삶을 살아도 주일에 교회 와서 십자가의 속량으로 은혜받아 주기적으로 세탁하듯 한번 씻어내면 또 가뿐한 느낌으로 한 주일 더 죄를 지으며 살아갈 수 있다고 생각합니다. 이런 한국교회의 반反예수적 삶이 우리 공동체에도 영향을 미치고 있음을 매 주일 자성해야 합니다. 예수답지 못한 우리의 부족한 모습, 못난 모습을 항상 공동체적으로 인정하고 회개해야 합니다. 이웃을 위한 기도에 앞서, 아니 그런 기도와 함께 우리 자신의 나태와 교만을 항상 성찰해야 합니다.

이제 저는 더 예수답게 되기 위해 몇 가지 대안적 프로그램을 적시해 보겠습니다.

첫째, 예수님의 전복적 발상을 오늘 우리 상황에서 어떻게 제대로 번역하여 실천 가능한 우리의 프로그램으로 만들어 낼 수 있는가를 공동체적으로 고민해야 합니다.

예수님은 산 위의 말씀에서 "옛사람들은 이렇게 말했으나, 나는 너희에게 이렇게 말한다"라고 하시면서 대안적 삶의 지침을 구체적으로 예시해 주셨습니다. 이를테면 이는 이, 눈은 눈으로 갚으라 하는 말을 들었으나, 너희는 네 오른뺨을 치거든 왼쪽 뺨을 돌려대라고 새로운 지침을 주셨는데, 이 대안적 대응이 오늘 우리의 현실에서 갖는 급진성을 놓치지 말아야 합니다. 이 권고는 폭력에 무저항하라는 뜻이 결코 아닙니다. 폭력에 대해 철저히 비폭력으로 대응하되, 더 당당하고 여유 있게 그리고 용기 있게 적극적으로 대응하라는 뜻입니다. 폭력자들은 약자를 능멸하면서 교묘하게 폭력을 행사하여 약자를 굴종시키는데, 여기에 비폭력적 방법으로 맞서려면 용기 있게 왼뺨을 들이대며 당당히 맞으라는 뜻입니다. 폭행자를 부끄럽게 만들라는 뜻이지요. 여기서 우리가 잊지 말아야 하는 예수의 깊은 뜻은 악행자에 맞대응하면서 가해자의 악한 방법을 활용하여 보복하지 말라는 데 있음을 깊이 깨달아야 합니다. 갈릴리 예수의 첫 설교를 신학자들은 나사렛 선언Nazareth manifesto이라고 명명하기도 하는데, 이 선언의 감추어진 주요 메시지는 신의 보복행위를 예수께서 짐짓 텍스트에서 빠뜨렸다는 점입니다. 하나님 나라는 앙갚음의 신의 보복적 지배가 아닙니다. 이 점은 최근 크로산John Dominic Crossan이 잘 부각시키며 설명해주고 있습니다. 하나님의 정의에는 보복적인 것retributive justice도 있지만, 분배적 정의distributive justice도 있음을 지적하면서 역사 예수의 하나님 나라 운동에서는 나눔의 정의, 곧 비움과 지움의 정의 실천이 규범이 된다고 강조했습니다. 그는 『성경을 어떻게 읽어야 참 그리스도인이 되는가』(How to Read the Bible and Still Be a Christian: Struggling with Divine Violence from Genesis Through Revelation, 2015)라는 최근의 책에서 장엄하고 분명한 기준을 제시했습니다. 특히 예수의 말씀과 삶 그리고 그의 죽음과 부활에 관련된 모든 메시지에는 상호모순적 요소들이 있는 것도 사실이지만, 중요한 것은 모든 성서해석의 규범은 역사의 예수라고 하면서 이렇게 정리했습니다.

크리스천 경전의 규범과 기준은 성서의 그리스도이다. 그러나 성서의 그리스도의 규범과 기준은 역사적 예수이다.

이 점을 간과하고서 예수다운 공동체, 나아가 더 예수다운 공동체를 일구어 나갈 수 없습니다. 그래서 역사 예수의 전복적 발상법을 우리 공동체에서 더 깊이 공부하고 따르려는 노력이 필요합니다.

사도 바울은 역사 예수를 만나본 적이 없었습니다. 비록 예수와 동시대에 살았으나 예수와 면대면 소통을 하지 못했다는 점에서 이천여 년 후를 살고 있는 저희들과 별로 다를 것이 없습니다. 그런데 바울이 흔히 역사 예수에 무관심했고, 알려고 하지 않았다고 단정하는 분들이 많습니다만, 로마서 12장 20절을 보면 예수의 원수 사랑을 더 구체적으로, 더 설득력 있게 촉구합니다. 그의 편지 글귀에서 갈릴리 예수의 목소리를 더 실감 나게 듣게 됩니다. 원수가 주리면 먹을 것을 주고, 목이 마르면 마실 것을 주라는 권고로 바울은 원수들 간의 발악적 악순환을 발선發善의 선순환으로 대체할 것을 강력하게 권고합니다. 그래야만 악을 이겨낼 수 있다고 선언했습니다(롬 12: 21). 이것은 한국교회 안팎에서 벌어지는 온갖 발악적 갈등을 원천적으로 잠재우는 동력을 제공해주는 예수의 당부이기도 합니다. 이 당부에 따라 한반도의 평화 프로세스도 작동시킬 수 있겠습니다. 그런데 우리의 역사 현실을 보면 아뿔싸, 열한 명의 대통령 중에 교회 장로가 대통령이 된 경우가 세 번 있었습니다. 이승만, 김영삼, 이명박 대통령이 모두 교회 장로였습니다. 참으로 기이하고, 참으로 가슴 아프게도 이 세 장로님이 대통령 재임 시에 남북관계는 최악이었습니다. 남북 간의 발악적 악순환은 더 격심했습니다. 도대체 역사 예수의 발선 동력은 이분들의 대통령 재임 기간에 어디로 증발해 버렸을까요? 아예 처음부터 그들의 신앙에는 예수의 평화, 하나님의 발선적 평화는 없었던 것 같습니다. 모두 영향력 있는 큰 교회의 장로였기 때문이었을까요

또 하나, 새길공동체에 권하고 싶은 예수다운 실천과 예전은 예수님의 발 씻어주기의 깊은 뜻을 되새기며 실현하는 일입니다. 십자가에서 예수다운 대관식을 치르시기 전, 예수님은 열두 제자들의 발을 친히 씻겨주시면서 참다운 지도력의 모범을 보여주셨습니다. 새길교회에서도 성찬 예식과 더불어 예수님의 섬기며 고난당하는 메시아 체험을 시도해 볼 필요가 있겠습니다. 공동체 안에서 힘 있고 영향력 있는 분이 힘없고 약한 분, 특히 부당하게 아파하는 자매 형제를 골라 공동체와 함께 약자의 발을 씻어 주는 의식이 필요할 듯합니다. 힘의 관계를 떠나서 자매 형제를 아프게 했다고 여기는 분이 솔선하여 아

파하는 분의 발을 씻어 주는 일을 끈기 있게 주기적으로 또는 자발적으로 예배 속에서 행한다면 얼마나 좋겠습니까!

또 다른 것 하나만 더 예수다운 프로그램으로 얘기하고 싶습니다. 우리 공동체에는 시적 상상력과 인문학적 상상력 그리고 사회과학적 통찰력을 지닌 지식인들이 적지 않습니다. 예수다움의 감동을 우리가 〈벤허〉 영화를 볼 때마다 가슴으로 느낍니다. 복수심에 불탔던 벤허가 십자가 처형 광경을 보고 감동했던 모친과 누이의 병 나음을 확인한 직후 비를 맞으며 모친과 오누이를 껴안는 순간, 그의 가슴 깊이 응고되어 있던 복수심이 눈 녹듯 사라지는 기쁨의 감동을 눈물로 표현했습니다. 저는 이 장면을 볼 때마다 예수의 비참한 듯한 대관식이 주는 역설적 승리의 환희를 느끼게 됩니다. 우리 공동체의 지식인들이 모여 과연 처형된 갈릴리 예수를 보고 진실로 이분이 하나님의 아들이요 죄 없는 의로운 분이라고 고백했던 로마 장교는 그 후 어떻게 되었을까를 물으면서 인문학적 상상력으로 사형집행관의 그 후의 행적을 추적해보는 지적 모험, 영적 모험을 해보는 것도 새길공동체다운 작업이 아니겠습니까. 이뿐이겠습니까. 예수께서 상상력으로 단숨에 착한 사마리아 드라마 각본을 만들었는데, 여기 그처럼 멸시하던 사마리아인의 헌신적인 돌봄을 받고 온전한 사람이 된 유대인은 그 후에 어떻게 변했을까를 추적해보는 것도 흥미로운 일이요 의미 있는 일이지요. 사마리아인은 돌아올 때 갚겠다는 약속을 했는데, 돌아와서 그가 어떻게 더 예수답게 변했는지도, 신앙적인 인문학적 상상력으로 재구성해봄 직하지 않습니까. 또 하나, 예수 부활을 믿지 않았던 제자 도마가 직접 예수의 십자가 상흔을 손으로 만져 보았는데, 도마복음이 그의 작품이라면 왜 도마복음에는 고난 이야기passion narrative가 없고, 예수의 왈왈ㅌㅌ, sayings만 있는지 궁금합니다. 어느 제자들보다 더 실감 나게 예수의 십자가 상처를 손으로 직접 만져 보았기에 그는 베드로보다 최후를 더 고통스럽게, 그러나 더 의미 있게 겪었을 것으로 생각되는데 신학적 상상력으로 도마의 삶을 재구성해 볼 수는 없을까요? 이런 지적이고 영적인 협력을 통해 새길공동체가 더욱 예수다운 공동체로 성숙해 나갈 수 있지 않겠습니까!

맺는말

무엇보다 먼저 28년 전, 새길공동체를 시작했던 저로서는 새길의 30주년을 앞두고 저의 불찰을 먼저 고백하지 않을 수 없습니다. 역사적 예수의 하나님 나라를 분단의 조국 현실에서 세워보기 위해 예수의 대안적 비전으로 대안 공동체를 세우려 했으나, 그 대안적 모습이 오늘에 와서 뚜렷하게 나타나지 않는 우리 공동체의 현실에 주목하면서 그 부진의 원인을 생각합니다. 갈릴리 예수의 운동을 한국의 분단 현실과 한국의 타락된 자본주의 시장 상황에서 그리고 무엇보다 소금의 맛을 이미 잃어버려 어둠의 부끄러운 스캔들로 비난받는 한국교회 상황에서 예수의 공공적, 감동적, 변혁적 복음을 이해하기 위해 공동체 안에서 끈질기게 함께 노력하지 못했던 저의 잘못을 고백합니다. 그래서 28년이 되었는데도 때론 정체성의 논란에 빠지게 된 것에 대해서 참으로 부끄럽게 생각합니다. 아직도 예수를 믿는다고 하면서 왜 예수 이름으로 우리의 갈망을 기도하는지 모르는 자매 형제가 있었다는 것을 보고 한없이 저의 부족함을 느꼈습니다. 교회 밖의 제 삶이 험악했던 파란만장의 삶이긴 했지만, 새로운 대안 공동체를 시작해놓고 그 대안적 예수 비전을 새길공동체 안에서 육화시키는 일에 게을렀다고 고백하지 않을 수 없습니다.

이런 회한을 가슴에 안고 우리 공동체가 더 알차게 예수다워지기 위해 명심해야 할 점을 두 가지만 얘기하고 싶습니다.

첫째, 한국의 제도 교회의 온갖 비리와 부정에 식상하고 절망한 신자들이 가나안 신자로 변하고 있는 우리 교회의 현실에서 예수의 비움을 통한 채움의 선교, 지움을 통한 세움의 운동, 고난과 죽음을 통한 부활의 동력 체험이 더욱 절박하게 요청된다고 생각합니다. 그런데 예수의 십자가 지기 실천, 선제적 원수 사랑으로 발선을 실천하는 일이 너무 힘들기에 두 가지 가짜 대안이 앞으로 한국교회에서 더욱 극성을 떨 것으로 염려합니다. 하나는 더욱더 천박한 값싼 은혜와 축복을 바라는 교회가 늘 것 같다는 것입니다. 다른 하나는 기독교를 버리고 떠나면서 역사의 예수도 함께 버리고 떠나는 경향을 저는 염려합니다. 대체로 지식수준이 높은 이들에게는 가현설적 예수(인간 예수를 무시하는 신앙)나 신플라톤적 신앙과 영지주의적 신학이 매력적으로 보일 수 있습니다. 이 길로 가면 히틀러나 스탈린과 같은 괴수가 지배하는 전체주의가 도래하는 경우 아무런 저항을 할 수 없고 무력화되기 쉽지요. 역사의 고난 과정에서 육화된 비움과 지움의 용단, 악을 근원적으로 무력화시킬 수 있는 십자가 결단이 나오기 어렵습니다. 이런 길은 지적으로 매력적일지 모르나, 예수의 새 길이 아니라 안일한 샛길이 되기 쉽습니다.

둘째, 우리의 처절한 민족 현실과 국가 현실, 헬조선이라고 인식되는 갑질하는 이 땅의 국가 엘리트, 시장 엘리트, 문화 사회 엘리트가 사나운 이리 떼처럼 날뛰며 약자를 더욱 약하게 하고 을들을 더욱 괴롭히는 현실에서, 십자가 고난을 통해 사랑 나라를 세운다는 것은 참으로 힘들고 벅찬 일입니다. 이런 때에 예수 복음을 요청하는 공공적이고 변혁적 헌신을 처음부터 아예 피하고 싶어질 가능성이 있습니다. 그래서 예수의 비폭력 적극 저항은 실제로 투쟁적 폭력 저항보다 더 어렵습니다. 그래서 세속적인 폭력적 대응으로 빠져나갈 가능성을 배제할 수 없습니다. 이 경우 기독교를 아편으로 힐난하며 세속적 급진주의로 나아갈 수 있겠습니다. 오늘의 이슬람국가IS나 알카에다, 또는 엉뚱하게 KKK가 취하는 선택으로 빠질 수도 있겠습니다. 그러나 이것은 절대로 우리의 선택이 될 수 없습니다. 사실 미국과 유럽의 최근 상황을 보면 Trump나 LePen이 정치세력으로 부상하고 있는데, 신나치즘의 발호를 보는 듯합니다. 우리 상황에서도 비정상적 극우의 흐름이 엿보입니다. 그러기에 역사 예수의 선택이 더욱 우리에게 절박하게 요청됩니다.

그런데 이런 폭력적 대응보다 더 무서운 것은 예수의 십자가 비움을 아예 기억에서 지워버리고 싶은 유혹입니다. 저는 이것을 예수 복음에 대한 치매증이라고 부르고 싶습니다. 예수의 사즉생死卽生의 선택을 아예 배제하는 것이지요. 예수님 자신도 자기가 십자가에 처형당하는 것에 대한 두려움이 있었던 것 같습니다. 겟세마네 동산의 기도를 보면, 고난과 죽음의 잔을 마시지 않게 해달라고 기도하시지 않았습니까. 그도 인간이기에 십자가 지기를 주저했겠지요. 예수의 인간적 측면을 보면 십자가에 비참하게 달려 온갖 수모와 고통을 겪으면서 메시아가 되고 싶진 않았을 것입니다. 바로 이런 때 막달라 마리아는 그녀가 평생 모았던 비싼 향유를 예수에게 부어 그의 메시아됨을 확인시켰습니다. 그런데 이 메시아됨은 치욕스럽게 죽어야 한다는 것을 이 여인은 남성 제자들과 달리 이미 깨닫고 있었던 것 같습니다. 그래서 주저했을 예수께 새로운 용기를 불어넣기 위해 소중한 옥합을 깨뜨린 것이지요. 주저하는 예수에게 죽음의 장례식이 참 영광의 대관식임을 상기시켜 주었습니다. 그것을 잊고 싶었던 예수에게 아프게 상기시켰지요. 그런데 이때 예수님은 다시금 그의 십자가 지기를 결심하고, 이 여인의 십자가 신앙을 높이 칭찬하시며 이 여인의 높은 실천적 신앙 행위를 기억하라고 당부하셨습니다. 십자가상의 대관식은 결단코 망각되어야 할 비참한 사건이 아닙니다. 부활의 문을 활짝 열어 주는 열쇠로 작용하는 사건입니다. 비움과 지움을 통한 사랑의 승리를 보장하는 영광의 사건입니다. 이 여인의 일을 기억하라는 예수의 명령은 우리가 십자가 사랑을 망각하는 치매에 걸리지 말아야 한다는 명령으로 들립니다. 그래서 교회는 변혁적 기억 공동체입니다. 예수의 그 공공적, 감동적, 변혁적 십자가 복음을 항상 기억해야 합니다. 우리는 예수 이름으로 어둠의 역사 현실에서 더욱 그것을 기억하며, 분단 70년을 맞는 이 비극의 땅에서 하나님의 평화와 공의의 새 질서를 세워가야 합니다. 이것이 진정 우리의 새 길입니다.

권하는 글

　지식인은 자기 시대의 문제에 응답하기 위하여 기꺼이 위험으로 들어가는 사람이다. 한완상 선생님의 증언이 가슴 서늘하게 다가오는 것은 믿음과 지성이 어떻게 현실 속에서 구체화되어야 하는지를 몸소 보여주었기 때문이다. 그는 젊다. 과거의 경험과 지식에 안주하지 않고 늘 새로운 신학 사조에 귀를 기울이고 있으니 말이다. 앎에 대한 욕구 때문이 아니라 예수를 보다 철저히 따르기 위함이기에 그는 수도승이라 할 수 있다. 신학자로서의 치열함과 사회학자로서의 통찰 그리고 지식인으로서의 책임이 글 속에 오롯이 녹아 있다. 그렇기에 그의 글을 읽는다는 것은 진리의 진경 속으로 들어가는 일이라 할 수 있다.

_ 김기석(청파교회 담임목사)

　오랫동안 가까이서 저자의 말과 글과 삶을 듣고 보면서 '아, 이분은 예수님을 뜨겁게 사랑하시는구나!' 생각하곤 했습니다. 그런데 이 책을 읽고는 문득 '예수님이 이 분을 뜨겁게 사랑하신다!'라는 생각이 들었습니다. 『예수, 숯불에 생선을 굽다』는 예수님과 한완상의 사랑 이야기입니다. 이 책이 예수 없는 기독교, 사랑 없는 한국교회의 싸늘하게 식어버린 심장을 다시 뜨겁게 뛰게 하리라 믿습니다.

_ 정경일(새길기독사회문화원 원장)

권하는 글

한완상 선생님은 이 책에서 세 가지를 묻고 대답한다. 왜 기독교는 예수의 가르침과 삶에 관심하지 않게 되었는가? 예수가 동시대에 가르치고 살아내려 했던 삶의 진실은 무엇인가? 우리 시대에 예수와 같은 길을 가고자 한다면, 우리는 어떻게 살아야 할 것인가? 사회학자로서 한편으로는 역사적 예수 연구에 깊이 관심하면서, 다른 한편으로는 어두웠던 시절 그 누구보다 예수의 길을 실천적으로 살아내셨던 선생님의 이 글은 기독교의 울타리를 넘어 우리 시대에 참으로 사람답게 살아보고자 하는 사람이라면 누구나 한번은 읽어야 할 필독서가 아닐까 싶다.

_ 한인철(연세대학교 교수)

한반도 역사의 굴곡의 현장을 삶 자체에 담고 살아온 신앙인, 한완상 선생님의 증언집은 한국교회를 향한 가슴 뜨거운 외침이다. 제자들과 '숯불에 생선을 구워' 먹기 위해 삶의 자리로 내려오는 지극히 인간적인 예수는 '처음처럼, 더 예수답게' 살라고 우리를 역사 현장으로 초대한다.

_ 홍인식(한국기독교연구소 소장)

권하는 글

1980년대 초에 읽은 한 박사님의 "한국교회 이대로 좋은가?"라는 불온한(?) 책은 나로 하여금 한국교회의 심각한 문제점들을 정면으로 응시하게 한 출발점이 되었다. 이후 오랜 시간의 탐구와 고뇌를 통해, 한국교회의 문제가 분리되어서는 안 될 예수와 그리스도, 하나님 나라와 복음, 예수와 바울, 교회와 사회, 신앙과 삶, 전도와 사회변혁, 성령과 역사를 분리했기 때문임을 알게 되었다. 예수를 잃어버린 것이다. 『예수, 숯불에 생선을 굽다』는 이 인위적 분리의 심각성을 지적할 뿐 아니라, 어떻게 이 분리가 하나님 나라를 시작하신 부활하신 예수를 통해 하나였는지, 더 나아가 어떻게 우리 교회가 이 분리를 하나로 살아낼 수 있는지를 보여준다. 우리 근현대사 속에서 예수 따르미로 살아내신 한 박사님의 통합된 영성에서 우러나오는 육성을, 또 다른 위기를 직면하고 있는 우리 세대와 다가올 세대에게 추천하는 일은 참으로 절박하다.

_ 김형국(하나님나라복음DNA네트워크 대표)

권하는 글

　이 책은 대한민국의 근현대 역사 속에 깊숙이 성육신하신 예수님의 발자취를 다채롭고 감동적으로 추적하고 성찰한다. 책에 담긴 모든 글은 구두로 선포된 강연이거나 설교였기에 '사람'의 마음을 향해 깊은 호소력을 발휘한다. 어떤 주제를 다뤄도 문체가 따뜻하고 어조는 부드럽다. 인위적으로 감동을 일으키려는 어떤 의도도 없이 쓰인 건조해 보이는 문장들도 80여 년 예수님과 동행한 그리스도인의 삶이 풍기는 진실의 무게 때문에 독자의 가슴에는 공명을 불러일으킨다.

　저자가 시종일관 말하는 하나님은 '하나님'의 이름과 명의를 이용해 종교권력을 구축한 사제집단으로부터 그리고 그들의 지지를 받는 불의한 권력자로부터 무한히 자신을 이격시키는 거룩하신 하나님이지만, 불의한 권력자들에게 압제당하고 으깨어진 작고 보잘것없는 자들에게 무한히 가깝게 밀착 동행하시는 성육신하신 하나님이다.

　이런 류의 영적 수상록과 논설을 책으로 낸 우리나라의 사상가는 1930~1960년대의 함석헌이었다. 이 책은 단지 설교집이 아니며 수상록도 아니다. 저자의 앞선 저작들과 한데 읽어보면 본서는 『뜻으로 본 한국 역사』를 생각나게 하는 장편 대하소설 같은 예수 행전이다. 이런 책은 장르 구분이 쉽지 않지만, 군이 분류하자면 무엇보다도 참된 의미에서 신학적 통찰력으로 가득 차 있는 신학저작이다. 하나님 나라, 예언자, 성육신하신 예수님, 부활하신 예수님이 보내주신 성령의 사역이 단지 개인 영혼을 넘어 이 세상 전체의 구원을 위해 던지는 보편적인 의미를 감동적으로 펼치고 있다.

둘째, 이 책은 삼위일체 하나님이 세상을 구원하시기 위해 우리 당대의 역사를 종횡무진하며 진두지휘하시는 하나님의 당대 사역을 증언하는 증언이다. 첫 글부터 마지막 글까지 본서는 고난과 풍파로 가득 찬 우리 겨레 역사의 가장 참혹한 순간에도 우리 겨레의 곁을 지켜주신 예수님을 실감나게 증언한다. 저자 개인이 경험한 구원간증 문학이면서도, 교회 밖 세상을 향해 참된 기독교 신앙이 무엇인지를 증언하는 선교적 매니페스토이다.

마지막으로 이 책은 한국교회가 이렇게 우주적이고 공적인 하나님의 아들 예수를 그릇된 교권신학, 현세기복신앙 그리고 사사화된 개인주의 신앙 안에 '감금'하려는 타락한 종교권력자들을 질책하는 예언자적 애가이다.

저자가 힘있게 선포하는 예수는 스승을 잃고 낙심천만하여 방황하던 탈진한 갈릴리 제자들을 위해 생선을 숯불에 구워놓고 기다리신 예수님이시다. 역사에서 '정의가 무너졌다'고 생각한 영혼들을 재활 복구시키는 예수야말로 저자가 그토록 애타게 증언하는 참 예수이다.

서문에서 나오는 아버지의 편지글부터 28년 평신도 중심의 새길 공동체의 사명을 회고하고 반추하며 기독교인들에게 박해받은 한 불교 승려를 위로한 일화를 담은 마지막 글까지 격한 감동을 불러일으킨다. 밑줄 쳐가면서 천천히 곱씹어야 할 문장들이 가득 찬 이 책을 모든 한국교회 목회자들과 신자들에게 일독을 추천한다.

_ 김회권(숭실대학교 교수)